GESCHICHTE UND STAAT

Band 107/108 GB

Heinz Lampert
ordentl. Prof. an der Universität Augsburg

Die Wirtschafts- und Sozialordnung der Bundesrepublik Deutschland

GÜNTER OLZOG VERLAG MÜNCHEN — WIEN

6. überarbeitete Auflage

ISBN 3-7892-7128-4

INHALT

9

VORWORT

Die erste bis fünfte Auflage dieser erstmals 1965 veröffentlichten Einführung in die Wirtschafts- und Sozialordnung der Bundesrepublik Deutschland sind von den zahlreichen Rezensenten überwiegend positiv aufgenommen worden. Die Besprechungen und die Nachfrage nach diesem Buch haben mir den Entschluß erleichtert, auch in der sechsten Auflage die Zielsetzung und den Aufbau beizubehalten.

Diese sechste Fassung des Buches berücksichtigt die seit 1976 eingetretenen Änderungen wirtschafts- und sozialpolitischer Gesetze.

Angesichts der seit einigen Jahren — vor allem im Zusammenhang mit der Marxismus-Renaissance — zunehmenden, nicht selten durch (auch bewußte) Verzerrungen und eingeengtes Bewußtsein[1] gekennzeichneten Kritik an der Sozialen Marktwirtschaft werden nicht wenige Leser eine Kritik an der Konzeption der Sozialen Marktwirtschaft erwarten, manche vielleicht auch eine systematische Auseinandersetzung mit den gesellschafts-, sozial- und wirtschaftsordnungspolitischen Argumenten und Leitbildern der „neuen" Linken. Die Notwendigkeit einer solchen Auseinandersetzung liegt auf der Hand. Die Mehrzahl der Verfechter der Sozialen Marktwirtschaft bestreitet nicht, daß dieses Konzept, so wie es bisher verwirklicht wurde, zahlreiche Mängel und ungelöste Probleme aufweist. Diese kritischen Anhänger des Konzepts setzen aber — ich meine, überzeugend begründet — die Hoffnung auf Systemverbesserung, nicht auf Systemüberwindung[2]. Auch die auf Systemüberwindung gerichtete, auf dem Nährboden der Kapitalismuskritik des Marxismus-Leninismus gewachsene

---

[1] Vgl. dazu W. Eisert, „Agitatorische Bewußtseinsverengung", in: Stimmen der Zeit, 1972, S. 409 ff.

[2] Vgl. dazu D. Cassel, G. Gutmann, H. J. Thieme (Hrsg.), „25 Jahre Marktwirtschaft in der Bundesrepublik Deutschland", Stuttgart 1972.

Systemkritik sozialistischer Gruppen fordert allein deswegen zur Auseinandersetzung heraus, weil es vielen Trägern und Anhängern dieser Kritik — soweit sie nicht Berufsrevolutionäre, Opportunisten, Agitatoren, Anarchisten oder machtorientierte Funktionäre sind — ebenfalls darum geht, zu einer Gesellschaft beizutragen, in der die menschliche Sehnsucht nach Freiheit, Frieden, Gerechtigkeit, Sicherheit und Wohlstand weitestgehende Erfüllung findet. Freilich ist schwer zu begreifen, was die Hoffnung nähren kann, diese Sehnsucht durch marxistisch-leninistische Systeme erfüllen zu können.

Trotz dieser Notwendigkeit der Auseinandersetzung mit der an der Sozialen Marktwirtschaft geübten Systemkritik nehme ich diese Auseinandersetzung aus folgenden Gründen hier nicht auf:

Erstens sind den meisten Menschen die Grundelemente sowie die gesellschafts-, wirtschafts- und sozialpolitische Bedeutung von Wirtschafts- und Sozialordnungen unbekannt. Denn „seit der Industrialisierung entzieht sich die Wirtschaftsordnung in ihrem Ineinandergreifen und mit ihrer komplizierten Lenkungsmechanik dem alltäglichen Denken ... Die Wirtschaftsordnung bleibt dem Menschen in wesentlichen Zügen unbekannt — so entscheidend sie für seine Existenz ist."[1] Daher scheint mir eine Darstellung der Grundzüge der Sozialen Marktwirtschaft vordringlicher zu sein als eine Kritik dieser Wirtschaftsordnung. Denn die Kenntnis dieser Grundzüge gibt politisch interessierten Menschen eine Chance, mit größerer Sachkenntnis die sich mehrenden kritischen Stellungnahmen zur Sozialen Marktwirtschaft in den Massenmedien zu beurteilen. Dies erscheint umso wichtiger, als die über die Massenmedien geübte Kritik häufig gar nicht zur Kenntnis nimmt, wie diese Wirtschaftsordnung beschaffen ist.

Ein zweiter Grund für die in diesem Buch fehlende Auseinandersetzung mit der an der Sozialen Marktwirtschaft

---

[1] W. Eucken, „Das ordnungspolitische Problem", in: Ordo, Jahrbuch für die Ordnung von Wirtschaft und Gesellschaft, 1948, S. 79.

geübten Systemkritik liegt darin, daß eine einführende Darstellung der Grundzüge der Wirtschafts- und Sozialordnung notwendigerweise sehr umfangreich ist. Dadurch ist eine gleichzeitige ausführliche Behandlung grundsätzlicher Fragen ausgeschlossen, so zentral und faszinierend diese Fragen auch sind, wie etwa die Frage nach dem in dieser Ordnung verwirklichten und möglichen Grad an Freiheit für die einzelnen und sozialen Gruppen, nach dem Grad der durch sie erreichten und erreichbaren Gerechtigkeit, nach den Möglichkeiten der freien Entfaltung der Persönlichkeit, nach den Möglichkeiten der Verwirklichung bestimmter Lebensqualitäten durch Gestaltung unserer politischen, kulturellen, sozialen, wirtschaftlichen und natürlichen Umwelt.

Aus demselben Grund ist eine systematische, auch nur einigermaßen vollständige Behandlung aktueller Probleme, wie etwa der Änderung der Einkommens- und Vermögensverteilung, der europäischen Integration, der Agrarpolitik, der Stadtentwicklungspolitik, der Bildungspolitik, der Problematik der seit 1974 bestehenden größeren Arbeitslosigkeit usw. nicht möglich.

Die Beschränkung der Aufgabe dieses Buches auf die Darstellung der Grundzüge der Wirtschafts- und Sozialordnung bedeutet nicht, daß es unkritisch ist. Wenngleich es in erster Linie seinen Gegenstand beschreibt, stellt es doch immer wieder die Frage nach dem Sinn, den Folgen und der Problematik bestimmter Normen und Regelungen und führt an die Literatur heran, die die Grundlagen der Sozialen Marktwirtschaft wie auch ihre Ausgestaltung und ihre Wirkungen in Frage stellt.

Es steht nur dem Leser zu, zu beurteilen, ob es gelungen ist, die gestellte Aufgabe zu lösen, nämlich: die Grundzüge der Entwicklung und der gegenwärtigen Gestalt der Wirtschafts- und Sozialordnung der Bundesrepublik für volkswirtschaftliche Laien und Studenten der Sozialwissenschaften auf begrenztem Raum so objektiv wie möglich darzustellen. Das Buch soll dem Leser helfen, sich das Verständnis für diese Ordnung zu erschließen und sich selbst ein Urteil zu bilden, was diese Ordnung politisch, wirtschaftlich und sozial zu leisten vermag und ob es sich lohnt, sie auszubauen und für sie einzutreten — wie der Verfasser meint.

Diese Urteilsbildung über die Wirtschafts- und Sozialordnung der Bundesrepublik Deutschland wird erschwert und zu Fehlurteilen führen, wenn man übersieht, daß erstens zwischen dem Leitbild der Sozialen Marktwirtschaft im Sinne der grundlegenden Ordnungsideen, also der Ideologie, und dem Niederschlag dieser Ideen in den die Wirtschafts- und Sozialordnung fundierenden und ausgestaltenden Gesetzes- und Zielnormen, Unterschiede bestehen und daß zweitens auch Diskrepanzen zwischen diesen Gesetzes- und Zielnormen und ihrer Verwirklichung existieren. Beispielsweise entspricht weder die im Gesetz gegen Wettbewerbsbeschränkungen niedergelegte, erstrebte Wettbewerbsordnung noch die tatsächliche Wettbewerbsordnung in zahlreichen Punkten dem Leitbild der Sozialen Marktwirtschaft (vgl. dazu S. 171 ff.).

Solche Abweichungen zwischen Ideologie und Normen sowie zwischen Normen und Wirklichkeit treten in allen menschlichen Gesellschaften auf, nicht zuletzt und nicht am wenigsten in sozialistischen Ländern. Sie sind auch beim besten Willen der politischen Organe nicht voll eliminierbar.

Die systematische Überprüfung der Übereinstimmung zwischen der die politischen Instanzen leitenden gesellschaftspolitischen Ideologie und dem tatsächlich erstrebten Zielsystem sowie die Überprüfung der Übereinstimmung zwischen Zielsystem und Wirklichkeit sind umfassende Aufgabenkomplexe. Sie können hier nur bewußt gemacht, aber nicht analysiert werden. Aber allein das Bewußtsein von der Existenz der erwähnten Unterschiede kann verhindern, erstens, daß die Ideologie oder das Normensystem mit der Wirklichkeit identifiziert wird, zweitens, daß eine auf die gesellschaftliche Wirklichkeit bezogene Kritik vorschnell und ohne weitere Prüfung auf das Normensystem oder das Leitbild übertragen wird und drittens, daß bei einem Vergleich unterschiedlicher Gesellschafts- und Wirtschaftssysteme ungleichartige Objekte miteinander verglichen werden.

Es ist nämlich leicht, wissenschaftliche und politische Fehlurteile zu produzieren, wenn man, wie es in der Bundesrepublik nicht selten geschah und geschieht, die DDR aus der Sicht westlicher Ideologien oder Zielsysteme kritisiert oder, wie dies u. a. die „neue" Linke tut, wirtschaftliche und soziale Zustände in der Bundesrepublik Deutschland an sozialistischen Ideologien und Modellen mißt. Beides ist offensichtlich falsch[1]). Objektive Vergleiche setzen eine Vergleichbarkeit der Objekte voraus, d. h. hier: man muß jeweils Ideologie mit Ideologie, Normensystem mit Normensystem und Wirklichkeit mit Wirklichkeit vergleichen.

Es sei noch hervorgehoben, daß die Betonung der erwähnten Unterschiede zwischen Ideen- und Normensystem sowie zwischen Normensystem und Realität keine Alibi-Funktion haben, also nicht dazu führen sollte, Kritik an der Sozialen Marktwirtschaft, wie sie in der Bundesrepublik Deutschland bisher verwirklicht wurde, mit dem Hinweis abzutun, daß diese Realisierung nicht dem Leitbild entspricht. Gleichwohl muß die Frage, ob Mängel der Sozialen Marktwirtschaft konzeptionelle Mängel oder Ergebnis fehlenden politischen Gestaltungswillens und unzureichender politischer Gestaltungsfähigkeit sind, gestellt werden[2]).

Von den Büchern, die dem gleichen Gegenstand wie diese Einführung gewidmet sind, sind zum Vergleich, zur Ergänzung, zur Vertiefung und Weiterführung zu empfehlen:

[1]) Vgl. dazu H. Lampert, „Probleme der Wirtschaftssystemanalyse und des Wirtschaftssystemvergleichs", in: Wirtschaftswissenschaftliches Studium, 1972, S. 245 ff.

[2]) Um ein Beispiel zu bringen: wenn man nicht bereit oder fähig ist, Preisniveauerhöhungen zu bekämpfen, treten als unvermeidliche Folge einer Flucht in die Sachwerte starke Bodenpreissteigerungen sowie Vermögenskonzentrationen ein. Diese Folgen der marktwirtschaftlichen Ordnung anzulasten, mag zwar dienlich sein, ist aber nichtsdestoweniger allenfalls die halbe Wahrheit. Daß das Bodenrecht in Ballungszentren neu geordnet werden muß, soll damit nicht bestritten werden.

G. Gutmann, W. Klein, S. Paraskewopoulos, H. Winter, „Die Wirtschaftsverfassung der Bundesrepublik Deutschland", Stuttgart-New York 1976, 281 Seiten. Dieses Buch behandelt in knapper, übersichtlicher Form die wirtschaftsverfassungsrechtlichen Grundlagen der Wirtschaftsordnung der Bundesrepublik.

G. Stolper, K. Häuser, K. Borchardt, „Deutsche Wirtschaft seit 1870", 2. Aufl., Tübingen 1966, 384 Seiten. Im Teil VI wird von K. Häuser die Wirtschaftsgeschichte der Teilung Deutschlands, im Teil VII von K. Borchardt die Wirtschaftsgeschichte der Bundesrepublik und in Teil VIII vom selben Verfasser die Wirtschaftsgeschichte „Im anderen Teil Deutschlands" unter Berücksichtigung von Aspekten der Wirtschafts- und Sozialordnung beschrieben.

Eine sehr gute Übersicht über die Kritik der marxistisch-leninistischen politischen Ökonomie an marktwirtschaftlichen Systemen findet der Leser in der vom Institut für Weltwirtschaft und internationale Beziehungen der Akademie der Wissenschaften der UdSSR herausgegebenen, von einem Autorenkollektiv verfaßten Arbeit „Politische Ökonomie des heutigen Monopolkapitalismus", Berlin (Ost) 1972.

Einblick in die Kritik an der Gesellschafts- und Wirtschaftsordnung der Bundesrepublik auf der Basis „marxistischer Forschungs- und Darstellungsweisen" vermittelt der Pahl-Rugenstein-Verlag als Herausgeber einer Festschrift für Wolfgang Abendroth „BRD-DDR, Vergleich der Gesellschaftssysteme", Köln 1971.

Zugang zur Systemkritik der Jungsozialisten eröffnet N. Gansel (Hrsg.), „Überwindet den Kapitalismus oder Was wollen die Jungsozialisten", rororo, Hamburg 1971.

Bei der Abfassung dieser sechsten Auflage assistierten mir Herr Dr. rer. pol. D. Schönwitz und Diplom-Ökonom H.-J. Merk. Ich danke ihnen für ihre sorgfältigen Vorarbeiten auch an dieser Stelle.

ERSTER TEIL: GRUNDZÜGE EINER THEORIE DER WIRTSCHAFTSORDNUNGEN

I. Der Begriff „Wirtschaftsordnung"

Wenn in bezug auf einen Bereich menschlicher Gesellschaften von Ordnung die Rede ist, dann wird unter Ordnung meist die Gesamtheit der für diesen Bereich geltenden Regeln und der diesen Bereich tragenden und gestaltenden Einrichtungen verstanden. In diesem Sinne wird von der politischen, von der Staats-, der Rechts-, der Kultur-, der Sitten-, der Wirtschaftsordnung gesprochen. In Analogie zu diesem Inhalt des allgemeinen Ordnungsbegriffs können wir in erster Annäherung und in Übereinstimmung mit dem wissenschaftlichen Sprachgebrauch unter Wirtschaftsordnung verstehen *die Gesamtheit aller für den organisatorischen Aufbau und für den Ablauf der Volkswirtschaft geltenden Regeln sowie aller wirtschaftlichen und wirtschaftsgestaltenden Institutionen.*

Diese Regeln und Institutionen der Wirtschaftsordnung sind — wie leicht einzusehen ist — zwar auf das Wirtschaftsleben bezogen, aber nicht notwendig alle wirtschaftlicher Natur. Z. B. sind wirtschaftliche Verhaltensnormen vom sittlichen und sozialen Empfinden und vom Rechtsdenken geprägt. Die meisten Regeln und Normen für die Wirtschaft sind gesetzlich fixiert, also Bestandteil der Rechtsordnung. Institutionen, wie etwa die für die Wirtschafts- und Sozialpolitik des Bundes, der Länder und der Gemeinden verantwortlichen Parlamente bzw. Exekutivorgane oder die Behörden der Wirtschaftsverwaltung, wie z. B. das Bundeskartellamt oder das Bundesaufsichtsamt für das Kreditwesen, sind primär keine wirtschaftlichen Institutionen, wohl aber maßgebliche Elemente einer Wirtschafts- und Sozialordnung.

Diese staatlichen Elemente sind in den Wirtschafts- und Sozialordnungen entwickelter Volkswirtschaften als normsetzende, gestaltende, regulierende, steuernde oder kontrollierende Institutionen von maßgebender Bedeutung.

Der Begriff der Wirtschaftsordnung sollte aus Zweckmäßigkeitsgründen von dem eng verwandten und oft synonym verwendeten Begriff der Wirtschaftsverfassung abgegrenzt werden[1]. Zweifellos entspricht es dem allgemeinen Sprachgebrauch, eine Ordnung auch als Verfassung zu bezeichnen. Da aber Ordnungsidee bzw. Verfassungsidee als *erstrebte* Ordnung einerseits und Ordnungswirklichkeit bzw. Verfassungswirklichkeit als die *realisierte* Ordnung andererseits unterschieden werden müssen, weil Idee und Wirklichkeit mehr oder weniger weit auseinanderklaffen, wollen wir unter *Wirtschaftsverfassung* verstehen die Ordnungs- oder Verfassungsidee, die erstrebte Wirtschaftsordnung bzw. Wirtschaftsverfassung, dagegen unter *Wirtschaftsordnung* die realisierte Wirtschaftsordnung bzw. -verfassung, also die Ordnungs- oder Verfassungswirklichkeit. Nur dann, wenn die Wirtschaftsverfassung (als erstrebte Ordnung) und die Wirtschaftsordnung (als Ordnungswirklichkeit) sich decken, besteht eine volle Übereinstimmung, eine Identität zwischen Wirtschaftsverfassung und Wirtschaftsordnung im Sinne unserer Definition[2].

Daraus ergibt sich für diese Arbeit, daß sie die Wirtschaftsordnung nicht in allen Teilen exakt beschreiben kann, sondern sich teilweise mit der Darstellung von Wirtschaftsverfassungsnormen begnügen muß, weil es für den Verfasser unmöglich ist, für alle zu behandelnden Bereiche

---

[1] Vgl. dazu F. Böhm, der mit seiner Arbeit „Die Ordnung der Wirtschaft als geschichtliche Aufgabe und rechtschöpferische Leistung", Stuttgart-Berlin 1937, insbes. S. 54 ff., wesentliches zum Begriff der Wirtschaftsverfassung und der Wirtschaftsordnung beigetragen hat.

[2] Zur erforderlichen Unterscheidung zwischen Verfassungsnorm und Verfassungswirklichkeit und zum Verfassungsbegriff vgl. auch H. Krüger, Art. „Verfassung", in: „Handwörterbuch der Sozialwissenschaften", Bd. 11, Stuttgart-Tübingen-Göttingen 1961, S. 72 ff. Speziell zum Unterschied zwischen Wirtschaftsordnung und Wirtschaftsverfassung vgl. R. Schmidt, „Wirtschaftspolitik und Verfassung, Grundprobleme", Baden-Baden 1971, S. 89 ff.

den Realisierungsgrad der Ordnungsidee empirisch zu überprüfen.

Die bisherige Bestimmung der Wirtschaftsordnung als die Gesamtheit aller für den organisatorischen Aufbau und für den Ablauf der Volkswirtschaft geltenden Regeln und Institutionen ist noch sehr allgemein. Eine präzisere Inhaltsbestimmung können wir finden und Einblick in die Notwendigkeit, die Wirtschafts- und Sozialordnung gezielt nach einer Konzeption zu gestalten, können wir gewinnen, wenn wir der Frage nachgehen, warum eine Wirtschaftsordnung nötig ist, welche Aufgaben sie zu erfüllen hat.

II. Die Aufgaben der Wirtschaftsordnung

Durch die Wirtschaftsordnung müssen drei in jeder Wirtschaftsgesellschaft bestehende Probleme gelöst werden: erstens muß die Funktionsfähigkeit der Wirtschaft hergestellt und gesichert werden, zweitens müssen alle wirtschaftlichen Aktivitäten zielgerichtet koordiniert werden und drittens müssen mit Hilfe der Wirtschaftsordnung gesellschaftspolitische Grundziele verwirklicht werden.

A. Herstellung und Sicherung der Funktionsfähigkeit der Volkswirtschaft

Eine Volkswirtschaft ist ein Komplex, der aus Hunderttausenden wirtschaftender Elemente besteht, zwischen denen millionenfache wirtschaftliche Beziehungen existieren. Völlig unabhängig vom politischen System umfaßt jede Volkswirtschaft als Elemente: *private Haushalte* als konsumierende Einheiten und als Einheiten, die produktive Güter und Dienste, z. B. Arbeitsleistungen, anbieten; *Unternehmen* als Nachfrager von Vorleistungen, als wertschöpfende Betriebsstätten und als Anbieter von Gütern und Leistungen; *staatliche Einrichtungen* als Nachfrager nach produktiven Gütern und Diensten und als Anbieter von öffentlichen Gütern, wie z. B. Kindergartenplätzen, Krankenhausbetten, äußerer und innerer Sicherheit. Da keine Volkswirtschaft der Welt autark ist, sind in das Netz wirtschaftlicher Beziehungen auch *ausländische Wirtschaftseinheiten* einbezogen. Jedes von insgesamt Millionen Wirtschaftssubjekten steht mit Dutzenden von insgesamt Hunderttausenden von Unternehmen in wirtschaftlichen Beziehungen: als Verbraucher mit Handels-, Verkehrs-, Versicherungsunternehmen, als Sparer mit Kreditinstituten, als Arbeitnehmer mit Arbeitgebern, als Steuerzahler und als Empfänger von Sozialleistungen mit sozialwirtschaftlichen Gebilden. Verbrauch und Produktion sind getrennt und zwar *institutionell* (die Produzenten verbrauchen selbst kaum etwas von ihrer Produktion, die Verbraucher produzieren unmittelbar nur verschwindend wenige ihrer Verbrauchsgüter), *räumlich* (die Produktionsstandorte sind in den seltensten Fällen die Orte des Verbrauchs) und *zeitlich* (was heute produziert wird, wird erst Tage, Monate oder Jahre später verbraucht). Die Feststellung und Deckung des Individualbedarfs einerseits und des Gemeinschaftsbedarfs andererseits obliegen verschiedenen Instanzen. Zwischen den Unternehmen bestehen unübersehbar zahlreiche und verschiedenartige Wirtschaftsbeziehungen: die Aufgaben der Gewinnung und Aufbereitung bzw. der Erzeugung der Produktionsmittel (Roh-, Hilfs- und Betriebsstoffe, Gebäude, Werkzeuge, Maschinen) und der Konsumgüter sind ebenso wie die Aufgaben des Gütertransports, der Transportversicherung, der Lagerhaltung, des Güterabsatzes, der Finanzierung, der Bereitstellung von Mitteln für die Kommunikation (Verkehrs-, Post-, Fernmeldewesen) zwischen den Einzelwirtschaften funktional auf die Unternehmen verteilt.

Zwischenbetriebliche Arbeitsteilung und Spezialisierung sind immer weiter vorangetrieben worden. Dementsprechend zahlreicher und enger sind die Verflechtungen zwischen den Elementen der Volkswirtschaften geworden.

In einer auch nur einigermaßen entwickelten arbeitsteiligen Gesellschaftswirtschaft werden Tag für Tag millionenfach Güter und Leistungen gegen Geld getauscht. Es ist leicht einzusehen, daß diese Tauschbeziehungen nur dann in größerer Zahl und fortlaufend abgewickelt werden können, wenn entsprechende Einrichtungen vorhanden sind. Zwei dieser Einrichtungen haben herausragende Bedeutung: die *Märkte* als Orte des Tausches und das *Geld* als Mittel des Tausches, dessen Entwicklung eine der bedeutendsten kulturellen Leistungen darstellt. Die Verwendung funktionsfähigen Geldes, d. h. eines allgemeinen Tauschmittels, das jederzeit von den Anbietern von Gütern und Leistungen angenommen wird, ist eine Voraussetzung für Arbeitsteilung und Spezialisierung und verringert den Informationsbedarf der Wirtschaftssubjekte enorm, weil der Wert eines jeden Gutes statt in Einheiten jedes anderen Gutes in Geld ausgedrückt werden kann.

Die wirtschaftlichen Transaktionen können um so schneller, sicherer und störungsfreier vor sich gehen, je rationellere Tauschgewohnheiten und Markttechniken vorhanden sind und je zweckmäßigere Tausch-, d. h. Vertragsnormen, bestehen. Wir brauchen nur daran zu denken, wie sehr die öffentliche Ausschreibung, die Auktion, die Messe, die Börsentechnik oder die Preisauszeichnung in den Ladengeschäften auf die Bedürfnisse wirtschaftlichen Verkehrs zugeschnitten sind und was Verhaltens-, Vertrags- und Rechtsnormen für die Schnelligkeit des Zustandekommens von wirtschaftlichen Transaktionen, für ihre zuverlässige und reibungslose Abwicklung bedeuten: z. B. ermöglichen es die „Allgemeinen Geschäftsbedingungen" über Liefer- und Zahlungstermin, über Folgen des Liefer- und Zahlungsverzugs, über den Eigentums- und Risikoübergang, über die Folgen von Qualitätsmängeln usw., eine Vielzahl von Verträgen schnell (man denke an die Inanspruchnahme von Verkehrsleistungen) und nach den gleichen Regeln abzuschließen. Sie machen individuelle Vertragsverhandlungen über die in den Allgemeinen Geschäftsbedingungen geregelten Punkte überflüssig und sichern sowohl dem Unternehmer die Einheitlichkeit bestimmter Vertragsbestandteile, als auch den Abnehmern eine einheitliche Behandlung, soweit die Vertragsbestandteile genormt sind. Die Bedeutung der Rechtsnormen, etwa des Bürgerlichen Gesetzbuches, des Handelsgesetzbuches, des Arbeitsrechts, des Wechsel- und Scheckrechts usw. für die Funktionsfähigkeit der Wirtschaft bedarf keines Kommentars.

Damit ist die erste Aufgabe einer Wirtschaftsordnung klargestellt: die *Sicherung der Funktionsfähigkeit einer Volkswirtschaft* im Sinne des Zustandekommens und der rationellen Abwicklung wirtschaftlicher Beziehungen durch Institutionalisierung wirtschaftlicher Vorgänge und eine Normierung wirtschaftlichen Verhaltens[1]).

Die erste Aufgabe, die eine Wirtschaftsordnung lösen muß, ist primär soziotechnischer, nicht spezifisch wirtschaftlicher Natur: es handelt sich um die Aufgabe der Entwicklung von Techniken und Institutionen zur Herstellung wirtschaftlicher Beziehungen und zur Abwicklung wirtschaftlicher Transaktionen.

Auf spezifisch wirtschaftliche Aufgaben einer Wirtschaftsordnung stoßen wir, wenn wir fragen, was Wirtschaften heißt und welche Aufgaben dabei zu lösen sind.

B. Zielgerichtete Koordinierung wirtschaftlicher Aktivitäten

Aufgabe und Sinn des Wirtschaftens bestehen angesichts der selbst in hochentwickelten Volkswirtschaften nach wie vor bestehenden Knappheit an Gütern zur Erreichung menschlicher Zwecke darin, einen nach Qualität und Dringlichkeit höchst vielgestaltigen Gegenwarts- und Zukunftsbedarf für individuelle Zwecke der Lebenssicherung und Lebensführung und für Gemeinschaftszwecke wirtschaftlicher und nichtwirtschaftlicher Art (Bildung, Verwaltung, Verteidigung, öffentliche Sicherheit, Rechtsprechung usw.) mit den vorhandenen, im Vergleich zum Bedarf knappen Mitteln bestmöglich zu decken.

[1]) Vgl. dazu auch F. Fürstenberg, „Wirtschaftssoziologie", 2. Aufl., Berlin 1970.

Die Lösung dieser Aufgabe setzt offenbar voraus:

1. daß der Bedarf festgestellt und nach seiner Dringlichkeit geordnet wird. Wegen der Knappheit der Mittel zur Bedarfsdeckung muß entschieden werden, welcher Bedarf in welchem Umfang durch welche Güter gedeckt werden soll, und wie die knappen Mittel auf den Gegenwarts- und den Zukunftsbedarf, den Individual- und den Gemeinschaftsbedarf verteilt werden sollen.

2. daß die Bedarfsdeckungsmittel, nämlich die Konsumgüter, die Naturgaben, die Arbeitskräfte, das Geldkapital und das Sachkapital (d. h. die vorhandenen Werkzeuge, Maschinen, Transportmittel, Lagerbestände an Rohstoffen, Halb- und Fertigwaren, also alle sachlichen Mittel zur Bedarfsdeckung) erfaßt und entsprechend ihrer Knappheit bewertet werden. Denn nur wenn die Knappheit der Produktionsmittel bekannt ist, kann entschieden werden, wie ein erstrebter Ertrag, z. B. eine bestimmte Menge eines bestimmten Produkts, mit dem geringsten Aufwand an Produktionsmitteln erwirtschaftet werden kann.

3. daß die vorhandenen Bedarfsdeckungsmittel so auf die konkurrierenden Bedarfsarten und Bedarfsträger verteilt werden, daß die Knappheit bestmöglich überwunden wird.

Weniger abstrakt lassen sich die angesprochenen Probleme durch folgende Fragen veranschaulichen:

1. Welche Bedarfe sollen gedeckt werden, d. h. wie sollen die vorhandenen Produktionsmöglichkeiten für die Produktion von Verbrauchsgütern und von Investitionsgütern genutzt werden, welche Verbrauchsgüter, welche Investitionsgüter sollen erzeugt werden? Wieviel soll für den individuellen Konsum, wieviel für die Befriedigung von Kollektivbedürfnissen verwendet werden? Wieviele Produktionsmittel sollen für Infrastrukturinvestitionen, wieviele für Erweiterungsinvestitionen im Produktionsbereich verwendet werden?

2. Mit welchen Roh-, Hilfs- und Betriebsstoffen, an welchen Standorten und mit Hilfe welcher Produktionstechniken soll erzeugt werden?

3. Wie können die Produktionsfaktoreneigentümer, d. h. die Boden- und Kapitaleigentümer und die Arbeitskräfte, veranlaßt werden, die gewünschten Leistungen nach Art und Umfang zu erbringen?

4. Wie soll der Produktionsertrag auf die an der Produktion Beteiligten, auf die wirtschaftlich nicht mehr Aktiven und auf die wirtschaftlich nicht Leistungsfähigen verteilt werden?

Das Kernproblem besteht in der Entscheidung der Frage, wie die wirtschaftliche Aktivität von Millionen von Wirtschaftssubjekten so koordiniert werden kann, daß der institutionell, zeitlich und räumlich getrennt ablaufende, arbeitsteilige und hoch spezialisierte Wirtschaftsprozeß nicht nur möglichst reibungslos funktioniert, sondern auch möglichst effizient ist.

Dieses Koordinierungsproblem hat zwei eng miteinander verbundene Seiten: eine einzelwirtschaftliche und eine gesamtwirtschaftliche. Aus einzelwirtschaftlicher Sicht besteht die Koordinierungsaufgabe darin, dafür zu sorgen, daß die einzelwirtschaftlichen Aktivitäten, daß Güterangebot und Güternachfrage nach Umfang und Struktur möglichst friktionslos aufeinander abgestimmt werden. Aus gesamtwirtschaftlicher Sicht besteht die Aufgabe darin, die Volkswirtschaft als Ganzes auf einen Pfad gleichgewichtiger Entwicklung zu bringen und auf diesem Pfad zu halten, d. h. ein als angemessen betrachtetes, stetiges, also von Konjunkturschwankungen möglichst freies, Wirtschaftswachstum zu sichern.

Die beiden genannten Aufgaben lassen sich problemlos erfüllen, wenn die Wirtschaftsgesellschaft klein ist, wenn es sich z. B. um eine weitgehend isoliert Landwirtschaft treibende Großfamilie handelt. Wenn aber eine Wirtschaftsgemeinschaft aus Millionen von Einzelwirtschaften mit einem unübersehbaren vielfältigen Bedarf besteht, wenn die Bedarfsdeckungsmittel, d. h. die Arbeitsleistungen, die

Grundstücke, die Fabrikationsanlagen, die Gütervorräte, das Geldkapital, auf Millionen Wirtschaftssubjekte (Arbeitnehmer, Unternehmer, Kapitaleigner, Bodenbesitzer) verteilt sind, wenn Verbrauch und Produktion institutionell zwischen Haushalten und Unternehmen getrennt sind, wenn sich hunderttausende räumlich und rechtlich voneinander getrennter Unternehmen in die Aufgabe teilen, die Nachfrage der Unternehmen nach Produktionsmitteln und die Nachfrage von Millionen über das Staatsgebiet verteilter Wirtschaftssubjekte nach Verbrauchsgütern zu befriedigen, dann wird die Koordination, die sinnvolle Abstimmung der wirtschaftlichen Tätigkeit der Einzelwirtschaften, die Steuerung und Lenkung des Wirtschaftsprozesses ebenso zu einem schwierigen Problem wie die Aufgabe, die Volkswirtschaft auf einen Pfad gleichgewichtigen Wachstums zu bringen und dort zu halten.

Die für die Lösung des Lenkungsproblems in Frage kommenden Möglichkeiten werden später zu behandeln sein (vgl. dazu Erster Teil, III.).

C. Die gesellschaftspolitische Aufgabe

In einer Wirtschaftsordnung sind die wirtschaftlichen Entscheidungsbefugnisse — insbesondere die Verfügungsrechte über die Produktionsfaktoren, die Entscheidungsrechte darüber, was in welchen Qualitäten in welchen Mengen wo und wie produziert werden soll und die Entscheidungsrechte über die Befriedigung von Bedürfnissen — sowie die Einkommen und damit die wirtschaftlichen Handlungsspielräume unterschiedlich auf staatliche Einrichtungen und auf die Gesellschaftsmitglieder verteilt. Derartige unterschiedliche Verteilungen wirtschaftlicher Entscheidungs- und Handlungsspielräume bedeuten gleichzeitig eine unterschiedliche Verteilung politischer und auch persönlicher Entscheidungs- und Handlungsspielräume zwischen Staat und Individuen.

Für eine Marktwirtschaft ist es z. B. typisch, daß sich das Eigentum an Produktionsmitteln zum überwiegenden Teil nicht in staatlicher Hand befindet, und daß die Wirtschaftssubjekte in ihren wirtschaftlichen Entscheidungen frei sind. Regierung und Parlament haben daher nur in dem Umfang Verfügungsmacht über wirtschaftliche Güter und Produktionsfaktoren, in dem sie sich diese Güter durch den Einsatz von Kaufkraft beschaffen können. Diese Kaufkraft können sie sich — da eine marktwirtschaftliche Ordnung eine für die Geld- und Kreditversorgung verantwortliche, weitgehend regierungsunabhängige Instanz, nämlich die Zentralnotenbank, voraussetzt — nur mittelbar beschaffen, nämlich auf dem Steuer-, Anleihe- oder Kreditweg. Überdies kann die Finanz- und Wirtschaftspolitik in einer Mehrparteiendemokratie parlamentarisch wirksam kontrolliert werden. Daher ist die Wirtschaft in diesem Fall in weit geringerem Umfang ein Mittel für staatliche Zwecke als in einer Verwaltungswirtschaft, in der sich entweder die Produktionsmittel überwiegend in Staatseigentum befinden oder der Anweisungsbefugnis staatlicher Planbehörden unterliegen, so daß staatliche Ziele, soweit ihre Erreichung wirtschaftliche Mittel voraussetzt, durch direkten Zugriff auf diese wirtschaftlichen Mittel erstrebt werden können, ohne daß die Privatpersonen als Verbraucher oder Unternehmer mit dem Staat in wirtschaftliche Konkurrenz um die knappen Güter treten können. Privatpersonen haben in einer Verwaltungswirtschaft nur so viele wirtschaftliche Alternativen, nur so viel wirtschaftliche Freiheit, wie es die politischen Entscheidungsträger für richtig und zuträglich halten.

Die Wirtschaftsordnung entscheidet auch über die Möglichkeiten der Realisierung politischer Rechte: ob das Recht auf Pressefreiheit und auf freie Meinungsäußerung faktisch verwirklicht werden kann, hängt davon ab, ob Druckerzeugnisse frei hergestellt werden können. Wenn die Produktionsmittel, also auch Druckereien, Staatseigentum sind, kann der Staat die Druckerzeugnisse wirtschaftlich kontrollieren.

Der Zusammenhang zwischen Wirtschaftsordnung und persönlicher Freiheit sei an folgendem Beispiel verdeutlicht: Wenn die Verfassung eines Landes persönliche Freizügigkeit und freie Entfaltung der Persönlichkeit als Grundrechte vorsieht, dann ist die Transformation dieser formal zugesagten Rechte in beanspruchbare, nutzbare Rechte an die Existenz einer Wirtschaftsordnung gebunden, in der keine Devisenbewirtschaftung und Devisenzuteilung besteht. Wenn eine Devisenbewirtschaftung existiert, kann — je nach Devisenbestimmungen — die Bewegungsfreiheit der Bürger und die Möglichkeit des Bezugs ausländischer Güter (z. B. politischer oder wissenschaftlicher oder auch nur allgemein informierender Literatur- und Presseerzeugnisse) mehr oder minder beschränkt werden. Denn ins Ausland kann nur reisen, ausländische Literatur sich nur beschaffen, wer Devisen bekommt. Volle Bewegungsfreiheit und volle Informationsfreiheit für jeden Bürger besteht also nur, wenn jeder in dem Umfang, in dem er inländisches gegen ausländisches Geld seiner Wahl umtauschen will, auch Devisen bekommt (volle Konvertibilität). Auch die freie Entfaltung der Persönlichkeit ist mehr, als wir uns üblicherweise klar machen, an die Wirtschaftsordnung gebunden: für die Erreichung der meisten menschlichen Zwecke, für musikalische, literarische, sportliche, religiöse, ästhetische, hygienische Zwecke sind wirtschaftliche Güter erforderlich, nämlich Musikgeräte, Sportgeräte, auf individuelle Bedürfnisse zugeschnittene, industriell oder handwerklich gefertigte Möbel, Kleidung usw. Ohne Konsum- und Produktionsfreiheit ist die Entfaltung der Persönlichkeit gehemmt, die ja immer auch eine Entfaltung von Individualität ist und daher außer von der Freiheit des Verbrauchs auch von der Freiheit der Berufswahl und der Freiheit, die wirtschaftlichen Fähigkeiten zu entfalten, abhängt.

Diese Beispiele dürften veranschaulicht haben, was eingangs angedeutet wurde: daß sich nämlich politische, staatliche, rechtliche und wirtschaftliche Ordnung gegenseitig bedingen und nur verschiedene Aspekte, Teilordnungen der Lebensordnung sind. Sie müssen einander daher entsprechen. Auf Grund dieser funktionalen Zusammenhänge zwischen Wirtschaftsordnung und anderen Ordnungsbereichen kommt der Wirtschaftsordnung neben ihrer soziotechnischen und neben ihrer wirtschaftlichen Lenkungsfunktion auch eine gesellschaftspolitische Funktion zu, nämlich die Aufgabe, die Erreichung gesellschaftspolitischer Ziele zu unterstützen.

Nach diesen Überlegungen können wir den Begriff der Wirtschaftsordnung präziser definieren: *Die Wirtschaftsordnung ist eine mit der ganzheitlichen Lebensordnung einer Gesellschaft unlösbar verbundene (realisierte) Teilordnung. Sie wird konstituiert durch die Gesamtheit der Institutionen und Normen, die auf wirtschaftliche Einrichtungen und Verhaltensweisen bezogen* (aber nicht alle wirtschaftlicher Natur) *sind und die Beziehungen zwischen den Elementen einer Volkswirtschaft* (Haushalte, Unternehmen, staatliche und wirtschaftspolitische Instanzen und ausländische Wirtschaftseinheiten) *regeln. Aufgaben der Wirtschaftsordnung sind die Herstellung und Sicherung der Funktionsfähigkeit der Wirtschaft, die optimale Lenkung des Wirtschaftsprozesses im Rahmen des Systems außerwirtschaftlicher und wirtschaftlicher Ziele der Gesellschaft sowie die Förderung der Verwirklichung gesellschaftspolitischer Ziele*[1]).

III. Prinzipielle Möglichkeiten der Lösung des Koordinierungsproblems (Wirtschaftsordnungsmodelle)

Die in jeder arbeitsteilig organisierten Wirtschaftsgesellschaft anfallende Aufgabe der Koordinierung kann prinzipiell autoritär, marktwirtschaftlich oder mit Hilfe von Abstimmungsverfahren erfolgen. Im folgenden werden Wirkungsweise, Merkmale, Vorzüge, Grenzen und Probleme dieser Entscheidungs- und Lenkungsmechanismen in der gebotenen Kürze dargestellt.

---

[1]) Zu einer weiterführenden Behandlung der Merkmale einer Wirtschaftsordnung vgl. H. Lampert, Art. „Wirtschaftsordnung", in: H. Kunst, R. Herzog, W. Schneemelcher (Hrsg.), „Evangelisches Staatslexikon", 2. Aufl., Stuttgart-Berlin 1975, Sp. 2970 ff. und die dort angegebene Literatur.

A. Autoritäre (hierarchische) Koordinierung

1. Wirkungsweise und Beschaffenheit des hierarchischen Prinzips

In seiner einfachsten Form findet sich das hierarchische Koordinierungsprinzip in der Familienwirtschaft früherer Zeit und im bäuerlichen oder handwerklichen Familienbetrieb der Gegenwart, in dem das Familienoberhaupt die wirtschaftliche Tätigkeit der Gruppenmitglieder entsprechend den Produktionszielen und den Fähigkeiten der Gruppenmitglieder koordiniert. Schon dieses Beispiel macht zwei Charakteristika des hierarchischen Prinzips deutlich: erstens erfolgt die Abstimmung durch verbindlichen Befehl, durch Anweisung, und d. h. zugleich: die Abstimmung ist einseitig; zweitens ist das interpersonale Verhältnis ein Verhältnis der Über- und Unterordnung.

Hierarchisch koordiniert werden wirtschaftliche Tätigkeiten auch im neuzeitlichen Mittel- und Großbetrieb, in dem das Management die wirtschaftlichen Aktivitäten der Beschäftigten im Wege der Anweisung so koordiniert, daß der Betriebszweck am besten erreicht wird. Da Mittel- und Großbetriebe komplexe Gebilde mit vielen Beschäftigten und vielen wirtschaftlichen Funktionen sind, ist die Koordinierung der wirtschaftlichen Aktivitäten durch eine Person im Regelfall nicht möglich, so daß die Koordinierung durch eine Personengruppe mit abgestuften Befehls-, Anweisungs- und Kontrollbefugnissen erfolgt.

Bei den angeführten Beispielen hierarchischer Koordinierung handelt es sich um Koordinierung *innerhalb* wirtschaftender Elemente. Die Familienwirtschaft früherer Zeit war eine geschlossene Hauswirtschaft mit nur geringen Marktbeziehungen, im Falle der innerbetrieblichen Koordinierung wird nur der Vollzug der betrieblichen Aufgaben autoritär koordiniert. Eine ganz andere Dimension erhält das Problem der Koordinierung durch das hierarchische Prinzip, wenn die wirtschaftlichen Aktivitäten rechtlich, sozial und wirtschaftlich getrennter Einheiten koordiniert werden sollen, wenn es also um die Abstimmung von Angebot und Nachfrage bei tausenden von interdependenten Gütern, Leistungen und Produktionsfaktoren geht, wenn große Teile der Volkswirtschaft oder die gesamte Volkswirtschaft hierarchisch nach einem Gesamtplan gesteuert werden sollen, wenn es sich also um eine zentral geleitete Volkswirtschaft handelt.

2. Merkmale des Modells „Zentralverwaltungswirtschaft"

Im Falle zentraler Steuerung einer Volkswirtschaft mit Hilfe des hierarchischen Prinzips müssen die Koordinatoren über eine außerordentliche Informationsfülle in bezug auf die Bedarfe, die Güter- und Rohstoffvorräte, die Produktionskapazitäten, d. h. die Sachkapitalbestände und das Arbeitskräftepotential, verfügen. Daher ist eine umfangreiche, hochqualifizierte und kostspielige staatliche Bürokratie erforderlich, die die Informationen beschafft, auswertet, Teilpläne entwirft, aufeinander abstimmt, zum Gesamtplan zusammenfügt, die Pläne gegebenenfalls revidiert, die Einhaltung der Pläne kontrolliert und durchsetzt[1]).

Die staatliche Wirtschaftsverwaltung muß in der Lage sein, Anweisungen nicht nur zu geben, sondern ihre Durchführung zu erzwingen. Eine wesentliche Voraussetzung dafür besteht darin, daß die Verfügungsrechte über die sächlichen Produktionsmittel Boden und Kapital in der Hand der Wirtschaftsverwaltung liegen. Daher gibt es in den zentralgeleiteten Volkswirtschaften kaum nennenswertes Privateigentum an Produktionsmitteln[2]). Neben der Ver-

[1]) Vgl. dazu H. W. Hübner u. a., „Volkswirtschaftsplanung, Ausgewählte Studientexte", 3. Aufl., Berlin (Ost) 1974 sowie A. Stobbe, „Gesamtwirtschaftliche Theorie", Berlin-Heidelberg-New York 1975, S. 340 ff., Abschnitt „Grundzüge der Zentralplanwirtschaft".

[2]) Wir können in diesem Buch aus Platzgründen nur das Modell der zentralgeleiteten Wirtschaft mit verstaatlichten Produktionsmitteln behandeln. Eine Kombination von verstaatlichtem Produktionsmitteleigentum mit dezentraler, einzelwirtschaftlicher Planung wird vor allem in Jugoslawien und in Ungarn praktiziert. Vgl. zu diesen Wirtschaftssystemen: H. Leipold (Hrsg.),

staatlichung der sächlichen Produktionsmittel wird die Einhaltung der staatlich verbindlich festgelegten Wirtschaftspläne mit Hilfe von Anreizinstrumenten — in der Sprache der Politökonomie des Marxismus-Leninismus mit ökonomischen „Hebeln" wie Lohn, Prämie, öffentl. Auszeichnung, Chancen zu beruflichem und sozialem Aufstieg, leistungsabhängige Sozialleistungen, Betriebsgewinn —, aber auch mit Hilfe von Sanktionen, also Strafen bei Verstößen gegen den Plan oder Anweisungen, gesichert[1]).

Da die grundlegenden Entscheidungen über die Güterproduktion, über den Faktoreinsatz und über die Güterverteilung durch die Zentralverwaltung getroffen werden, werden in dem Maße, in dem die Verwaltung wirtschaftliche Entscheidungen an sich zieht, die Entscheidungsmöglichkeiten der wirtschaftenden Subjekte beschränkt. Da die genannten Entscheidungen entsprechend den Zielsetzungen und Nutzenschätzungen der politischen Entscheidungsträger festgelegt werden, hängt das Ausmaß, in dem individuelle Zielsetzungen und Zielsetzungen sozialer Gruppen in die Entscheidungen der Zentralverwaltung eingehen, erstens ab von der tatsächlichen Verteilung der politischen Macht in der Gesellschaft, zweitens von der Bereitschaft der politischen Führung, individuelle Entfaltungsspielräume zu gewähren, und drittens von der organisatorischen Möglichkeit, den Willen der Mehrheit durch ein geeignetes Informationssammlungs-, Informationsauswertungs- und Entscheidungssystem in wirtschaftliche Aktionen zu transformieren.

„Sozialistische Marktwirtschaften", München 1975, B. Horvat, „Die Arbeiterselbstverwaltung, Das jugoslawische Wirtschaftsmodell", München 1973 sowie H. Hamel (Hrsg.), „Arbeiterselbstverwaltung in Jugoslawien", München 1974. Übrigens ist für zentralgeleitete Wirtschaften auch die Existenz von Privateigentum denkbar. Wesentlich ist nur die staatliche Dispositionsbefugnis über die Produktionsmittel.

[1]) Vgl. dazu E. G. Liberman, „Methoden der Wirtschaftslenkung im Sozialismus", Frankfurt 1974 sowie Autorenkollektiv, „Politische Ökonomie des Sozialismus und ihre Anwendung in der DDR", Berlin (Ost) 1969, S. 683 ff.

Die Träger der politischen Entscheidung in Zentralverwaltungswirtschaften leugnen nicht schlichtweg die Bedeutung der Wünsche der Gesellschaftsmitglieder. „Vielmehr finden die Machthaber in einer autoritären Wirtschaftsordnung gewöhnlich die Rechtfertigung ihrer herrschenden Stellung darin, daß sie glauben, im wohlverstandenen Interesse der als unmündig geltenden Untertanen zu handeln. Die elitäre Gruppe ist der Meinung, daß nur sie über die erforderliche Einsicht verfügt und deshalb zur Herrschaft legitimiert sei. Auf Grund dieser Ableitung der von der herrschenden Gruppe formulierten Ziele werden diese gewöhnlich als das Gemeinwohl verstanden und beanspruchen deshalb eine höhere Geltung als die ‚törichten' Privatinteressen der Individuen. Manchmal werden auch Versuche unternommen, die nicht an der Herrschaft Beteiligten von der Richtigkeit des eingeschlagenen Weges durch Propaganda zu überzeugen. Soweit die von der Herrschaft Ausgeschlossenen sich jedoch nicht überzeugen lassen, werden sie dennoch der Kommandogewalt des Staatsapparates unterstellt, der vollkommen im Dienst der herrschenden Gruppe steht. Notfalls werden abweichende Meinungen unterdrückt. In den meisten Fällen sind die Mitglieder der herrschenden Gruppe subjektiv völlig von der Richtigkeit ihrer Entscheidungen überzeugt und der Auffassung, im Interesse des Volkes zu handeln. Das autoritäre Element liegt darin, daß vor dem Anspruch, im Besitz der Wahrheit zu sein, alle anderen Auffassungen mit Notwendigkeit falsch sein müssen und deshalb zu unterdrücken sind."[1]

3. Zur Bewertung verwaltungswirtschaftlicher Wirtschaftsordnungen

Die Bewertung von Wirtschaftsordnungen hängt naturgemäß einmal von dem für den Urteilenden geltenden

[1] M. Neumann, „Theoretische Volkswirtschaftslehre", Heidelberg 1973, S. 36.

Wertesystem ab, zum anderen von der spezifischen Ausprägung einer bestimmten Wirtschaftsordnung. Was einem Anhänger des Marxismus-Leninismus als Vorteil einer zentralgeleiteten Wirtschaft erscheint, wie z. B. die zentrale Verfügung über die Wirtschaft durch die Partei der Arbeiterklasse im Interesse dieser Klasse, ist für den Anhänger einer individualistischen Weltanschauung ein Nachteil, weil die individuellen Freiheitsspielräume in einer zentralgeleiteten Wirtschaft geringer sind als in einer nicht zentral gesteuerten Volkswirtschaft. Es ist daher zunächst erforderlich, die Grundlagen einer Bewertung von Wirtschaftssystemen darzulegen.

a. Bewertungsgrundlagen

Die wesentliche Bewertungsgrundlage für Wirtschaftsordnungen ist die für den Bewerter geltende Sozialphilosophie. Im folgenden sollen zwei entgegengesetzte Wertesysteme kurz vorgestellt werden, nämlich die Sozialphilosophie des Marxismus-Leninismus und ein liberales Wertesystem.

Die Sozialphilosophie des Marxismus-Leninismus geht von der Auffassung aus, daß die Geschichte der Menschheit eine Geschichte der Klassenkämpfe sei; die Klasse der Eigentümer der Produktionsmittel beute die Nichteigentümer, konkret: die Arbeiterklasse, aus und entfremde den Menschen sich selbst. Aufgabe des Menschen in der Welt sei das praktische Erzeugen einer gegenständlichen Welt, die Bearbeitung der anorganischen Natur, die Bewährung des Menschen als eines bewußten Gattungswesens. *Der Mensch als Gattungswesen wird demzufolge über den Menschen als Individuum gestellt.* Der Mensch entäußere sich in der Arbeit seines Wesens, vergegenständliche es in der Natur und vergewissere sich so seiner selbst in der Natur. Die Aufhebung dieser Entäußerung durch die Aneignung des vom Menschen erzeugten Produktes sei durch das Privateigentum an Produktionsmitteln unmöglich gemacht, daher werde der Mensch der Natur, der Gesellschaft und sich selbst entfremdet. Nur die Beseitigung des Privateigentums an Produktionsmitteln könne zur Befreiung des Menschen führen. Die Beseitigung des Grundwiderspruches des Kapitalismus, d. h. die Beseitigung der privatkapitalistischen Aneignung bei gesellschaftlicher Produktion, mache den Produzenten, nämlich den Werktätigen, und den Eigentümer der vergesellschafteten Produktionsmittel, nämlich ebenfalls den Werktätigen, identisch. Bei dieser Entwicklung der kapitalistischen Ausbeutergesellschaft zur sozialistischen Gesellschaft müsse die marxistisch-leninistische Partei ein Führungsmonopol beanspruchen. Denn es sei eine unverrückbare geschichtliche Wahrheit, daß die Werktätigen den Sozialismus nur unter der Führung der Partei der Arbeiterklasse verwirklichen können. Das Hauptinstrument der Arbeiterklasse bei der Verwirklichung des Sozialismus sei der sozialistische Staat.

Aus dieser hier skizzierten Auffassung leiten sich die Einparteiensysteme sozialistischer Gesellschaften und die Erhebung der Arbeiterpartei in den Stand der Staatspartei ab. Dieser Gesellschaftsphilosophie entspricht eine Organisation von Gesellschaft und Staat nach dem Prinzip des demokratischen Zentralismus, das besagt, daß die Grundfragen von Gesellschaft und Wirtschaft durch die Organe der Partei zu entscheiden sind, die von sich glauben, die wahren Interessen der Arbeiter zu kennen, während die Werktätigen im Rahmen dieser getroffenen Grundentscheidungen an der Entscheidungsvorbereitung und ihrer Durchführung mitwirken[1]).

Im Gegensatz zu der eben skizzierten Sozialphilosophie geht die Sozialphilosophie des Liberalismus von der Einmaligkeit des Individuums und der Existenz unveräußerlicher individueller Grundrechte aus. Sie hält demgemäß nur eine Gesellschaftsordnung mit dem Wesen des Menschen für vereinbar, die dem Individuum als unverletzlich betrachtete Freiheitsräume gewährleistet, wie das Recht auf

---

[1]) Zur Sozialphilosophie des Marxismus-Leninismus vgl. Autorenkollektiv, „Politische Ökonomie des Sozialismus und ihre Anwendung in der DDR", a. a. O. sowie „Politische Ökonomie des Kapitalismus und des Sozialismus, Lehrbuch für das marxistisch-leninistische Grundlagenstudium", Berlin (Ost) 1974.

34

Leben und körperliche Unversehrtheit, die Glaubens- und Gewissensfreiheit, die Meinungsfreiheit, die Freiheit der Religionsausübung, die Vereinigungsfreiheit, die Niederlassungsfreiheit, die Freiheit der Berufs- und Arbeitsplatzwahl, das Recht auf Unverletzlichkeit der Wohnung, das Recht auf Privateigentum (auch an Produktionsmitteln), das Beschwerde- und Petitionsrecht. Entsprechend liberalistischer Sozialphilosophie sollen gesetzgebende, ausübende und richterliche Gewalt getrennt, die staatliche Macht dezentralisiert und durch die Öffentlichkeit, insbesondere durch ein Mehrparteiensystem, kontrollierbar sein, um ein Mindestmaß an Autonomie der Individuen und sozialer Gruppen gegenüber dem gesellschaftlichen Ganzen und seiner politischen Organisation, dem Staat, zu sichern. Zu dieser Autonomie der Individuen gehört auch Autonomie im wirtschaftlichen Bereich[1]).

Nach allem, was bisher über die Zusammenhänge von Staats- und Wirtschaftsordnung, über die Funktionen von Wirtschaftsordnungen und über die sozialphilosophische Basis von Wirtschaftsordnungen festgestellt wurde, versteht es sich fast von selbst, daß Wirtschaftsordnungen nicht nur und nicht einmal in erster Linie unter den wirtschaftlichen Kriterien der wirtschaftlichen Rationalität und der wirtschaftlichen Effizienz beurteilt werden sollten, sondern auch unter gesellschaftspolitischen Aspekten, d. h. vor allem erstens unter verfassungspolitischen und zweitens unter sozialen Gesichtspunkten.

Das verfassungspolitische Kriterium ist von Bedeutung, weil zwischen dem in einer Gesellschaft jeweils bestehenden bzw. erstrebten *politischen* System und dem wirtschaftlichen System sowie zwischen dem *politischen* Willensbildungs- und Entscheidungsprozeß und dem *wirtschaftlichen* Willensbildungs- und Entscheidungsprozeß sehr enge Interdependenzen bestehen. Soziale Gesichtspunkte spielen für die Beurteilung von Wirtschaftsordnungen eine Rolle, weil

---

[1]) Vgl. dazu F. A. v. Hayek, „Die Verfassung der Freiheit", Tübingen 1971 sowie W. Lippmann, „Die Gesellschaft freier Menschen", Bern 1945.

wirtschaftliche Beziehungen ihrer Natur nach immer gleichzeitig soziale Beziehungen sind und weil wirtschaftliche Entscheidungen stets auch soziale Konsequenzen haben (vgl. dazu S. 60 ff.).

Der in einer Gesellschaft bestehende Spielraum in bezug auf alternative Koordinierungsprinzipien wird übrigens nicht nur durch die gegebenen oder erwünschten *gesellschafts*politischen, sondern auch durch die *gesellschaftlichen* Rahmenbedingungen bestimmt. Wesentliche dieser Bedingungen sind

1. die Mentalität der Bevölkerung, insbesondere ihre Einstellung zum Wirtschaften, also ihre Wirtschaftsgesinnung;

2. der Bildungsstand der Bevölkerung, insbesondere ihre Fähigkeit zu wirtschaftlich rationalem Verhalten sowie der Stand ihrer technischen und wirtschaftlichen Kenntnisse;

3. der Entwicklungsstand der wirtschaftlichen Einrichtungen, wie z. B. der Märkte, der Verkehrsmittel, des Kommunikationssystems, des Geld- und Bankenwesens, des Wirtschaftsrechts.

Beispielsweise wird in einer Gesellschaft mit einer selbstgenügsamen, nur auf die Sicherung des gegebenen Lebensstandards eingestellten Bevölkerung, die geringe technische und wirtschaftliche Fertigkeiten und Fähigkeiten entwickelt hat und überwiegend aus Analphabeten besteht, ein System freier Märkte mit freier Preisbildung sich weder selbst innerhalb historisch kurzer Zeiträume entwickeln können, weil es an der dazu erforderlichen *Erwerbsgesinnung* und an den *Fähigkeiten* zur Marktproduktion fehlt, noch würde ein solches System sozialpolitischen Erfordernissen entsprechen, weil unter den gemachten Voraussetzungen die kleinen, auf wirtschaftlichen Erwerb eingestellten Bevölkerungsteile mit beachtlichen Vorsprüngen an Information, an wirtschaftlichen und technischen Fertigkeiten und an Marktkenntnissen in der Lage wären, die nach Mentalität und Bildung unterlegenen Schichten auszubeuten, zumal es unwahrscheinlich ist, daß ein Gesellschaftssystem in der Startphase zur Industrialisierung schon über eine Wettbewerbsgesetzgebung verfügt, die es erlaubt, den Mißbrauch von marktbeherrschenden Stellungen, von Bezugs- und Absatzmonopolen zu verhindern.

Umgekehrt erscheinen bestimmte Koordinierungsprinzipien, wie etwa die Hierarchie, weniger geeignet für Gesellschaften mit hoher durchschnittlicher Mündigkeit, Erfahrung, Intelligenz, Kenntnissen und Fertigkeiten der Bevölkerung, weil Verluste an Ideen, an Initiativen, an wirtschaftlicher Kreativität, an organisatorischen und technischen Erfindungen auftreten, wenn keine oder nur geringe Spielräume zur wirtschaftlichen Selbstbestimmung, zur Entfaltung von unternehmerischem Geist, zu wirtschaftlichem Wettbewerb bestehen.

b. Bewertung

Eine mit dem Instrument der autoritären Koordinierung arbeitende zentralgeleitete Wirtschaft ist autoritären Staatsverfassungen gemäß. In Diktaturen werden sich die Machthaber für das hierarchische Prinzip als dem dominierenden Koordinierungsinstrument entscheiden, weil es imperativ ist. Es ermöglicht eine weitgehende Unterordnung wirtschaftlicher Zwecke und wirtschaftlichen Handelns unter staatliche Ziele, denn die Inhaber der politischen Macht bzw. ihre Beauftragten sind gleichzeitig Inhaber der wirtschaftspolitischen und der wirtschaftlichen Koordinierungsbefugnisse. Sie können die Entscheidungen über Umfang und Art der Produktion, des Konsums, der Investitionen und des Produktionsfaktoreneinsatzes zentral entsprechend ihren politischen Zielen treffen.

Das hierarchische Prinzip entspricht nicht nur der Diktatur eines einzelnen, einer Personengruppe oder einer Partei, wie etwa der NSDAP, sondern auch der Diktatur einer sozialen Gruppe, etwa der Diktatur des Proletariats. In einer Gesellschaft, in der nur eine Ideologie, z. B. die des Marxismus-Leninismus, zugelassen ist, in der das Führungsmonopol der Partei der Arbeiterklasse sakrosankt ist und in der der Staat Instrument der Partei zur Verwirklichung des Sozialismus ist, ist das hierarchische Prinzip notwendigerweise das dominierende Koordinierungsinstrument, weil jedes andere Koordinierungsprinzip, insbesondere aber das marktwirtschaftliche, es erschweren würde, die innenpolitischen, die außenpolitischen, die militärpolitischen Ziele zu erreichen und die Wirtschaft entsprechend den politischen Zielsetzungen staatlich zu lenken. In den Augen von Marxisten bietet die Verwaltungswirtschaft politisch den eben erläuterten Vorzug, die Wirtschaft in den Dienst der Erreichung staatlicher Ziele zu stellen sowie die Möglichkeit, eine klassenfreie Gesellschaft zu verwirklichen.

Die hauptsächlichen *wirtschaftlichen* Vorzüge werden von Anhängern zentralverwaltungswirtschaftlicher Systeme darin gesehen, daß erstens wirtschaftliche und soziale Ausbeutung unmöglich sei, der Mehrwert den arbeitenden Menschen nicht mehr vorenthalten und die Entfremdung des Menschen beseitigt werde, daß zweitens das System krisenfrei gesteuert, Vollbeschäftigung gesichert und die Kaufkraft des Geldes stabilisiert werden könne und daß drittens die Möglichkeit langfristiger perspektivischer Planung der wirtschaftlichen Entwicklung und der Wirtschaftsstruktur bestehe.

Wesentliche Probleme zentralgeleiteter Wirtschaftsordnungen sind — ausgehend vom Wertesystem marxistisch-leninistischer Ordnungen:

1. Das Problem der Erfassung und Berücksichtigung des Willens der Gesellschaftsmitglieder in bezug auf wirtschaftliche und soziale Ziele, da freie Preise als Knappheitsanzeiger fehlen und eine Anpassung der Unternehmensentscheidungen an die Nachfrage nur nach Anweisung der Wirtschaftsverwaltung möglich ist. In Zentralverwaltungswirtschaften besteht nach aller vorliegenden Erfahrung eine Neigung zur Unterbewertung des individuellen Konsums.

2. Das Problem der schnellen und richtigen Anpassungen an Änderungen gesamtwirtschaftlicher Daten, das sich wegen der Schwerfälligkeit staatlicher Bürokratien stellt.

3. Das Problem der effektivsten, rationalen und zielorien-
   tierten Planung und das Problem der Qualität der Wirt-
   schaftsführung, die ja bei Zentralisierung der Entscheidungen zehntausende von Informationen über interde-
   pendente Elemente sammeln, auswerten und einander im
   Sinne der Realisierung der Zielsetzungen zuordnen
   sowie die entsprechenden ökonomischen Aktiviäten in
   Gang setzen und den Wirtschaftsvollzug kontrollieren
   muß.

   Die unter 2. und 3. erwähnten Probleme stehen seit
   Jahrzehnten im Zentrum der wissenschaftlichen und
   politischen Diskussion in Zentralverwaltungswirtschaften.

4. Das Problem der Entwicklung technischen Fortschritts
   und die Produktion hoher Qualitäten, da in Zentralverwaltungswirtschaften kein freier Wettbewerb, sondern
   nur ein Wettbewerb der Arbeitskräfte um höhere Arbeitsleistung und zwischenbetrieblicher Wettbewerb um
   die Planerfüllung besteht. Bei *organisiertem* zentralver-
   waltungswirtschaftlichem Wettbewerb existiert keine
   volle Freiheit, Wissen und Information zu sammeln, frei
   zu experimentieren und den Erfolg im Markt testen zu
   lassen (zur Bedeutung der Wettbewerbsordnung vgl.
   S. 140 ff.). Daher ist es fraglich, ob Zentralverwaltungswirtschaften ohne Übernahme des Know-how in marktwirtschaftlichen Systemen, ohne Übernahme dort entwickelter Produktionstechniken und dort gesammelter
   Erfahrungen ihre derzeit bestehende technische und wirtschaftliche Leistungsfähigkeit aus sich heraus hätten erreichen können.

Soziale Probleme zentralgeleiteter Wirtschaften sollen in
anderem Zusammenhang dargestellt werden.

B. MARKTWIRTSCHAFTLICHE KOORDINIERUNG

1. Wirkungsweise und Beschaffenheit des marktwirtschaftlichen Prinzips

Die uns geläufigste Form der Koordinierung wirtschaftlicher Aktivität ist die Abstimmung einzelwirtschaftlichen Handelns über ein System von Märkten.

Bei marktwirtschaftlicher Koordinierung werden die Entscheidungen über *Bedarfe*, d. h. über die Dringlichkeit des Bedarfs und über die Art und Weise der Deckung des Bedarfs, denjenigen überlassen, die den Bedarf haben, nämlich den Bedarfsträgern, d. h. den Konsumenten und den Nachfragern nach Produktionsmitteln. Die Entscheidungen über die individuellen Bedarfe stehen den Privathaushalten zu, die Entscheidungen über die Gemeinschaftsbedarfe den Entscheidungsgremien der Gemeinschaft, d. h. in der Bundesrepublik Deutschland den Gemeinderäten, den Länderparlamenten und dem Bundestag. *Im Rahmen ihres verfügbaren Einkommens* entscheiden die Bedarfsträger entsprechend ihren Bedürfnissen frei darüber, was sie in welchen Mengen und in welchen Qualitäten nachfragen und verbrauchen wollen (Verbrauchsfreiheit). Die Entscheidungen über die Deckung der Nachfrage, d. h. über Art und Umfang der Güterproduktion, treffen die Leiter der Unternehmungen im Rahmen der bestehenden Produktionsfreiheit.

Die Verbrauchspläne der Haushalte und die Erwerbspläne der Unternehmen, anders ausgedrückt Angebot und Nachfrage, werden dadurch koordiniert, daß die Unternehmen ihre Güter und Leistungen auf Märkten gegen Geld tauschen und zwar zu Preisen, die sich entsprechend dem Verhältnis von Angebot und Nachfrage, also entsprechend der Knappheit, frei herausbilden. Die gegenseitige Plankoordinierung erfolgt auf funktionsfähigen Märkten folgendermaßen: Die Angebotspreise sind für die Nachfrager von vornherein Maßstäbe, an denen sie auf der Grundlage ihrer Bedürfnisse und ihres Einkommens ihre Entscheidungen über die Nachfragemenge treffen. Durch die Struktur der Preise des Güterangebots werden somit die Verbrauchspläne beeinflußt. *Ändern* sich die Güterpreise oder die Güterqualitäten, dann *ändern* die Nachfrager ihre Entscheidungen, wobei sie — im Normalfall — bei Preissenkungen mehr, bei Preiserhöhungen weniger von einem Gut nachfragen. Bei rationalem Verhalten und guter Information werden die Nachfrager, wenn mehrere Güter für die Deckung eines bestimmten Bedürfnisses geeignet sind oder wenn ein bestimmtes Gut von mehreren Anbietern offeriert wird, das preisgünstigere Gut wählen. Diese Konkurrenz zwischen Gütern führt der Tendenz nach zur Durchsetzung des preisgünstigeren Angebotes, d. h. sie führt zur mengenmäßig, qualitätsmäßig und preislich besseren Versorgung der Nachfrager. Die durch die Produzenten erzielbaren Preise sind — in Verbindung mit den Produktionskosten — Grundlage für die Entscheidungen der Produzenten. Je höher bei gegebenen Produktionskosten der Preis eines Gutes ist, je höher also der Stückgewinn ist, umso lohnender ist es, das Gut zu produzieren und das Angebot zu vergrößern. Es werden also vorrangig die Güter produziert, die, weil sie knapper sind, höhere Stückgewinne erbringen (Lenkung der Produktion an die Stellen des dringendsten Bedarfs). Wenn Gewinne erzielt werden, lohnt es sich für die bereits vorhandenen Anbieter, mehr zu produzieren; für andere Unternehmer besteht ein Anreiz, ebenfalls die gewinnbringenden Produkte zu erzeugen (angebotslenkende Funktion der Gewinne). Steigende Nachfrage, die zunächst zu Preis- und zu Gewinnsteigerungen führt, führt also letztlich zu einem größeren Angebot. Dadurch aber sinkt der Güterpreis. Wenn dagegen — sei es aufgrund sinkender Preise oder steigender Kosten — die Stückgewinne schrumpfen oder verschwinden, wird eine Tendenz zur Produktionsverringerung ausgelöst. Da sinkende Preise eine geringer werdende Knappheit des Gutes, steigende Kosten einen vergleichsweise höheren Werteverzehr der Produktionsmittel bedeuten, ist diese Reaktion im Sinne des bestmöglichen Einsatzes der Produktionsfaktoren erwünscht.

Für die Funktionsfähigkeit marktwirtschaftlicher Plankoordinierung sind nicht nur die freie Preisbildung, die

Konsumfreiheit und die Produktionsfreiheit wichtige Voraussetzungen, sondern vor allem auch die Gewerbefreiheit und die Wettbewerbsfreiheit, damit dort, wo eine relativ große, durch hohe Gewinne angezeigte Knappheit besteht, die Gewinne ihre produktionsfaktorenlenkende, angebotsausweitende und letztlich preissenkende Funktionen erfüllen können.

Ähnlich wie die Verbrauchspläne und die Produktionspläne koordiniert werden, werden im marktwirtschaftlichen Modell auch Angebot und Nachfrage auf den Produktionsfaktorenmärkten koordiniert. Die Entscheidungen über das Faktorenangebot obliegen den Produktionsfaktoreneigentümern, also den Arbeitnehmern, den Bodeneigentümern und den Eigentümern von Sachkapital. Die Nachfrage nach Produktionsfaktoren ergibt sich aus den bereits angesprochenen Produktionsentscheidungen der Unternehmen[1].

Das Charakteristische an dieser marktwirtschaftlichen Lösung des Steuerungsproblems ist, daß die Einzelwirtschaften Träger wirtschaftlicher Pläne und wirtschaftlicher Entscheidungen sind und daß diese individuellen Pläne durch eine Marktpreisbildung so koordiniert werden, daß die Interessen und Pläne der Einzelwirtschaften aufeinander abgestimmt werden und der Wirtschaftsprozeß primär nach dem Willen der Einzelwirtschaften gelenkt wird. Die Plankoordination erfolgt also durch die Entscheidungen der Wirtschaftssubjekte im Wege freier Vereinbarungen, nicht durch übergeordnete Instanzen. Man kann daher von einer Selbstkoordinierung durch gegenseitige Abstimmung sprechen. „Märkte sind ... eine soziale In-

---

[1] Zur Wirkungsweise des Marktmechanismus vgl. A. Stobbe, „Gesamtwirtschaftliche Theorie", a. a. O., S. 287 ff.; A. Woll, „Allgemeine Volkswirtschaftslehre", 5. Aufl., München 1976, S. 49 ff. sowie S. 61 ff. (Zweiter Teil: Mikroökonomische Theorie, A. Produktmärkte); P. Harbusch, D. Wiek (Hrsg.), „Marktwirtschaft, Eine Einführung in das Konzept der freiheitlichen Wirtschaftsordnung", Stuttgart 1975. Für Leser mit theoretischen Vorkenntnissen seien genannt: J. Schumann, „Grundzüge der mikroökonomischen Theorie", 2. Aufl., Berlin-Heidelberg-New York 1976 sowie R. Dorfman, „The Price System", Englewood Cliffs-New Jersey 1964.

stitution zum Ausgleich der in bezug auf die Preishöhe grundsätzlich entgegengerichteten Interessen von Anbietern und Nachfragern. Jeder Teilnehmer ist dabei" — man muß ergänzen: von Einkommensunterschieden abgesehen — „gleichberechtigt, niemand kann Macht über andere ausüben, und es gibt keine übergeordnete Instanz, die für den Ausgleich sorgen und dabei ihre Interessen geltend machen könnte."[1])

Die wirtschaftliche und soziale Leistungsfähigkeit freier Märkte als Instrument der Planabstimmung und der Entscheidung über Umfang, Qualität, Technik und Verteilung der Güterproduktion hängt von dem Grad der Erfüllung bestimmter Voraussetzungen ab: die Wirtschaftssubjekte dürfen weder wirtschaftlicher Macht noch wirtschaftlichem Druck ausgesetzt sein; sie müssen — abgesehen von „natürlichen" Begabungs- und Leistungsunterschieden — gleiche wirtschaftliche Startchancen haben; sie müssen entweder in der Lage sein, am Wirtschaftsprozeß teilzunehmen und durch eigene Leistung ein der Menschenwürde entsprechendes Existenzminimum zu sichern oder ein existenzsicherndes Einkommen zugeteilt erhalten. Ein solches Lenkungssystem wird als marktwirtschaftliches Planungssystem oder als *Marktwirtschaft* bezeichnet[2]). Die Koordinierung wirtschaftlicher Aktivität über den Markt ist selbstverständlich nur möglich, soweit es sich um sogenannte Marktgüter handelt, d. h. um marktgängige, auf Märkten angebotene und nachgefragte Güter oder Leistungen. Es gibt aber — und zwar mit der wirtschaftlichen Entwicklung in steigender Zahl — Nichtmarktgüter, wie z. B. öffentliche Sicherheit, soziale Sicherheit, Gesundheit, Erholungsmöglichkeiten, Bildung und ähnliche Güter, über deren Produktion und Verteilung u. a. aus sozialen Gründen nicht mit Hilfe des marktwirtschaftlichen Prinzips entschieden

[1]) A. Stobbe, a. a. O., S. 289.
[2]) Zu den Bezeichnungen marktwirtschaftlicher Ordnungen und den beiden hier skizzierten idealtypischen Wirtschaftsordnungen vgl. K. P. Hensel, „Grundformen der Wirtschaftsordnung", 2. Aufl., München 1974, S. 27 ff.

werden kann, sondern nur entweder hierarchisch oder über demokratisch gewählte Entscheidungsgremien (vgl. dazu S. 50 ff.).

2. Merkmale des Modells „Marktwirtschaft"

Notwendige Voraussetzungen und damit Merkmale des marktwirtschaftlichen Modells sind vor allem die Existenz von Privateigentum generell und speziell an Produktionsmitteln[1]) sowie die Existenz grundlegender und allgemeiner Freiheitsverbürgungen, wie allgemeine Vertragsfreiheit, Freiheit der Berufs- und der Arbeitsplatzwahl, Gewerbefreiheit, Produktions-, Handels- und Konsumfreiheit. Steuerungsinstrumente, die gleichzeitig als Sanktionsmechanismen fungieren, sind erstens die Differenz zwischen den Verkaufspreisen und den Kosten, also die Gewinne, zweitens die durch den Einsatz ökonomisch verwertbarer Güter und Leistungen erzielbaren Vermögenserträge sowie die Arbeitseinkommen, drittens die über die Nachfrage wirksame Kaufkraft der produzierenden und der konsumierenden Einheiten und viertens Aufstiegschancen und Sozialprestige. Ein weiteres Merkmal marktwirtschaftlicher Ordnungen ist eine relative wirtschaftliche Abstinenz des Staates: die wirtschaftliche Aktivität des Staates ist im wesentlichen auf die Bereitstellung öffentlicher Güter und auf solche Produktionen beschränkt, die — wie z. B. Gas, Wasser und Elektrizität — nicht wettbewerblich organisiert werden können.

Die Qualität einer Marktwirtschaft, insbesondere ihre Fähigkeit, eine Lenkung der Produktion im Interesse der Bürger zu gewährleisten, hängt wesentlich davon ab, daß Wettbewerbsmärkte existieren, d. h. erstens Märkte, auf denen Anbieter ohne ökonomische Machtungleichheiten aufgrund selbständiger wirtschaftlicher Entscheidungen mitein-

---

[1]) Genau genommen brauchen die Unternehmensleiter nur volle Dispositionsbefugnisse über die produzierten Produktionsmittel.

ander um die Nachfrager konkurrieren und umgekehrt die Nachfrager darum, zum Zuge zu kommen, zweitens Märkte, auf denen sich die Tauschbedingungen, insbesondere die Preise, als Knappheitsanzeiger und als Instrumente der Lenkung von Angebot und Nachfrage frei bilden und entwikkeln können, drittens Märkte mit offenem Zugang, damit bei der Erzielung von Gewinnen neue Anbieter auftreten und durch zusätzliche Angebote die Marktversorgung mengenmäßig, qualitativ und preislich verbessern können (vgl. dazu auch S. 144 ff.).

3. Bewertung der Marktwirtschaft

Eine in ihrem Kern marktwirtschaftliche Ordnung ist einer Gesellschaft gemäß, in der zu den gesellschaftlichen Zielen auch die Freiheit der wirtschaftlichen Entfaltung, die wirtschaftliche Selbstbestimmung gehört, in der die einzelnen und die sozialen Gruppen möglichst große und vor staatlichem Zugriff geschützte Bewegungsspielräume haben sollen, in der nach einem ausgewogenen Ausgleich divergierender Interessen zwischen Gesellschaft und Individuum, zwischen sozialen Gruppen und zwischen den Individuen gesucht wird, in der politische und wirtschaftliche Macht dekonzentriert werden soll. Die politischen Vorzüge bestehen aus der Sicht einer liberalistischen Gesellschaftsphilosophie im besonderen erstens in der Begrenzung der wirtschaftlichen und damit auch der politischen Macht des Staates gegenüber seinen Bürgern, zweitens in einem hohen Gehalt an formaler und — bei Erfüllung bestimmter Bedingungen in bezug auf die Startchancen der Wirtschaftssubjekte und in bezug auf die Einkommensverteilung — an materialer Freiheit der Wirtschaftseinheiten, drittens in der Sicherung der wirtschaftlichen Grundlagen politischer und persönlicher Freiheitsrechte, wie Pressefreiheit, Freiheit der Meinungsäußerung, persönliche Freizügigkeit, Freiheit der Religionsausübung und viertens in einer Dezentralisierung wirtschaftlicher Macht.

Der — historisch bewiesene — wirtschaftliche Vorzug des marktwirtschaftlichen Prinzips liegt im besonderen in der Fähigkeit, die wirtschaftlichen Aktivitäten in der Gesellschaft am Willen der Nachfrager auszurichten und gleichzeitig die Güterknappheit durch eine hohe wirtschaftliche Rationalität der Wirtschaftsprozesse, d. h. durch eine hohe und steigende Produktivität, bestmöglich zu verringern. Von den vielen Gründen für diese Fähigkeit seien hier genannt:

— die Tatsache, daß ein freies Preissystem der exakteste bisher bekannte Knappheitsmesser ist, so daß die rechnerische Voraussetzung für die Ermittlung der kostengünstigsten Produktionsmittelkombination gegeben ist (die immer wieder geführte Diskussion in osteuropäischen Volkswirtschaften und in der DDR über eine „Liberalisierung" der dortigen Wirtschaftssysteme und über Verbesserungen des Lenkungssystems zeigt, daß man sich der Bedeutung möglichst exakt funktionierender Knappheitsmesser bewußt wird);

— die Tatsache, daß autonome, in ihrer Disposition freie Unternehmensleiter schneller und mit größerer Sicherheit die qualitativ und technisch besten, gleichzeitig aber kostengünstigsten Produktionsmittel und Produktionsmethoden ausfindig machen und experimentell erproben können als unternehmensexterne, der Schwerfälligkeit einer Bürokratie unterworfene Verwaltungsbeamte, die die betrieblichen Gegebenheiten und die wirtschaftliche Umwelt weniger gut kennen als die Unternehmensleiter (die Diskussion über eine „Dezentralisierung" wirtschaftlicher Entscheidungen in Verwaltungswirtschaften zeigt, daß man die Vorteile unternehmerischer Dispositionsspielräume nutzen will);

— die Tatsache, daß das marktwirtschaftliche Prinzip die persönliche Initiative und die Leistungsfähigkeit spontaner und ungehinderter zur Entfaltung bringt als das verwaltungswirtschaftliche Prinzip;

— schließlich die Tatsache, daß in der Marktwirtschaft, in der die Produzenten und die Produktionsmittel nicht in einem verbindlichen Gesamtwirtschaftsplan eingeplant sind, die Wirtschaftssubjekte über die Produktionsmittel frei disponieren, sich also an die Marktlage und ihre Veränderungen elastisch anpassen können.

Damit sind wir bei einem der Gründe für die Leistungsfähigkeit der Marktwirtschaft im Bereich des wirtschaftlichen und technischen Fortschritts. Die Entwicklung des Fortschritts und seine Anwendung ist an Experimente und Kenntnisse, an Wissen und seine Weitergabe gebunden. Die Aufgabe einer die Gesellschaft bestmöglich versorgenden Wirtschaftsordnung besteht — wie v. Hayek[1]) gezeigt hat — nicht in erster Linie darin, gegebenen Bedarf mit gegebenen Bedarfsdeckungsmitteln in größtmöglichem Umfang zu decken, sondern die Hauptaufgabe besteht darin, den Güterbedarf und seine Veränderungen sowie die Bedarfsdeckungsmittel zu erfassen und die Bedarfsdeckungsmittel, darunter wieder vor allem die Produktionsmittel und die Produktionsmethoden, zu verbessern. Es geht also darum, möglichst viel Wissen zu sammeln, neues Wissen zu gewinnen und anzuwenden. Bei der Lösung dieses Problems muß davon ausgegangen werden, daß niemand, kein Individuum, kein Unternehmer, keine menschliche Institution allwissend ist. Daher muß nach v. Hayek eine Gesellschaftsorganisation gesucht werden, die die dem Menschen gesetzten Grenzen des Wissens soweit wie möglich hinausschiebt. Das aber ist in einem auf Wettbewerb, auf Freiheit des Geistes und des Handelns basierenden System aller Erfahrung nach am ehesten möglich: in einer solchen Gesellschaft stellt jede unabhängige Wirtschaftseinheit gleichsam einen Experimentator dar, der mit allen erlaubten Mitteln, unbehindert von Produktionsauflagen und nicht durch Produktionsmittelzuteilungen beschränkt, den größten Erfolg sucht. Die Wirtschaftseinheit, die diesen Erfolg findet, setzt sich im Markte durch. Die Mitbewerber passen sich an. Im Wettbewerb sind die Unternehmer bemüht, die Bedürfnisse der Verbraucher aufzuspüren. Tausende von Ingenieuren und Kaufleuten sind bemüht,

---

[1]) F. A. v. Hayek, „Die Verwertung des Wissens in der Gesellschaft", in: „Individualismus und wirtschaftliche Ordnung", Erlenbach-Zürich 1952, S. 103 ff.

Ideen zu entwickeln, zu testen und zu verwirklichen. Nicht entscheidend ist aber, *daß* sie Wissen sammeln, Kenntnisse verwerten, Ideen entwickeln und zu verwirklichen suchen — das ist auch in einer Verwaltungswirtschaft der Fall —, sondern entscheidend ist, *wie* sie das tun, nämlich dezentralisiert und frei. Entscheidend ist erstens, daß in einer Marktwirtschaft die Freiheit, Wissen und Information zu sammeln, Gedachtes zu verwirklichen und im freien Wettbewerb durchzusetzen, größer sein kann als in einer Verwaltungswirtschaft, und zweitens, daß der Wettbewerb ein Instrument nicht nur der Stimulierung des Fortschritts, sondern auch der Auslese der Ideen ist. In der Verwaltungswirtschaft ist sowohl die Verfügbarkeit über Mittel für selbstgewählte Forschungszwecke begrenzt als auch die freie Wahl der Forschungs- und Wirtschaftsziele der Wirtschaftssubjekte. Diese Begrenzung der verfügbaren Mittel und des Handlungsspielraumes ist eine Voraussetzung dafür, um einen zentralen Plan auch nur annähernd verwirklichen zu können.

Diese Argumentation wird durch die zweifellos beachtlichen wirtschaftlichen und technischen Erfolge in Zentralverwaltungswirtschaften nicht widerlegt. Denn zahlreiche Spitzenerfolge in einzelnen Bereichen, die durch staatlich gelenkte Konzentration auf bestimmte Ziele erreicht werden, sind kein Maßstab dafür, in welchem Umfang eine Gesellschaft Fortschritt verwirklichen kann, weil sich dieser Fortschritt — jedenfalls nach den Bewertungsmaßstäben des westlichen Kulturbereiches — erstens über die unübersehbare Weite von Wirtschaft und Technik, zweitens darüber hinaus in alle, auch die privaten Lebensbereiche erstrecken und drittens vor allem auch dem nichtstaatlichen Sektor der Gesellschaft zugutekommen sollte.

Die Dezentralisierung der Gewinnung, Sammlung und Verwertung von Information und Wissen hat nicht nur den Vorteil, daß wegen der detaillierten und exakten Informationen über die kleinsten Einheiten der Gesellschaft (Individuen und Familien) deren Bedürfnisse bekannt werden und gedeckt werden können, sondern daß die dezentralisierte Gewinnung und Verarbeitung wirtschaftlicher Informationen billiger und exakter ist als die zentrale Informationsgewinnung und -verarbeitung[1]).

Die Problematik des marktwirtschaftlichen Modells liegt schwergewichtig in zwei Bereichen: im sozialen Bereich und in dem der Steuerung des Gesamtsystems im Sinne einer gleichgewichtigen, möglichst schwankungsfreien und zukunftssichernden wirtschaftlichen Entwicklung bei Vollbeschäftigung aller Faktoren. Da die sozialen Probleme in einem eigenen Abschnitt angesprochen werden (vgl. dazu Erster Teil, IV., A.), genügt es hier, die Problematik der Globalsteuerung anzusprechen.

Aus hier nicht darstellbaren Gründen, von denen nur die Unbeweglichkeit der Löhne nach unten und die Notwendigkeit genannt seien, die Funktionsfähigkeit der Wirtschaft durch immer wieder erforderliche politische Entscheidungen z. B. in bezug auf Infrastrukturinvestitionen (u. a. im Verkehrs- und im Bildungssektor) zu sichern, muß das Gesamtsystem wirtschaftspolitisch gesteuert werden. Diese Steuerung ist zwar grundsätzlich möglich. Es ist aber schwieriger und erfordert höhere politische Fähigkeiten, ein marktwirtschaftliches System zu steuern als eine Verwaltungswirtschaft, weil im ersten Fall in der Konjunktur-, Struktur- und Wachstumspolitik vor allem mit führenden, anregenden und anreizenden Instrumenten der Wirtschaftspolitik gearbeitet werden muß und politische Erfolge von den Reaktionen der Gesellschaftsmitglieder abhängen, während in der Verwaltungswirtschaft mit den Mitteln verbindlicher Anweisung operiert werden kann. Diese Probleme der Wirtschaftspolitik können in dieser Einführung nicht behandelt werden[2]).

---

[1]) Zur Rolle der Information in Marktwirtschaften vgl. N. Szyperski, K. Nathusius, „Information und Wirtschaft, Der informationstechnologische Einfluß auf die Entwicklung unterschiedlicher Wirtschaftssysteme", Frankfurt-New York 1975, S. 156 ff.

[2]) Vgl. zu diesem Problemkreis H.-J. Seraphim, „Theorie der Allgemeinen Volkswirtschaftspolitik", 2. Aufl., Göttingen 1963, S. 296 ff.

Schließlich ist in diesem Abschnitt noch auf zwei schwache Stellen des marktwirtschaftlichen Modells hinzuweisen.

Eine ausgeprägt marktwirtschaftliche Ordnung, in der rücksichtsloses Erwerbsstreben die Verhaltensweisen prägt, kann zu einem sozialen Klima führen, in dem Werte wie Solidarität, Hilfsbereitschaft, Verständnis für andere, Gemeinsinn und soziale Gesinnung, menschenwürdige Arbeitsbedingungen und andere Werte verloren gehen. Daher erscheint das marktwirtschaftliche Koordinierungsprinzip nur akzeptabel, wenn der Wettbewerb bestimmten Qualitätsnormen genügt, d. h. nicht unlauter, nicht betrügerisch, nicht diskriminierend und nicht ruinös ist und wenn allgemein das wirtschaftliche Verhalten durch Rechtsnormen kanalisiert wird, die sicherstellen, daß die Würde der Person und die Normen sozialer Gerechtigkeit, die eine Gesellschaft gesetzt hat, gewahrt werden. Diese Notwendigkeit der Kanalisierung und Regulierung wirtschaftlicher Handlungsspielräume gilt insbesondere für das Berufs- und Arbeitsleben.

Eine weitere, durch Wirtschafts- und Sozialpolitik zu korrigierende Schwachstelle in einer erwerbsorientierten Wirtschaftsgesellschaft besteht in einer Tendenz zur Vernachlässigung der Versorgung der Gesellschaft mit öffentlichen Gütern, weil der Nutzen öffentlicher Güter für den einzelnen aufgrund der generellen und nicht spezifisch entgeltpflichtigen Konsumierbarkeit solcher Güter und aufgrund des kurzen Zeithorizontes der Wirtschaftssubjekte relativ gering erscheint.

C. KOORDINIERUNG DURCH POLITISCHE WAHLVERFAHREN

Es war bereits davon die Rede (Erster Teil, III., B., 1.), daß über die Produktion und Verteilung öffentlicher Güter autoritär oder durch Mehrheitsentscheidungen befunden werden muß. Mehrheitsentscheidungen sind auch das in freien Gesellschaften angewandte Instrument zur Gestaltung der politischen Ordnung, d. h. auch: der Wirtschafts- und Sozialordnung, und zum Erlaß von Gesetzen aller Art. Mehrheitsentscheidungen gewinnen für die Wirtschaft zunehmend an Gewicht: in den westlichen Demokratien verfügen die Parlamente über ein Drittel bis zwei Fünftel des Sozialprodukts. Daher sollen Wahlverfahren als Koordinierungsinstrument hier besprochen werden[1]).

1. Anwendung und Wirkungsweise

Die sogenannten öffentlichen Güter lassen sich einteilen in „natürliche" öffentliche Güter und in „gekürte" öffentliche Güter, die aufgrund der wirtschaftlichen und gesellschaftlichen Entwicklung zu Kollektivgütern geworden sind. „Natürliche" öffentliche Güter sind solche, deren Nutzen unteilbar ist, wie z. B. der Nutzen der Straßenbeleuchtung oder eines Deiches. Wegen der Nichtbeschränkbarkeit ihres Nutzens auf den Eigentümer werden solche Güter privatwirtschaftlich nicht angeboten. Die „gekürten" öffentlichen Güter, wie etwa persönliche Sicherheit, Verkehrswege, Gesundheits- und Bildungsleistungen könnten zwar grundsätzlich privatwirtschaftlich angeboten und nachgefragt werden. Ein solches privatwirtschaftliches Angebot würde aber zahlreiche einkommensschwache Gesellschaftsmitglieder von der Inanspruchnahme solcher Güter oder Leistungen ausschließen, so daß derartige Güter aus sozialpolitischen, gesundheitspolitischen und anderen Gründen als kollektive Güter von staatlichen Einrichtungen geplant, finanziert und bereitgestellt werden.

Das besondere wirtschaftliche Problem bei öffentlichen Gütern besteht dabei darin, ein Verfahren zu finden, mit dessen Hilfe bestimmt werden kann, in welcher Menge welche Güter angeboten werden sollen. Ein solches Verfahren ist nicht nur nötig, weil angesichts der Knappheit von Mitteln entschieden werden muß, wie die Produktionskapazität auf öffentliche Güter und private Güter aufge-

[1]) Ein viertes Koordinierungsinstrument, die Kooperation, soll in diesem Buch wegen seines in der Realität sehr geringen Gewichts nicht erörtert werden. Vgl. zur Kooperation G. Weippert, „ ,Vereinbarung' als drittes Ordnungsprinzip", in: Jahrbuch für Sozialwissenschaft, Bd. 14, 1963, S. 167 ff. sowie E. Boettcher, „Kooperation und Demokratie in der Wirtschaft", Tübingen 1974.

teilt werden soll, sondern weil auch die Zwecke, für deren Erreichung öffentliche Güter erforderlich sind, miteinander konkurrieren: Der Ausbau des Systems der Sozialversicherung konkurriert mit dem Ausbau des Bildungswesens; Sozialleistungen für den „Normalbürger" konkurrieren mit Sozialleistungen für die Randgruppenangehörigen; die gesamten Sozialleistungen konkurrieren mit den Aufwendungen für die innere und die äußere Sicherheit. Eine Schwierigkeit, eine optimale Entscheidung zu finden, besteht zunächst darin, daß die Nutzenschätzungen der Gesellschaftsmitglieder gegenüber öffentlichen Gütern — teilweise stark — voneinander abweichen. Während eine Gruppe den Ausbau des Bildungswesens präferiert, räumt eine andere einer Bekämpfung der Randgruppenprobleme Priorität ein, während eine dritte Gruppe mehr Mittel für Entwicklungshilfeleistungen zur Verfügung gestellt sehen möchte. Eine weitere Schwierigkeit liegt darin, daß für die einzelnen weder eine Notwendigkeit besteht noch ein Maß existiert, um die Intensität der Kollektivbedürfnisse anzuzeigen, da sie ja keinen zurechenbaren, das Privatbudget belastenden Preis haben.

Das Hauptproblem liegt darin, daß mit jeder Entscheidung über das Angebot öffentlicher Güter auch über die Versorgungslage *aller* Gesellschaftsmitglieder entschieden wird, daß aber die Gesellschaftsmitglieder *nicht alle* an der Entscheidung beteiligt werden können. Daher bleibt nur die Möglichkeit, die Entscheidung über die Produktion und das Angebot an öffentlichen Gütern Entscheidungsgremien der Gemeinschaft zu übertragen und nach dem Willen der Mehrheit zu entscheiden.

2. Zur Problematik von Mehrheitsentscheidungen[1])

Bei Mehrheitsabstimmungen tauchen Probleme auf, von denen hier wegen des Gewichts parlamentarischer Abstim-

---

[1]) Dieser Abschnitt stütz sich auf P. Bernholz, „Grundlagen der Politischen Ökonomie", 1. Bd., Tübingen 1972, S. 207 ff. und E. Boettcher, „Kooperation und Demokratie in der Wirtschaft", a. a. O., S. 70 ff.

mungsverfahren in der Gegenwart angesprochen werden
sollen: das sogenannte Arrow-Paradoxon, das Minoritäten-
schutzproblem, das Problem der Information und der Sachkunde der Entscheidungsträger und das Problem der Grup-
penrepräsentanz.

a. Das Arrow-Paradoxon

Das Arrow-Paradoxon, das seinen Namen nach seinem
„Entdecker" erhalten hat[1]), soll mit Hilfe des folgenden
einfachen Beispiels verdeutlicht werden:

Wir nehmen an, die Personen I, II und III haben für die
drei sozialen Zustände A, B und C durch Mehrheitsentscheidung eine kollektive Präferenzordnung aufzustellen.
Die entscheidungsberechtigten Personen sollen bei Stimmabgabe ihre individuelle Präferenzordnung zugrundelegen.
Es sollen also individuelle Urteile über soziale Zustände in
einer sozialen Wohlfahrtsfunktion zusammengefaßt werden.

Die angenommenen individuellen Rangordnungen sind in
folgender Tabelle wiedergegeben:

Person Rangstelle	I	II	III
1	A	B	C
2	B	C	A
3	C	A	B

Person I zieht A gegenüber B vor, B gegenüber C und A
gegenüber C. Entsprechend der Tabelle sind die Präferenzen von Person II und III zu interpretieren.

[1]) K. Arrow, „Social Choice and Individual Value", 2. Aufl.,
New York 1970.

Wir nehmen nun an, daß zunächst die Alternativen A und B zur Abstimmung gestellt werden. Dann fällt die Entscheidung mit 2 : 1 Stimmen zugunsten von A, weil Person I und III A höher bewerten als B. Wenn anschließend über A und C abgestimmt wird — B wurde ja im ersten Wahlgang verworfen — gewinnt C vor A mit den Stimmen von II und III. Die beiden Wahlgänge bringen also das Ergebnis: C wird A vorgezogen, A wird B vorgezogen. Nun müßte logischerweise auch mehrheitlich C gegenüber B vorgezogen werden. Ein Blick auf die Tabelle belehrt uns aber, daß I und II C geringer bewerten als B. Die kollektive, durch Mehrheitsentscheidung zustandegekommene Präferenzordnung gibt also nicht den tatsächlichen Mehrheitswillen wider. Das ist widersprüchlich: Bei logischer Konsistenz der individuellen Präferenzordnungen ist die kollektive Rangordnung inkonsistent. Nehmen wir jetzt an, im ersten Wahlgang würden die Alternativen B und C zur Wahl gestellt. Dann würde B gewinnen. Aus der anschließenden Abstimmung über B und A würde A gewinnen, so daß sich jetzt ergibt: A wird B, B wird C vorgezogen. Vergleichen wir dieses Ergebnis mit der Tabelle und mit dem vorhergehenden Wahlergebnis, dann können wir erstens feststellen: die kollektive Rangordnung stimmt wieder nicht mit dem Mehrheitswillen überein, da nach der kollektiven Reihenfolge A auch C vorgezogen wird, tatsächlich aber zwei von drei Personen C gegenüber A vorziehen. Wir können zweitens feststellen: das erste Gesamtwahlergebnis, nämlich „C vor A, A vor B", weicht vom zweiten, nämlich „A vor B, B vor C", ab, weil nach dem ersten Gesamtwahlergebnis auch C gegenüber B vorgezogen wird, was dem zweiten Ergebnis widerspricht. Wir sehen also, daß das Abstimmungsergebnis auch von der Reihenfolge der Abstimmung abhängt.

Welches Gewicht die durch das Arrow-Paradoxon möglichen Mängel des politischen Entscheidungsprozesses in der Realität haben, ist noch nicht geklärt[1]).

[1]) P. Bernholz, a. a. O., S. 219.

b. Minderheitenschutz

Die vorhergehenden Überlegungen rücken auch die Tatsache ins Bewußtsein, daß sich bei Mehrheitsentscheidungen die Minderheit dem Willen der Mehrheit beugen muß. Das führt zu der Frage, wie verhindert werden kann, daß Minderheiten unterdrückt werden. Das Minderheitenproblem entstünde nicht, wenn man für jede kollektive Entscheidung Einstimmigkeit, also die Zustimmung aller Wahlberechtigten, verlangen würde. Eine solche Regel ist jedoch nicht realisierbar, weil dann jede Weiterentwicklung der Gesellschaft unmöglich gemacht würde; gegen Veränderungen, die auch nur *ein* Gesellschaftsmitglied schlechter stellen würden, würde sich immer wenigstens eine Stimme erheben. Damit würden Veränderungen im Sinne sozialer Gerechtigkeit, z. B. durch eine Umverteilung von Einkommen und Vermögen oder durch die Abschaffung von Vorrechten, verhindert werden können.

Außerdem bestünde die Gefahr, daß Wahlberechtigte — auch unabhängig von der Rückwirkung einer Entscheidung auf ihre eigene Lage — bestimmten Entscheidungen nur zustimmen würden, wenn ihnen die Mehrheit einen Preis zahlt: die Entscheidung kann ja nur getroffen werden, wenn Einstimmigkeit vorliegt, daher läßt sich aus der Stimmabgabe ein Geschäft machen.

Da keine Gesellschaft diese Konsequenzen der Einstimmigkeitsregel akzeptieren kann, ist das Minderheitenproblem nicht eliminierbar, es läßt sich nur entschärfen, u. a. durch folgende Maßnahmen:

1. Man beschränkt die Staatstätigkeit auf die Lösung solcher Probleme, die vom Markt nicht oder nur schlecht gelöst werden können. Dann ist zum einen gewährleistet, daß die Unterdrückung individueller Ziele minimiert wird, zum andern werden die Kosten für staatliche Einrichtungen verringert.

2. Man räumt den Individuen Grundrechte ein, die nicht oder nur mit qualifizierter Mehrheit (z. B. zwei Drittel) geändert werden können (vgl. dazu die Grundrechte im Grundgesetz der Bundesrepublik Deutschland).

3. Man dezentralisiert den Staatsapparat — z. B. durch eine föderalistische Verfassung, wie die Bundesrepublik sie hat —, weil die Wahrscheinlichkeit der Verletzung von Minderheitsrechten um so geringer ist, je stärker Entscheidungen auf die spezifischen regionalen oder örtlichen Verhältnisse abgestimmt werden können.

4. Man ersetzt bei wesentlichen Entscheidungen die Parlamentsabstimmung durch einen Volksentscheid, wenn ein bestimmter Prozentsatz der Wähler, z. B. 5 oder 10 %, es verlangt. Dann haben Minderheiten die Chance, bestimmte Gesetze revidieren zu lassen. Allerdings sind Volksabstimmungen über kompliziertere Sachverhalte problematisch.

5. Man schafft ein offenes Gesellschaftssystem, d. h. ein System, in dem

   a) die Bildung von Interessengruppen und Parteien zulässig ist, damit Minderheiten sich organisieren und ihren Willen im Entscheidungsprozeß zum Ausdruck bringen können;

   b) die Möglichkeit der Auswanderung verfassungsmäßig als Grundrecht abgesichert ist, damit geschädigte und von der Mehrheit unterdrückte Minderheiten auswandern können.

6. Man entschädigt Betroffene, wenn die Schädigung nachgewiesen und quantifiziert werden kann. Der bekannteste Entschädigungsfall ist der der Entschädigung im Falle einer Enteignung.

c. Das Problem der Information und der Sachkunde

Ein weiteres Problem gesamtwirtschaftlicher Koordinierung durch demokratische Institutionen ist das der Sachkunde der Entscheidungsträger. Es stellt sich bereits — wie allgemein bekannt — für Gesellschaften mit einem im Verhältnis zum privatwirtschaftlichen Sektor kleinen öffentlichen Sektor. Es ist allgemein geläufig, daß kein Abgeordneter für den Gesamtbereich der Bildungspolitik, der Verkehrspolitik, der Sozialpolitik, der Steuerpolitik, der Außenhandelspolitik und für die zahlreichen anderen Entscheidungsbereiche den gleich guten Informationsstand und eine ausreichende Sachkompetenz haben kann, so daß die zu treffenden Entscheidungen durch relativ kleine Gruppen von Abgeordneten oder von Verwaltungsstäben vorbereitet werden müssen. Würden über das bestehende Maß hinaus Entscheidungen über die Konsumgüterproduktion, über die Investitionen, über die Ein- und Ausfuhr, über die Preise und die Löhne durch Entscheidungsgremien der Gemeinschaft entschieden werden müssen, dann würde nicht nur der wirtschaftliche Spielraum der Gesellschaftsmitglieder, ihre Initiative, ihr Erfindungsreichtum, ihre Bereitschaft zur Abstimmung ihres Verhaltens auf ihre wirtschaftlichen Partner abnehmen, sondern ein enorm großer Teil der Information von produzierenden Einheiten über die individuellen Präferenzen und Bedürfnisse der Nachfrager, über Bedarfslücken, über die zweckmäßigsten Faktorkombinationen, über die Organisations- und die Produktionstechniken würde verloren gehen. Die Kosten der Informationssammlung und der Informationsauswertung einzelwirtschaftlicher Daten wären erheblich größer. Die Zahl intransitiver kollektiver Präferenzskalen würde sich erheblich vervielfachen, das Problem der Verletzung individueller Wünsche würde sich potenzieren. Anstelle vieler Träger wirtschaftlicher Entscheidungen würden die Entscheidungen jeweils weniger Sachverständiger für fachlich und regional aufgeteilte Entscheidungsbereiche treten. Die Koordinierung dieser Sachverständigenentscheidungen wäre angesichts der Inflexibilität staatlicher Verwaltungsapparate nicht nur vom organisatorischen Vollzug her schwerer zu bewältigen als mit Hilfe des Marktmechanismus, sondern würde sich auch auf ein Weniger an Sachverstand stützen können.

Soweit eine wirtschaftliche Koordinierung durch Entscheidungsgremien der Gemeinschaft unvermeidlich ist — d. h. vor allem Entscheidungen über wirtschaftspolitische Maßnahmen und ihre Koordinierung und Entscheidungen in bezug auf die Deckung kollektiver Bedürfnisse erforderlich sind —, ist aus den genannten Gründen eine fachliche und regionale Dezentralisierung solcher Entscheidungen zu empfehlen, wobei aber das Ausmaß der fachlichen Dezentralisierung wiederum durch die Notwendigkeit der Abstimmung zwischen den Fachbereichen begrenzt wird.

d. Gruppenrepräsentanz

Ein Problem, das im Zusammenhang mit Wahlverfahren auftaucht, ist auch das der Repräsentanz der Interessen möglichst aller gesellschaftlicher Gruppen bei Mehrheitsentscheidungen.

Da kollektive Entscheidungsorgane durch Wahlen zustande kommen, sind die Handlungen und Entscheidungen der Parteien, ihrer Gremien und ihrer Abgeordneten ausgerichtet an der Zielsetzung, durch die Parteiprogramme, die Parteiaktivitäten und die Entscheidungen in den demokratischen Institutionen die Zustimmung einer Mehrheit finden, an der Macht bleiben oder die Macht gewinnen zu können. Stimmgruppen, die wegen der Zahl der Gruppenangehörigen ins Gewicht fallen, sind die Arbeitnehmer und die Landwirte, die alten Menschen und die Frauen, nicht aber die Kinder, die geistig und körperlich Behinderten, die Obdachlosen, die ausländischen Arbeitskräfte und andere Minderheiten. Verbände, deren Aktionen und Reaktionen die Aufmerksamkeit der Parteien auf sich ziehen, sind die Gewerkschaften und die Arbeitgeberverbände, die Wirtschaftsverbände der Landwirtschaft, der Industrie, des Handels, des Handwerks und die Ärzteverbände, nicht aber die kleinen, finanziell schwachen und stimmenmäßig nicht ins Gewicht fallenden Verbände, die sich die Vertretung der Interessen der genannten Minderheiten zum Ziel gesetzt haben.

Die zuletzt genannten und ähnliche Gruppen repräsentieren kein Stimmpotential, das die Aufmerksamkeit der Parteien auf die Probleme dieser Gruppen lenken könnte. Ihre Verbände sind so schwach, daß die Artikulation der Nöte und der Interessen dieser Gruppen im Rahmen der publizistischen Aktivität der Verbände kaum zu hören ist.

Sie sind so ohnmächtig, daß sich das sogenannte „Verschränken" (vgl. dazu S. 307) nicht lohnt. Die Interessen der genannten sozialen Randgruppen sind in den meisten Entscheidungsgremien der Gemeinschaft überhaupt nicht repräsentiert.

Aus diesen dargestellten Zusammenhängen ergibt sich die Tendenz zu einer institutionellen Vernachlässigung der Probleme dieser Randgruppen im politischen Entscheidungsprozeß.

Aufgrund der angestellten Überlegungen läßt sich das Prinzip mehrheitlicher Abstimmung als Koordinierungsinstrument wie folgt charakterisieren:

1. Es hat — anders als der Markt — personalen Charakter, wobei die entscheidenden Personen von ihren Entscheidungen in der Regel nicht unmittelbar betroffen werden.

2. Es hat imperativen Charakter, die Koordinierung erfolgt einseitig.

3. Es handelt sich um ein Verhältnis der Über- und Unterordnung zwischen koordinierenden Instanzen und den Gesellschaftsmitgliedern.

Vergleicht man diese Merkmale mit den Merkmalen des hierarchischen Prinzips, so ergibt sich eine weitgehende *formale* Übereinstimmung. In beiden Fällen handelt es sich um Koordinierung durch Personen, um imperative Koordinierung und um Über- und Unterordnungsverhältnisse. *Inhaltlich* bestehen jedoch beachtliche Unterschiede. Denn während die Koordinierung durch eine Ein- oder Mehrpersonenhierarchie ihrer Natur nach nicht nur imperativ, sondern autoritär und diktatorisch ist, ist die Koordinierung durch demokratische Institutionen im Sinne parlamentarischer Mehrparteiendemokratien mit pluralistischem Willensbildungsprozeß zwar auch imperativ, aber nicht autoritär und nur partiell diktatorisch. Während bei einer Koordinierung durch demokratische Institutionen die Über- und Unterordnungsverhältnisse auf das für die Funktionsfähigkeit der Gesellschaft unvermeidliche Mindestmaß beschränkt und durch die Öffentlichkeit kontrolliert werden können, ist bei einer Koordinierung mit Hilfe des hierarchischen Prinzips die Gefahr mißbräuchlicher Handhabung der Über- und Unterordnungsverhältnisse wesentlich größer.

IV. Die soziale Problematik alternativer Koordinierungsprinzipien

Bei der Bewertung verwaltungswirtschaftlicher und marktwirtschaftlicher Ordnungen wurde bereits auf die soziale Problematik dieser beiden Koordinierungsprinzipien verwiesen. Diese soziale Problematik soll nun — getrennt für das Modell der Marktwirtschaft und der Zentralverwaltungswirtschaft — dargestellt werden.

A. Die soziale Problematik des marktwirtschaftlichen Modells

Die soziale Qualität einer marktwirtschaftlichen Ordnung hängt entscheidend davon ab, wie erstens das Problem der Einkommens- und Vermögensverteilung, zweitens das Problem der Verteilung wirtschaftlicher Macht und drittens das Problem der sogenannten sozialen Kosten gelöst wird[1].

1. Das Problem der Einkommens- und Vermögensverteilung

Es wurde schon erwähnt, daß die Möglichkeit der Konsumenten, den Produktionsprozeß zu beeinflussen, von ihrer Ausstattung mit Kaufkraft, d. h. von ihrem verfügbaren Einkommen, abhängt. Bestimmte Gesellschaftsmit-

---

[1] Vgl. zu diesem Abschnitt auch A. Stobbe, „Gesamtwirtschaftliche Theorie", a. a. O., S. 297 ff.

glieder — wie Kinder, Alte, Kranke, geistig und körperlich Behinderte, Arbeitslose — können daher keine Nachfrage entfalten, d. h. ihre Bedürfnisse nicht decken und am Prozeß der Lenkung der Produktion nach dem Willen der Gesellschaftsmitglieder *nicht* teilnehmen, wenn ihnen nicht — etwa durch Sozialversicherungseinrichtungen, durch Verwandte, durch Mildtätigkeit — Einkommen übertragen werden oder wenn sie — wie die überwiegende Mehrheit aller Menschen — nicht über Vermögen verfügen, von dessen Verzehr sie leben können. Bei den arbeitsfähigen Bürgern wird die Möglichkeit, Nachfrage zu entfalten, durch die Höhe des Arbeitseinkommens als der wesentlichen Grundlage des verfügbaren Einkommens bestimmt. Die Unterschiede in den verfügbaren, aus Arbeit, Vermögensverwertung oder Unternehmertätigkeit stammenden Einkommen gehen einerseits auf den auf die Personen *ungleichmäßig* verteilten Besitz an Produktionsfaktoren (Bodeneigentum; Sachvermögen; Geldvermögen; Arbeitsvermögen, d. h. angeborene und erworbene, wirtschaftlich verwertbare Fähigkeiten) zurück als auch auf die unterschiedlichen Knappheitsgrade einzelner Produktionsfaktoren, d. h. auf unterschiedliche Angebots-/Nachfrageverhältnisse auf den Produktionsfaktorenmärkten. Eine soziale Problematik unterschiedlich hoher Einkommen ergibt sich dann, wenn entweder die Arbeitseinkommen nicht zur Sicherung eines als akzeptabel angesehenen Lebensunterhalts ausreichen, sich also die Funktion des Preises, nicht kaufkräftige Nachfrager auszuschalten, bei Gütern zur Sicherung des Lebensunterhalts geltend macht, oder wenn die Einkommensunterschiede (mehrheitlich) als ungerechtfertigt hoch angesehen werden, weil sie nicht mehr aus Unterschieden in der Art, in der Qualität und in der Quantität der erbrachten Leistung verständlich gemacht werden können.

Die erwähnte Ausschaltungsfunktion des Preises ist in Verbindung mit den bestehenden Einkommens- und Vermögensunterschieden einer der Gründe, warum ursprünglich private Güter, wie persönliche Sicherheit, Bildung, Gesundheit u. a., zu öffentlichen Gütern gemacht wurden und warum der Markt als Koordinierungsinstrument für die genannten Bereiche nicht akzeptiert wird. Die Ausschaltungsfunktion des Preises ist auch einer der Gründe, warum das Angebot von Ernährungsgütern, insbesondere von Grundnahrungsmitteln, in manchen Volkswirtschaften, vor allem in weniger entwickelten, nur begrenzt marktwirtschaftlich gesteuert wird und warum für den Verkauf dieser Produkte Höchstpreise verfügt werden.

Wie soziale Gründe Anlaß sein können, im Interesse einer ausreichenden Versorgung auch einkommensschwacher Schichten bestimmte Güter zu öffentlichen Gütern zu machen oder nur zu staatlich festgesetztem Preis anbieten zu lassen, so können auch soziale Gründe den Träger von Wirtschaftspolitik veranlassen, im Interesse von Anbietergruppen oder Arbeitnehmergruppen, z. B. der Landwirtschaft oder der Bergarbeiter, das marktwirtschaftliche Koordinierungsinstrumentarium als angebotssteuerndes Prinzip partiell außer Kraft zu setzen und z. B. durch die Zahlung von Subventionen oder durch Sondersteuern auf Konkurrenzprodukte die soziale Lage in diesen Bereichen zu stabilisieren.

Starke Unterschiede in der Einkommens- und Vermögensverteilung sind nicht nur problematisch, weil sie entsprechend große Kaufkraftunterschiede schaffen, sondern die wirtschaftlichen Möglichkeiten der Wirtschaftssubjekte erheblich beeinflussen. Einkommens- und Vermögensunterschiede bedingen Unterschiede in den Möglichkeiten des Erwerbs von Bildung und beruflicher Qualifikation, in den Möglichkeiten der Erwerbstätigkeit, in den Möglichkeiten der Persönlichkeitsentfaltung, in den Möglichkeiten der wirtschaftlichen Absicherung gegen bestimmte Risiken, in den Möglichkeiten, wirtschaftlichen Einfluß auszuüben. Vorhandene Einkommens- und Vermögensunterschiede erzeugen weitere Einkommens- und Vermögensunterschiede. Das Prinzip der Gerechtigkeit verlangt daher eine Korrektur extremer Einkommensunterschiede und eine Lösung des Problems der Vermögenskonzentration. Das Problem der Vermögenskonzentration wiegt besonders schwer, da Vermögenskonzentration in der Regel eine Konzentration wirtschaftlicher Macht bedeutet.

2. Das Problem wirtschaftlicher Macht

Wirtschaftliche Macht läßt sich definieren als die Fähigkeit, im Wirtschaftsleben mit wirtschaftlichen Mitteln auf die Willensbildung anderer Menschen so einzuwirken, daß diese ihr wirtschaftliches Verhalten dem Willen des Einwirkenden mehr oder minder weitgehend anpassen.[1]) Dabei ist weniger die auf persönliche Qualifikation zurückgehende Macht (Persönlichkeitsmacht) bedeutend, sondern die durch Unterschiede in den Einkommens- und Besitzpositionen bedingte Verfügungsmacht über Kaufkraft, Bodenvermögen und Sachvermögen (Besitzmacht) und die durch bestimmte Marktstellungen bedingte Macht, seien es „natürliche" Machtstellungen oder auch Absprachen bzw. durch bestimmte Verhaltensweisen geschaffene Marktmachtstellungen (Organisationsmacht). Die entscheidende Gefahr nichtstaatlicher wirtschaftlicher Macht liegt darin, daß erstens die Mächtigeren den weniger Mächtigen oder den Ohnmächtigen ihren Willen aufzwingen, d. h. sie ausbeuten, sich der Kontrolle durch den Wettbewerb entziehen und damit die Gesellschaft um die Früchte des Wettbewerbs bringen können (vgl. dazu Dritter Teil, IV.), daß zweitens wirtschaftliche Macht, wenn sie nicht kontrolliert wird, weitere wirtschaftliche Macht gebiert und daß sich drittens wirtschaftliche Macht relativ leicht in politischen Einfluß und politische Macht umsetzen kann. Es ist theoretisch wie auch nach der Erfahrung offenkundig, daß eine Marktwirtschaft, wenn sie nicht durch Gesetzgebung und Politik bewußt wettbewerblich organisiert wird, vermachtet.

3. Das Problem sozialer Zusatzkosten

Als soziale Zusatzkosten oder externe Kosten wird jener Verzehr von Werten bezeichnet, der bei der Produktion

---

[1]) Definition in Anlehnung an H.-J. Seraphim, dessen meisterliche und differenzierte Darstellung des Phänomens wirtschaftlicher Macht immer noch unübertroffen ist. H.-J. Seraphim, a. a. O., S. 80 ff.

oder beim Verbrauch zusätzlich zu den vom Produzenten oder Verbraucher getragenen Kosten entsteht, aber nicht vom Verursacher, sondern von Dritten getragen wird: z. B. von dem aufgrund unzureichender Vorkehrungen berufskrank oder invalide gewordenen Arbeitnehmer, von den durch Umweltschäden — wie schlechte Luft und verschmutztes Wasser — beeinträchtigten Menschen oder von den Steuerzahlern, die die Mittel für Einrichtungen zum Schutz der Umwelt aufzubringen haben. Es erscheint nur natürlich, daß freie Unternehmer, die — wie auch Betriebsführer in Verwaltungswirtschaften — versuchen, einen bestimmten Ertrag mit möglichst wenig Aufwand zu erzielen, dazu neigen, Kosten zu vermeiden und zu senken. Die immer wieder zu hörende Behauptung, die Marktwirtschaft sei umweltfeindlich und „produziere" externe Effekte, ist falsch. Denn nicht die Marktwirtschaft als solche erzeugt soziale Zusatzkosten, sondern diese sind Ergebnis einer unzureichenden, lückenhaften Gesetzgebung. „Die Unternehmerwirtschaft kann naturgemäß nie besser sein als der rechtliche Rahmen, dessen wahre Logik sie vielmehr mit der unerbittlichen Konsequenz der Privatinitiative herausarbeitet."[1] Soziale Zusatzkosten können vermieden werden, wenn sie dem Verursacher angelastet werden, wenn also die individuellen Kosten den sozialen Kosten gleich gemacht werden. Dies kann u. a. durch eine entsprechende Arbeitnehmerschutzgesetzgebung[2] und durch Produktionsauflagen geschehen[3].

---

[1] E. Streißler, „Liberale Wirtschaftsordnung — aktueller denn je", in: P. Harbusch, D. Wiek (Hrsg.), „Marktwirtschaft", a. a. O., S. 13.

[2] Vgl dazu Dritter Teil, VI., A.

[3] Allerdings ist es in manchen Fällen außerordentlich schwer, die sozialen Zusatzkosten zu bemessen und den Verursachern zuzurechnen. Vgl. dazu H. C. Recktenwald (Hrsg.), „Das Umweltproblem aus ökonomischer und juristischer Sicht", Göttingen 1975.

B. Die soziale Problematik des verwaltungs-wirtschaftlichen Modells

Im Prinzip sind die für die Marktwirtschaft angesprochenen sozialen Probleme auch für das verwaltungswirtschaftliche Modell relevant.

1. Das Problem sozialer Zusatzkosten

Bei Geltung des verwaltungswirtschaftlichen Prinzips ist die Gesellschaft nur dann vor externen Kosten geschützt, wenn sie genügend Einfluß auf die Entscheidungen der Wirtschaftsverwaltung hat oder wenn die Wirtschaftsverwaltung von sich aus entsprechend qualifizierte Entscheidungen trifft. Tatsächlich sind aber auch zentral geleitete Wirtschaften mit den externen Effekten wirtschaftlicher Ballung, mit Luftverschmutzung und mit Abwasserverunreinigung konfrontiert. Denn diese Art Kosten ist nicht primär Konsequenz des Wirtschafts*systems,* sondern der Wirtschafts*weise,* nämlich der industriellen, agglomerierten, mit immissionsverursachenden Produktionstechniken arbeitenden Massenproduktion. Freilich sind bestimmte externe Kosten, z. B. soziale Zusatzkosten des Individualverkehrs, durch eine Beschränkung der Automobilproduktion kontrollierbar. Auch soziale Zusatzkosten der Produktion und des Konsums von Nikotin, Alkohol und Rauschgiften sind in staatlich streng kontrollierten Gesellschaften leichter vermeidbar. Dieser Möglichkeit der Vermeidbarkeit sozialer Zusatzkosten, die auch in der Marktwirtschaft offensteht, steht aber eine andere Kategorie von Verlusten gegenüber, nämlich ein Verlust an wirtschaftlicher und damit auch individueller Freiheit. Eine Verwaltungswirtschaft nämlich kann nicht nur das Angebot an bestimmten Konsumgütern, sondern an allen Gütern kontrollieren, also auch das Angebot an ausländischer Literatur und ausländischen Zeitschriften, an religiöser Literatur, an Urlaubs- und Bildungsreisen in das Ausland.

2. Das Problem ökonomischer Macht

Das Problem der ökonomischen Macht stellt sich in zentralgeleiteten Wirtschaften noch gravierender als in Marktwirtschaften. In zentralgeleiteten Wirtschaften existiert zwar keine *private* Organisationsmacht und keine wirtschaftlich relevante *private* Besitzmacht, es existiert aber das Problem der Persönlichkeitsmacht und das schwerwiegende Problem der wirtschaftlichen Omnipotenz des Staates. Diese wirtschaftliche Allmacht des Staates ist an sich — wie jede Macht — nichts Negatives; es kommt vielmehr darauf an, für welche Zwecke und in welcher Weise Macht eingesetzt wird. Es kann nichtsdestoweniger nicht verkannt werden, daß die Möglichkeit und die Wahrscheinlichkeit eines gegen die Interessen der Gesellschaftsmitglieder gerichteten Einsatzes der wirtschaftlichen Macht umso größer ist, je mehr Macht sich in der Hand des Staates konzentriert.

3. Das Problem der Verteilung der Lebens- und Entwicklungschancen

Verwaltungswirtschaften ohne Privateigentum sind nicht mit dem Problem ungleicher Vermögensverteilung konfrontiert. Dagegen existiert das Problem der ungleichen Verteilung von Einkommen, von Lebens- und Entwicklungschancen. Solange nämlich Knappheit an Gütern besteht, müssen die Einkommen — wenn die Knappheit bestmöglich überwunden werden soll — nach der wirtschaftlichen Leistung verteilt werden. Daher stellt sich das Problem gerechter Einkommensunterschiede auch in Verwaltungswirtschaften. Ein weiteres Verteilungsproblem im Zusammenhang mit dem hierarchischen Prinzip ergibt sich daraus, daß knappe Güter, wie z. B. sozialer Aufstieg, Führungspositionen, Studienplätze, Kraftfahrzeuge, Auslandsurlaube, Eigenheime oder Wohnungen zwar nicht in erster Linie nach der Kaufkraft der Nachfrager, vielmehr nach ihrer Ergebenheit und Treue gegenüber der herrschenden Ideologie zugeteilt werden. An die Stelle einer Gleichbehandlung

aller mit Kaufkraft ausgestatteten Nachfrager beim marktwirtschaftlichen Koordinierungsprinzip — man kann auch
sagen: an die Stelle einer Ungleichbehandlung der mit
ungleicher Kaufkraft ausgestatteten Nachfrager — tritt bei
Güterknappheit in zentralverwalteten Wirtschaften eine
Ungleichbehandlung nach politischer Einstellung, nach der
Stellung in der Hierarchie, nach dem Wert für das Wirtschaftssystem.

Eine soziale Problematik des hierarchischen Prinzips
kann man auch darin sehen, daß, wenn sich die wirtschaftlichen Dispositionsbefugnisse der Wirtschaftsverwaltung
auch auf den Produktionsfaktoreinsatz erstrecken, die
einzelnen ohne Genehmigung der Verwaltung keine Ar-
beitsplatzalternative haben, also im Falle schlechter Arbeitsbedingungen — sei es hinsichtlich der Entlohnung, hinsichtlich der Art der Arbeit, hinsichtlich des sozialen Klimas
oder in bezug auf die Behandlung durch die Vorgesetzten
— den als negativ empfundenen Bedingungen nicht ausweichen und ihre Lage selbst nicht verändern können,
während bei marktwirtschaftlicher Koordinierung und
gleichzeitiger Vollbeschäftigung der einzelne die Chance
zwischenbetrieblicher und -beruflicher Mobilität hat,
empfundenen Ungerechtigkeiten also ausweichen kann. Die
angestellten Überlegungen zur sozialen Problematik alternativer Koordinierungsprinzipien zeigen, daß jede Wirtschaftsordnung — soll sie sozialen Ansprüchen genügen —
durch eine Sozialordnung ergänzt werden muß.

V. Begriff und Aufgaben der Sozialordnung

Der Begriff Sozialordnung wird in einem doppelten Sinn
verwendet. Im weiteren Sinne des Wortes ist der Begriff
mit dem der Gesellschaftsordnung identisch und bezeichnet
die Gesamtheit der für den Aufbau der Gesellschaft und
für die Beziehungen zwischen den Gesellschaftsmitgliedern
und gesellschaftlichen Gruppen geltenden Regeln und zuständigen Institutionen. Im engeren Sinn versteht man
unter Sozialordnung *die Gesamtheit der Institutionen und*

Normen zur Regelung der sozialen Stellung von Individuen und Gruppen in der Gesellschaft — soweit sie wirtschaftlich bedingt ist (z. B. durch Einkommen, Vermögen, Beruf) — *sowie zur Regelung der wirtschaftlich begründeten, sozialen Beziehungen zwischen Gesellschaftsmitgliedern* (z. B. der Arbeitgeber-Arbeitnehmerbeziehungen). In diesem engeren Sinne wird der Begriff der Sozialordnung auch hier verwendet. Wirtschaftsordnung und Sozialordnung sind in hohem Maße interdependent, in der Wirklichkeit überhaupt nicht voneinander getrennt und auch gedanklich schwer zu trennen.

Jeder Wirtschaftsordnung wohnt — wie wir bei der Darstellung der sozialen Problematik alternativer Koordinierungsprinzipien gesehen haben — ein bestimmter *sozialer Grundgehalt* inne, weil die wirtschaftlichen Verhältnisse die soziale Stellung von Individuen und Gruppen nachhaltig prägen. Sozialer Status, soziale Stellung und soziale Sicherheit von einzelnen und Gruppen hängen — wie gezeigt — u. a. von der Einkommens- und Vermögensverteilung, von der Gleichheit bzw. Ungleichheit der Startchancen und den Möglichkeiten der individuellen Entfaltung ab.

Der jeder Wirtschaftsordnung eigene soziale Grundgehalt kann — gemessen an gesellschaftlichen Normvorstellungen über soziale Ziele, d. h. über soziale Gerechtigkeit, soziale Sicherheit, über die betrieblichen Schutzvorrichtungen, die Wahrung von Rechten der Persönlichkeit, der Menschenwürde auch im Betrieb usw. — mehr oder minder hoch sein. Beispielsweise war der soziale Grundgehalt der Wirtschaftsordnung der Industriegesellschaften des 19. Jahrhunderts sehr gering. Sicher waren — entgegen weit verbreiteter Auffassung — die Lebensbedingungen der Industriearbeiter im Vergleich zu denen der landwirtschaftlichen Arbeitnehmer, der Handwerksgesellen und Tagelöhner besser. Die Industriearbeiter befanden sich im wirtschaftlichen Aufstieg[1]. Nichtsdestoweniger aber war die soziale Lage des

[1]) Vgl. dazu H. Achinger, „Sozialpolitik als Gesellschaftspolitik", 2. Aufl., Stuttgart 1971.

Arbeiters gekennzeichnet durch eine permanente Bedrohung seiner eigenen Existenz und der seiner Familie sowie durch menschenunwürdige Lebensverhältnisse, weil es ihm an einer Sicherung des Lebensunterhalts im Falle der Krankheit, der Arbeitslosigkeit, der Invalidität und des Alters fehlte, weil er 70 und mehr Stunden wöchentlich arbeiten mußte, weil es meist unausweichlich war, daß auch seine Frau und seine Kinder arbeiteten, um das Existenzminimum zu sichern, weil es im Betrieb kaum einen Schutz gegen die Gefährdung von Gesundheit, Sittlichkeit und Persönlichkeitsrechten gab, weil die Wohnverhältnisse in den stark wachsenden Städten zum Teil katastrophal waren[1]). Diese Zustände wurden nach den Maßstäben jener Zeit und werden nach den Maßstäben unserer Zeit als unbefriedigend, als unsozial beurteilt.

Ohne Anspruch auf Vollständigkeit seien einige Faktoren aufgezählt, die — nach den in westlichen freien Industriegesellschaften vorherrschenden Wertvorstellungen — das Ausmaß des sozialen Grundgehalts einer Wirtschaftsordnung bestimmen. Es sind dies u. a.:

— ihre Eignung, wirtschaftliches Wachstum und wirtschaftlichen Fortschritt zu fördern und das daraus resultierende Einkommen und Vermögen entsprechend den herrschenden Gerechtigkeitsnormen zu verteilen („Wohlstand für alle");

— ihre Eignung, Vollbeschäftigung zu gewährleisten, d. h. Arbeitslosigkeit zu vermeiden;

— ihre Möglichkeiten, Mittel für arbeitsunfähige oder leistungsschwache Gesellschaftsmitglieder freizusetzen, um auch ihnen eine als ausreichend empfundene Existenz zu sichern;

— ihre Fähigkeit, die Stabilität der Kaufkraft zu gewährleisten und vor allem Inflation zu verhindern, weil Kauf-

---

[1]) Vgl. zu diesen Problemen H. Herkner, „Die Arbeiterfrage", 2 Bde., Berlin-Leipzig 1922; E. Michel, „Sozialgeschichte der industriellen Arbeitswelt", 3. Aufl., Frankfurt 1953; C. Jantke, „Der vierte Stand", Freiburg 1955; E. Schraepler, „Quellen zur Geschichte der sozialen Frage in Deutschland", 2. Aufl., 2 Bde., Göttingen 1960 und 1964; Syrup-Neuloh, „100 Jahre staatliche Sozialpolitik 1839—1939", Stuttgart 1957.

kraftverschlechterungen die Bezieher niedriger Einkommen am härtesten treffen und die Sachwertbesitzer begünstigen;

— ihre Fähigkeit, persönliche Abhängigkeiten auf ein Mindestmaß zu beschränken, menschliche Grundrechte, insbesondere das der freien Entfaltung der Persönlichkeit, zu gewährleisten, ihre Verwirklichung zu fördern und die Chancen der persönlichen wirtschaftlichen Entwicklung möglichst gleich zu verteilen;

— der Umfang, in dem sie eine Wahrnehmung wirtschaftlicher und sozialer Gruppeninteressen erlaubt und einen Ausgleich der Interessen vor allem zwischen Arbeitgebern und Arbeitnehmern, zwischen Konsument und Produzent, zwischen Individuum und Gemeinschaft ermöglicht.

Der in einer Wirtschaftsordnung auffindbare soziale Grundgehalt hängt davon ab, wieweit sich in der Entwicklung einer Gesellschaft soziale Normen gegenüber wirtschaftlichen Normen durchgesetzt haben. Z. B. hat die zunehmende Entwicklung sozialer Normen in den westlichen Demokratien und ihre Durchsetzung gegenüber wirtschaftlichen Normen die wirtschaftlichen Normen gleichsam geschwächt und humanisiert, so daß aus dem „ungebändigten", zügellosen Kapitalismus des 19. Jahrhunderts der „gebändigte", nach den Grundsätzen sozialer Rechtsstaaten geläuterte Kapitalismus des 20. Jahrhunderts wurde[1]. Umgekehrt aber haben die Wirtschaftsordnungen, die sich in Europa im 19. Jahrhundert durchsetzten, die alten sozialen Sicherungseinrichtungen und sozialen Beziehungen zerbrochen und so wirtschaftliche und technische Kräfte der Gesellschaft freigesetzt, ja entfesselt, die ungeahnte wirtschaftliche und technische Leistungen ermöglichten und es einerseits erlaubten, soziale Normen im Sinne sozialer Ziele zu verwirklichen, die andererseits aber auch neue soziale Normen bedingten. Wie viel oder wie wenig sozialen Grundgehalt eine Wirtschaftsordnung auch hat, immer muß eine Gesellschaft durch wirtschaftliche *und* soziale Normen gleichzeitig geregelt sein.

[1] Vgl. dazu B. Seidel, „Industrialismus und Demokratie", Berlin 1954.

Gehen wir einmal — was nur gedanklich möglich ist — davon aus, daß eine Wirtschaftsordnung ohne Rücksicht auf soziale Normen im Sinne sozialer Ziele entstehen kann und daß soziale Ziele gegenüber wirtschaftlichen Zielen nicht bewußt durchgesetzt werden. Dann ist es sehr wahrscheinlich, daß eine solche Volkswirtschaft — wie die Volkswirtschaft des Frühkapitalismus — aus sich heraus nur einen minimalen sozialen Gehalt im Sinne der Verwirklichung sozialer Ordnungsvorstellungen hervorbringen würde, nämlich nur in dem Maße, in dem die Funktionsfähigkeit der Wirtschaft und die Erreichung wirtschaftlicher Ziele an die Erfüllung sozialer Normen gebunden ist. Denn wirtschaftlich bedingte soziale Beziehungen werden durch wirtschaftliche Überlegungen beherrscht, und zwar durch den Grundsatz, mit den gegebenen Mitteln einen maximalen Ertrag bzw. einen bestimmten Ertrag mit minimalen Aufwand zu erreichen. Menschenwürdige Behandlung Untergebener, soziale Hilfe, persönliches Entgegenkommen, Unterstützung notleidender Kollegen und Geschäftspartner usw. sind nicht wirtschaftlich, sondern sozial motivierte Verhaltensweisen. Da die vom Rationalprinzip beherrschte und unter wirtschaftlichem Erfolgszwang stehende Wirtschaft aus sich heraus nur soziale Mindestnormen entwickelt und keine sozialen Normen in *der* Art und in *dem* Ausmaß hervorbringen kann, wie es nichtwirtschaftliche Bedürfnisse der Gesellschaft erfordern (z. B. das Bedürfnis nach sozialer Gerechtigkeit und sozialer Sicherheit), stellt sich einer Gesellschaft die Aufgabe, eine Sozialordnung zu entwickeln, die ihren sozialen Zielen entspricht. Die Gesamtordnung wird politisch, wirtschaftlich und sozial umso höheren Ansprüchen genügen und umso leistungsfähiger sein, je mehr es gelingt, die Bestandteile der Wirtschaftsordnung, z. B. die Geldordnung, die Arbeitsmarktordnung, die Wettbewerbsordnung, die betriebliche Ordnung, gleichzeitig auf die Erreichung wirtschaftlicher *und* sozialer Ziele auszurichten und die Sozialordnung, z. B. die Sozialversicherungsgesetze, so auszugestalten, daß bei eindeutigem Vorrang sozialer Ziele und Gehalte Konflikte mit wirtschaftspolitischen Zielen minimiert werden.

Eine besondere Rolle spielen soziale Gesichtspunkte und soziale Ziele in der Wirtschaftsordnung der Sozialen Marktwirtschaft, deren Entstehung und Beschaffenheit in den folgenden Teilen dargestellt werden.

Literatur zum Ersten Teil

A. *Allgemeine, grundlegende Literatur zur Wirtschaftsordnungstheorie und Wirtschaftsordnungspolitik*

Böhm, F., Die Ordnung der Wirtschaft als geschichtliche Aufgabe und rechtschöpferische Leistung, Stuttgart-Berlin 1937

Eucken, W., Das ordnungspolitische Problem, in: Ordo, Jahrbuch für die Ordnung von Wirtschaft und Gesellschaft, Bd. 1, 1948

Ders., Grundsätze der Wirtschaftspolitik, 5. Aufl., Tübingen 1975

Gäfgen, G., Die Ordnung der Gesellschaftswirtschaft, in: W. Ehrlicher u. a. (Hrsg.), Kompendium der Volkswirtschaftslehre, 4. Aufl., Göttingen 1975, Bd. 2.

Hayek, F. A. v., Die Verfassung der Freiheit, Tübingen 1971

Hedtkamp, G., Wirtschaftssysteme, Theorie und Vergleich, München 1974

Heimann, E., Soziale Theorie der Wirtschaftssysteme, Tübingen 1963

Ders., Wirtschaftssysteme und Gesellschaftssysteme, Tübingen 1954

Hensel, K. P., Grundformen der Wirtschaftsordnung, 2. Aufl., München 1974

Leipold, H., Wirtschafts- und Gesellschaftssysteme im Vergleich, Grundzüge einer Theorie der Wirtschaftssysteme, Stuttgart 1976

Lippmann, W., Die Gesellschaft freier Menschen, Bern 1945

Müller-Armack, A., Die Wirtschaftsordnungen sozial gesehen, in: Ordo, Bd. 1, 1948

Ortlieb, H. D., Dörge, F. W. (Hrsg.), Wirtschaftsordnung und Strukturpolitik, Opladen 1970

Röpke, W., Jenseits von Angebot und Nachfrage, 4. Aufl., Erlenbach-Zürich-Stuttgart 1966

Seraphim, H.-J., Theorie der Allgemeinen Volkswirtschaftspolitik, 2. Aufl., Göttingen 1963

Stobbe, A., Gesamtwirtschaftliche Theorie, Berlin-Heidelberg-New York 1975, Fünftes Kapitel

Szyperski, N., Nathusius, K., Information und Wirtschaft, Der informationstechnische Einfluß auf die Entwicklung unterschiedlicher Wirtschaftssysteme, Frankfurt-New York 1975

Zahlreiche Beiträge zur Ordnungstheorie und Ordnungspolitik finden sich in folgenden beiden Zeitschriften:
F. Böhm, F. A. Lutz, F. W. Meyer, Ordo, Jahrbuch für die Ordnung von Wirtschaft und Gesellschaft, 1948 ff.
H. D. Ortlieb, Hamburger Jahrbuch für Wirtschafts- und Gesellschaftspolitik, 1956 ff.

B. Literatur zu marktwirtschaftlichen Ordnungen
(außer der schon unter A genannten)

Cassel, D., Gutmann, G., Thieme, H. J. (Hrsg.), 25 Jahre Marktwirtschaft in der Bundesrepublik Deutschland, Konzeption und Wirklichkeit, Stuttgart 1972
Harbusch, P., Wiek, D. (Hrsg.), Marktwirtschaft, Eine Einführung in das Konzept der freiheitlichen Wirtschaftsordnung, Stuttgart 1975
Seidel, B., Industrialismus und Demokratie, Berlin 1954

C. Literatur zu zentralgeleiteten Volkswirtschaften und „sozialistischen" Marktwirtschaften

Autorenkollektiv, Politische Ökonomie des Sozialismus und ihre Anwendung in der DDR, Berlin (Ost) 1969
Bundesministerium für innerdeutsche Beziehungen (Hrsg.), DDR-Handbuch, Köln 1976
Hamel, H. (Hrsg.), Arbeiterselbstverwaltung in Jugoslawien, München 1974
Horvat, B., Die Arbeiterselbstverwaltung, Das jugoslawische Wirtschaftsmodell, München 1973
Hübner, H. W. u. a., Volkswirtschaftsplanung, Ausgewählte Studientexte, 3. Aufl., Berlin (Ost) 1974
Leipold, H. (Hrsg.), Sozialistische Marktwirtschaften, München 1975
Liberman, E. G., Methoden der Wirtschaftslenkung im Sozialismus, Frankfurt 1974
Rausch, H., Stammen, Th. (Hrsg.), DDR — Das politische, wirtschaftliche und soziale System, 2. Aufl., München 1974 (mit ausführlichen Literaturhinweisen)
Šik, O., Der dritte Weg, Die marxistisch-leninistische Theorie und die moderne Industriegesellschaft, Hamburg 1972
Sontheimer, K., Bleck, W., Die DDR, Politik, Gesellschaft, Wirtschaft, Hamburg 1972

ZWEITER TEIL: DIE ENTSTEHUNG DER SOZIALEN MARKTWIRTSCHAFT

I. Die Ausgangslage

Im Ausland hat von allen Ereignissen der deutschen Nachkriegsgeschichte die westdeutsche Wirtschaftspolitik die meiste Beachtung gefunden[1]). Sie stand im Zeichen der Sozialen Marktwirtschaft. Mit der unter diesem Begriff betriebenen Wirtschaftspolitik, insbesondere Wirtschafts-ordnungspolitik, ist der im In- und Ausland als „Wunder" bezeichnete Wiederaufstieg eines Teils Deutschlands un-trennbar verbunden. „Sollte jemand (1945) diese Entwicklung vorausgesagt haben, so sind seine Worte jedenfalls der Nachwelt nicht erhalten geblieben. Deutsch-land hat nicht nur die Propheten, sondern auch die Wirt-schaftswissenschaftler überrascht."[2])

Die weltweite, bei Laien und Fachleuten feststellbare Überraschung über die wirtschaftliche Entwicklung der Bundesrepublik, die hervorragende Beachtung, die ihre Wirtschafts- und Sozialordnung fand und findet, die wirt-schaftliche und wirtschaftspolitische Leistung, die vollbracht wurde, die Kühnheit und das Vertrauen in die Konzeption einer freiheitlichen Ordnung, die Ludwig Erhard als Direk-tor des Zweizonenwirtschaftsrates den damaligen Wider-ständen im eigenen Land und den wirtschaftspolitischen Tendenzen in Europa entgegensetzte[3]), können nicht ohne Berücksichtigung der Ausgangslage gewürdigt werden, in der sich Deutschland nach dem Zweiten Weltkrieg be-

---

[1]) H. C. Wallich, „Triebkräfte des deutschen Wiederaufstiegs", Frankfurt 1955, S. 108.

[2]) Ders., a. a. O., S. 1.

[3]) Vgl. dazu L. Erhard, „Wohlstand für alle", bearbeitet von W. Langer, 8. Aufl., Düsseldorf 1964, S. 18 ff.; L. Erhard, „Deutsche Wirtschaftspolitik", Düsseldorf-Wien-Frankfurt 1962; H. C. Wallich, a. a. O.; H. H. Götz, „Weil wir alle besser leben wollen, Portrait der deutschen Wirtschaftspolitik", Düssel-dorf-Wien 1963, insb. S. 14 ff.

fand[1]). Deutschland hatte 1945 die größte militärische, politische, wirtschaftliche und soziale Katastrophe seiner Geschichte erlebt.

Der militärische Bankrott manifestierte sich in der bedingungslosen Kapitulation der deutschen Wehrmacht am 8. 5. 1945, die das politische und wirtschaftliche Schicksal völlig in die Hände der alliierten Siegermächte legte. Deutschland wurde in vier Besatzungszonen aufgeteilt, alle deutsche gesetzgebende, richterliche und exekutive Gewalt wurde aufgelöst und ging an den Alliierten Kontrollrat über, der am 5. 6. 1945 aus den vier Oberbefehlshabern der Besatzungsmächte gebildet wurde. Jeder Oberbefehlshaber besaß die vollziehende Gewalt für sein Gebiet. Diese politische Teilung und die Einrichtung des Alliierten Kontrollrats als „Regierung" in Deutschland wurde durch die Beschlüsse der Potsdamer Konferenz (17. 7. — 2. 8. 1945) bestätigt. Wirtschaftlich sollte Deutschland als eine Einheit behandelt werden. Da aber der Kontrollrat nur einstimmige Beschlüsse fassen konnte und die Interessen der Alliierten, insbesondere die der Sowjetunion einerseits und die der westlichen Alliierten andererseits, meist auseinandergingen, besiegelten die Potsdamer Beschlüsse nicht nur eine vierfache politische, sondern auch wirtschaftliche Teilung Deutschlands, bis sich die drei Westmächte zu einer gemeinsamen, gegen die Absichten der Sowjetunion gerichteten Politik entschlossen.

Die Wirtschaftspolitik der Besatzungsmächte begann entsprechend ihrer ursprünglich verfolgten allgemeinen Politik der Vergeltung, der Reparationen und der permanenten

[1]) Als Quellen mit ausführlichen Darstellungen dieser Ausgangslage seien genannt: G. Stolper, „Die deutsche Wirklichkeit", Hamburg 1949 (die wohl hervorragendste Arbeit über jene Zeit, über die wir verfügen); G. Stolper, K. Häuser, K. Borchardt, a. a. O.; „Reparationen, Sozialprodukt, Lebensstandard" (Harmssen-Bericht), Bremen 1947; Deutsches Institut für Wirtschaftsforschung, „Die deutsche Wirtschaft zwei Jahre nach dem Zusammenbruch", Berlin 1947; B. Pfister, E. Liefmann-Keil, „Die wirtschaftliche Verarmung Deutschlands", Freiburg 1947; Mitteilungsblätter des Verwaltungsamtes für Wirtschaft 1947—1949.

militärischen und politischen Paralysierung Deutschlands im Zeichen des Morgenthau-Planes, der u. a. vorsah: die Demontage und Zerstörung aller Schlüsselindustrien, auf denen eine neue Rüstungsindustrie hätte aufgebaut werden können; die Bildung eines süddeutschen und eines norddeutschen Staates; die Zerstörung des Industriezentrums an der Ruhr; die Demontage und Verteilung von Industrieanlagen und industriellen Ausrüstungen an die Siegermächte; die Zwangsarbeit Deutscher im Ausland; die Rückführung Deutschlands auf das Niveau einer vorwiegend von der Landwirtschaft lebenden Volkswirtschaft. Teile dieses Planes gingen in das Potsdamer Abkommen ein.

Dementsprechend war die Politik der Alliierten in den ersten Nachkriegsjahren (neben der Beschlagnahme des deutschen Auslandsvermögens) gekennzeichnet durch die im „Plan des Alliierten Kontrollrates für die Reparationen und die Kapazität der deutschen Nachkriegswirtschaft" vom 28. 3. 1946 vorgesehenen Demontagen, Produktionsbeschränkungen und Produktionsverbote. Verboten wurden der Besitz und der Bau von Hochseeschiffen und Flugzeugen, die Produktion von synthetischem Benzin, Öl, Gummi und Ammoniak, die Produktion von Kugel- und Rollenlagern, schweren Werkzeugmaschinen bestimmter Typen, schweren Traktoren, Aluminium, Magnesium, Beryllium, Vanadium, radiokativen Stoffen, anderen bestimmten Chemikalien und von Rundfunksendeausrüstungen. Beschränkt wurden die Produktion von Stahl, von Nichteisenmetallen, Chemikalien, von Maschinen, Transportmitteln, Zellulose, Druckpapier, Textilien und Bekleidung. Die Industrieproduktion sollte auf 50—55 % des Standes von 1938 beschränkt werden. Der durchschnittliche Lebensstandard in Deutschland sollte den durchschnittlichen Lebensstandard der europäischen Länder (unter Ausschluß Großbritanniens und der Sowjetunion) nicht übersteigen.

Die politische und wirtschaftliche Ausgangslage sah somit trostlos aus, nicht minder aber die wirtschaftliche und soziale Ausgangslage; etwa 20 % der gewerblichen Bauten und des gewerblichen Inventars, 20—25 % der Wohnungen, 40 % der Verkehrsanlagen waren durch Kriegszerstörungen verlorengegangen, nicht zu reden vom Verlust von 25 % der Fläche des Reichsgebietes von 1937 durch die Abtrennung der Gebiete östlich der Oder-Neiße-Linie, vom Verlust des deutschen Auslandsvermögens und den Demontagen. Alles in allem kann man den Kapazitätsverlust der deutschen Volkswirtschaft durch Kriegszerstörungen und Kriegsfolgen auf 50 % ihrer Vorkriegskapazität schätzen. Das restliche Realkapital war überwiegend veraltet, überbeansprucht und abgenutzt.

3,5 Millionen Menschen, zum größten Teil Männer zwischen 18 und 50 Jahren, waren als Kriegstote zu beklagen. Die Zahl der Vermißten betrug Mitte November 1947 noch 1,7 Millionen; zur gleichen Zeit befanden sich noch 1,7 Millionen Männer als Gefangene in Gewahrsam der Siegermächte. 40 % der Bevölkerung gehörten als Kriegsgeschädigte, Totalbombengeschädigte, Flüchtlinge und Ausgewiesene zu den unmittelbaren Kriegsopfern. Von 1945 bis 1947 hatte der Flüchtlingsstrom 10 Millionen Menschen erfaßt. Etwa 60 % der Bevölkerung waren stark unterernährt. Der Nahrungsmittelverbrauch war im September 1946 in Berlin pro Kopf und Tag durch das Lebensmittelkartensystem auf 1728 Kalorien festgelegt. Für einen erwachsenen Menschen ohne Arbeitsleistung aber wurden nach den amtlichen Standardzahlen des Völkerbundes 2750 Kalorien für notwendig gehalten. 1946 betrug das Sozialprodukt etwa 40 % des Sozialproduktes von 1938 bei etwa gleich großer Bevölkerung.

Wer jene Zeit nicht selbst miterlebte und nur einiges Einfühlungsvermögen hat, erkennt, daß die obigen Zahlen Ausdruck millionenfachen Leidens und millionenfacher Verarmung sind, daß sich hinter ihnen Flüchtlings-, Wohnungs- und Hungersnot verbergen. Die wirtschaftliche Verarmung konnte nicht ohne psychologische und sittliche Wirkungen bleiben. Armut wirkt in vielen Fällen enthemmend und demoralisierend. Die Flüchtlings-, die Wohnungs-, die Versorgungsnot, die Unterernährung, die Trennung der Familien, die Ungewißheit über das Schicksal der Kriegsgefangenen und der Vermißten, die Unsicherheit über die wirtschaftlichen und politischen Zukunftsaussichten, die Prinzipien der Politik der Siegermächte, die zunächst von Verachtung, Haß und vom Straf- und Vergeltungsgedanken getragen waren, führten zu Resignation und Lethargie der Bevölkerung, zu einer Mißachtung der Bewirtschaftungsvorschriften, zu Schwarzhandel, zu steigender Korruption und einer Untergrabung der Moral.

Ein Schlaglicht auf die materielle und seelische Not jener Zeit wirft die Silvesteransprache von Josef Kardinal Frings am 31. 12. 1946 in der St. Engelbert-Kirche in Köln. Frings ging bis an die äußerste Grenze der katholischen Morallehre und erklärte wörtlich: „Dem einzelnen kann man es nicht verwehren, das Dringendste zur Erhaltung von Leben und Gesundheit zu nehmen, wenn er es durch Arbeit oder Bitten nicht erhält." Freilich setzte Frings höchsten Notstand des einzelnen voraus. Das konnte aber nicht verhindern, daß sich vor den Gerichten Plündererbanden auf das Wort von Kardinal Frings beriefen. Im Ruhrgebiet verbreitete sich das geflügelte Wort: heute Nacht gehen wir „fringsen".

Die Alliierten entschlossen sich angesichts des wirtschaftlichen Chaos, der weitgehenden Zerstörung der Produktionsanlagen und des Warenmangels sowie angesichts ihrer politischen und wirtschaftlichen Nachkriegsziele, deren Erreichung wirtschaftliche Kontrolle voraussetzte, zu einer Beibehaltung der Ordnungsformen des nationalsozialistischen Wirtschaftssystems, das ausgeprägt die Züge einer Zentralverwaltungswirtschaft trug. So blieben bis 1948 in Kraft:

1. Die Rationierung lebenswichtiger Nahrungsmittel und anderer Verbrauchsgüter, wie Kleidung, Wäsche, Schuhe usw. durch Bezugscheinsystem;

2. die Bewirtschaftung und Zuteilung aller Grundstoffe und Rohstoffe sowie aller Betriebsstoffe, wie Kohle, Eisen, Stahl, Öl, Kraftstoffe, Leder usw.;

3. Preis- und Lohnstopverordnungen;

4. die staatliche Kontrolle der Ein- und Ausfuhr, die Festsetzung der Preise von Außenhandelsgütern und die Devisenkontrolle;

5. Produktionsvorschriften und Ablieferungspflicht bewirtschafteter Produkte.

Eine funktionsfähige Geldordnung fehlte. Eine der Nachkriegshypotheken war die aus der Kriegsfinanzierung resultierende Inflation. Zwischen 1935 und 1945 stieg der Bargeldumlauf von etwa 5 auf 50 Milliarden Reichsmark, die Bankguthaben wuchsen von ca. 30 auf mehr als 150 Milliarden Reichsmark an. Die Reichsschuld vergrößerte sich von 15 auf 400 Milliarden Reichsmark, während das reale Volksvermögen in der angegebenen Zeit auf etwa $^2/_3$ sank, nämlich von rund 370 auf 250 Milliarden Reichsmark[1]). Durch den Geldüberhang war der einzelne vom laufenden Arbeitsverdienst unabhängig: der Erlös aus dem Verkauf der Zigarettenzuteilung (40 Stück für 6 Wochen pro Mann) auf dem schwarzen Markt entsprach dem Arbeitsverdienst eines ungelernten Arbeiters aus zwei Wochen Arbeit. Mit Geld allein konnte man kaum etwas kaufen, sondern nur gegen Geld in Verbindung mit Lebensmittelmarken und Warenbezugsscheinen — abgesehen vom schwarzen Markt, auf dem die Preise um das Zehn- bis Hundertfache über den amtlichen, gestoppten Preisen lagen. Die gängigste Tausch- und Recheneinheit jener Zeit war nicht die Reichsmark, sondern die amerikanische und englische Zigarette.

Gustav Stolper, der als Wirtschaftssachverständiger den amerikanischen Expräsidenten Herbert Hoover im Februar 1947 auf einer Deutschlandreise begleitete, deren Ergebnis den Umschwung der amerikanischen Deutschlandpolitik beschleunigte, zeichnete folgendes Bild:

„So also sieht Deutschland mehr als zwei Jahre nach der bedingungslosen Übergabe aus: eine in ihrer biologischen Substanz unheilbar verstümmelte Nation ...; eine intellektuell verkrüppelte Nation ...; eine durch die Zerreißung der Familienbande moralisch ruinierte Nation ...; eine Nation städtischer und industrieller Zivilisation, deren Städte fast alle in Trümmern, deren Fabriken zerschmettert liegen; eine Nation ohne Nahrung und Rohstoffe, ohne funktionierendes Verkehrssystem

[1]) Vgl. dazu „Colm-Dodge-Goldsmith-Plan", abgedruckt als Plan Nr. 21, in: H. Möller, „Zur Vorgeschichte der Deutschen Mark", Basel-Tübingen 1961.

oder gültige Währung; eine Nation, deren soziales Gefüge durch Massenflucht, Massenwanderung, durch massenhafte Zwangsansiedlung von Fremdlingen zerrissen ist; eine Nation, deren riesenhafte Staatsschuld annuliert ist, deren Bankdepositen entweder beschlagnahmt oder durch Währungsverfall entwertet sind, wo Massenenteignung von industriellem und gewerblichem Eigentum als ein Akt politischer Rache angeordnet oder durch Abstimmung beschlossen wurde; eine Nation, die, nachdem sie die Provinzen verlor, die die Quelle eines Viertels ihrer Nahrung waren, in unmittelbarer Gefahr einer zweiten Teilung zwischen ihren früheren westlichen und östlichen Feinden steht; eine Nation, in der es, mehr als zwei Jahre nach dem Sieg der friedliebenden Demokratien, keine Garantie persönlicher Freiheit gab, kein Habeas Corpus und keine Demokratie ..., ein Land, wo in Hunger und Angst die Hoffnung erstarb und mit ihr der Glaube an all die Ideale, für die wenigstens die Westmächte kämpften und ihre Söhne in Scharen opferten."[1]

„Dieses Deutschland, so zerschmettert es am Boden liegt, ist immer noch ein unheimliches Rätsel für die Welt und wird es bleiben, bis es einmal seine Sprache wiederfindet. Das neue Deutschland hat noch keine Stimme, es spricht die Außenwelt noch nicht an und gewinnt ihr gegenüber keinen Ausdruck. Alles was zu hören ist, ist ein gedämpftes chaotisches Orchester, das mit mattem Ton seine verwirrten Instrumente stimmt. Das geschulte Ohr vermag Fetzen und Bruchstücke unzusammenhängender Themen herauszuhören. Welches politische Idiom sich schließlich aus dieser Verwirrung herauslösen wird, können wir nicht voraussagen. Aber aus allen Hüllen der Zweifel tritt eine Gewißheit hervor: Die Zukunft Deutschlands ist die Zukunft europäischer Freiheit. In Deutschland wird sie triumphieren oder zugrundegehen."[2]

Dieser Erkenntnis konnten sich auch die westlichen Alliierten nicht verschließen. Unter Führung der Vereinigten Staaten änderten sie daher ihre Politik und schufen damit eine der Voraussetzungen für die Entstehung der Sozialen Marktwirtschaft[3].

[1]) G. Stolper, „Die deutsche Wirklichkeit", a. a. O., S. 159 f.
[2]) Ebenda, S. 292.
[3]) Vgl. dazu auch R. Blum, „Soziale Marktwirtschaft, Wirtschaftspolitik zwischen Neoliberalismus und Ordoliberalismus", Tübingen 1969, Teil II.

II. Voraussetzungen für die Entstehung der Sozialen Marktwirtschaft (Startbedingungen)

A. DIE POLITISCHEN VORAUSSETZUNGEN

An warnenden Stimmen, die sich aus humanitären, wirtschaftlichen und bzw. oder politischen Gründen gegen eine Nachkriegspolitik der Vergeltung, des Hasses und der wirtschaftlichen Zerschlagung Deutschlands gewendet hatten, hat es nicht gefehlt.

Schon während des Krieges traten Herbert Hoover (1942) und eine Studiengruppe des englischen „Royal Institute of International Affairs" (1943) für eine wirtschaftlich tragbare Regelung der Wiedergutmachung ein. Victor Gollancz hat die alliierten Nachkriegspläne scharf angegriffen und als kaltblütigen Entschluß bezeichnet. Am 6. 9. 1946 ließ Präsident Truman seinen Außenminister James F. Byrnes erklären, daß dem deutschen Volk nicht das Recht beschnitten werden soll, seine Industrie für wirtschaftliche Zwecke wiederaufzubauen. Truman entsandte im Februar 1947 Herbert Hoover mit einer Sachverständigengruppe nach Deutschland. In den daraus resultierenden drei Hoover-Berichten wurde u. a. festgestellt, daß der Morgenthau-Plan nur durch die Ausrottung von 25 Millionen Menschen oder durch ihre Deportation realisierbar sei, und die Forderung nach einer neuen Wirtschaftspolitik erhoben. Am 5. 6. 1947 führte Außenminister G. C. Marshall in der Harvard-University u. a. aus:

> „Die Wahrheit ist, daß die Bedürfnisse Europas an ausländischen Nahrungsmitteln und anderen lebenswichtigen Produkten, in der Hauptsache aus Amerika, in den nächsten drei oder vier Jahren größer sein werden, als die gegenwärtige Fähigkeit Europas, dafür zu zahlen. Europa muß deshalb eine wesentliche zusätzliche Hilfe erhalten oder einer wirtschaftlichen, sozialen und politischen Verelendung entgegengehen ... Es ist daher logisch, daß die Vereinigten Staaten

alles mögliche tun sollten, um die Wiederkehr normaler, gesunder wirtschaftlicher Verhältnisse in der Welt herbeizuführen, ohne die eine politische Stabilität und ein gesicherter Frieden nicht bestehen können."

Damit war die Idee des *Marshall-Planes* geboren, dem für die wirtschaftliche Entwicklung Europas und insbesondere der Bundesrepublik nach dem Kriege entscheidende Bedeutung zukommt. Kurz nach der Rede Marshalls, am 29. 8. 1947, wurde auch ein „revidierter Industrieplan" für die britische und amerikanische Zone verkündet, der, statt der im ursprünglichen Industrieplan vorgesehenen 70—75 % der Erzeugung des Jahres 1936, eine Erzeugung von 100 % des Jahres 1936 vorsah.

Damit zeigten sich immer größere Divergenzen zwischen der Politik der westlichen und der östlichen Alliierten. Letztere hielten unbeirrbar an der Politik der Vergeltung, der Reparation, der Demontagen und der wirtschaftlichen Niederhaltung ihrer Besatzungszonen fest. Überdies hatte die UdSSR in ihrer Zone politische und wirtschaftspolitische Akte gesetzt bzw. zugelassen, die, wie z. B. die entschädigungslose Enteignung aller Banken und Sparkassen, die entschädigungslose Enteignung des Grundbesitzes über 100 ha, die entschädigungslose Enteignung etwa der Hälfte der Industriekapazität, die Verschmelzung der KPD und der SPD zur SED, entscheidende Grundlagen für den Aufbau einer sozialistischen Gesellschaft nach dem Vorbild der UdSSR legten[1]). Dagegen hatten am 28. 5. 1947 die Oberbefehlshaber der beiden angelsächsischen Zonen ein Abkommen getroffen, das *Vereinigte Wirtschaftsgebiet* zu schaffen, um gemäß dem Potsdamer Abkommen die wirtschaftliche Einheit Deutschlands aus zwei Gründen wieder-

---

[1]) Vgl. dazu E. Deuerlein, „DDR 1945—1970, Geschichte und Bestandsaufnahme", dtv-Dokumente, München 1971, S. 33 ff. sowie E. Richert, „Das zweite Deutschland, Ein Staat, der nicht sein darf", Fischer-Bücherei, 1966, Kapitel „Die kalte Revolution und ihre Väter", S. 23 ff.

herzustellen. Einmal, um die wirtschaftliche Not in Deutschland zu beheben und den europäischen Wiederaufbau zu fördern, der nicht ohne die deutsche, vielfältig mit der Industrie seiner Nachbarländer verflochtene Industrie möglich war, zum anderen, weil die wirtschaftliche Verelendung Deutschlands den besten Nährboden für den Kommunismus geschaffen hätte, dessen Expansionstendenzen sich nun auch für die westlichen Alliierten deutlich erkennbar abzeichneten.

Das „Vereinigte Wirtschaftsgebiet" wurde durch einen „Wirtschaftsrat" (Parlament), einen „Länderrat" (gleichsam als zweite Kammer) und das „Direktorium" verwaltet. Wenngleich diese Verwaltung auf wirtschaftliche, soziale und finanzielle Befugnisse beschränkt war und die im Wirtschaftsrat beschlossenen Gesetze der Zustimmung des Kontrollrates bedurften, war damit doch die Übergabe politischer Befugnisse an deutsche politische Instanzen eingeleitet.

Frankreich und die UdSSR traten dem Abkommen, das auch eine politische Vereinigung dieser Gebiete bedeutete, nicht bei. Noch in dem drei Monate später erlassenen „revidierten Industrieplan" hielten die angelsächsischen Mächte ihr Angebot an Frankreich und die Sowjetunion aufrecht, sich dem Zweizonenwirtschaftsgebiet anzuschließen. Etwa ein Jahr später, am 6. 6. 1948, trafen dann Belgien, Frankreich, Großbritannien, Luxemburg, die Niederlande und die USA ein Übereinkommen über den staatlichen Wiederaufbau in den westlichen Besatzungszonen. Am 1. 7. 1948 wurden den elf Ministerpräsidenten der Länder der drei Westzonen die sogenannten „Frankfurter Dokumente" ausgehändigt. Darin waren die allgemeinen Richtlinien für den Aufbau der Bundesrepublik enthalten.

Die sich in der Hoover-Reise ankündigende, in der Gründung des „Vereinigten Wirtschaftsgebietes" und im „revidierten Industrieplan" niederschlagende neue Deutschlandpolitik der westlichen Alliierten war eine wesentliche politische Voraussetzung für die Entstehung der Sozialen Marktwirtschaft, denn diese neue Politik bedeutete die Übertragung allgemeinpolitischer und wirtschaftspolitischer Selbstbestimmungsrechte an deutsche Instanzen, insbesondere an die Verwaltung für Wirtschaft des „Vereinigten Wirtschaftsgebietes", zu dessen Direktor am 2. 3. 1948 Ludwig Erhard gewählt wurde. Eine weitere Vorbedingung für das Wiedererstehen einer marktwirtschaftlichen Ordnung hatten ebenfalls maßgeblich die Alliierten geschaffen, nämlich die Währungsreform vom 20. 6. 1948.

B. Wirtschaftliche Voraussetzungen

1. Die Währungsreform

In den Jahren von 1945—1947 wurde die während des Krieges zurückgestaute Inflation sichtbar. Das Geld erfüllte seine Funktionen nicht mehr. Es wurde zurückgewiesen und durch Zigaretten, Butter und andere Sachgüter ersetzt. Die Unternehmen und die Verbraucher tauschten wie in einer primitiven Naturaltauschwirtschaft Waren gegen Waren. Es war klar geworden, daß eine gedeihliche wirtschaftliche Entwicklung und eine Neuordnung der Wirtschaft nur möglich waren, wenn vorher das Geldwesen neu geordnet, wenn eine funktionsfähige Geldordnung als Bestandteil einer Wirtschaftsordnung geschaffen wurde. Die Wichtigkeit der Währungsreform kann auch daran abgelesen werden, daß in den drei Jahren nach dem Zusammenbruch mindestens 218 Währungsreformvorschläge ausgearbeitet wurden[1]).

Die Währungsreform war keine deutsche Währungsreform in dem Sinn, daß sie von deutschen Experten entworfen und von Deutschen durchgeführt worden wäre. Sie war vielmehr eine Reform der deutschen Währung durch die westlichen Alliierten. Die deutschen Vorschläge sind weitgehend unberücksichtigt geblieben. Die Sonderstelle „Geld und Kredit" bei der Wirtschaftsverwaltung des „Vereinigten Wirtschaftsgebietes" konnte nur in Einzelfragen Ein-

[1]) Vgl. dazu H. Möller, „Zur Vorgeschichte der Deutschen Mark", a. a. O.

fluß gewinnen[1]). Die einschlägigen Gesetze und Verordnungen wurden von den Militärregierungen der drei Westmächte im Juni 1948 unter Ausschluß der russischen Militärregierung erlassen, die sich weigerte, sich der Währungsreform anzuschließen. Damit wurde die deutsche Teilung bis auf weiteres besiegelt. Bereits ein Jahr vor der Währungsreform hatte Gustav Stolper geschrieben:

„Da man ... nicht zulassen kann, daß das Währungschaos sich immer weiter verbreitet und vertieft, bleibt den Westmächten nichts übrig, als in ihren Zonen jetzt einmal mit der Währungsreform zu beginnen. Niemand täuscht sich über die Tragweite eines solchen Aktes. Er könnte die politische Teilung Deutschlands besiegeln mit allen Folgen für die Zukunft Europas und der Welt. Dieser Ausblick ist so erschreckend, daß er das Zögern der maßgeblichen Männer in der amerikanischen und britischen Militärregierung ... erklärt und rechtfertigt. Zwei Jahre nach Potsdam haben sich Washington und London überzeugt, daß der Bruch unvermeidlich ist, weil sonst ihre eigenen Zonen in einen Morast von Hunger, Verzweiflung und sozialen Verfall versinken müßten ... Aber niemand hat Grund, sich über den Ausblick zu freuen. Statt eines eisernen Vorhangs, der jetzt die beiden Teile Deutschlands trennt, werden es ihrer dann zwei sein ... Die Entfremdung zwischen dem deutschen Osten und Westen wird rasch wachsen, wenn einmal die Unterschiede der politischen und sozialen Organisation durch die Unterschiede im Geldwesen ergänzt werden, zumal, wenn im Gefolge einer solchen Politik die westlichen Alliierten schließlich gezwungen sein sollten, sich von Berlin, einer fast unzugänglichen Insel im Roten Meer, zurückzuziehen ... Bestehen einmal eine westliche und eine östliche deutsche Währung nebeneinander, so wird die Trennung der beiden Teile Deutschlands vollkommen, dann wird es für einen Deutschen vielleicht schwieriger sein, eine Reise von Kassel nach Leipzig zu finanzieren, als nach New York."[2])

Die Währungsreform hat den Wirtschaftsablauf und die Wirtschaftstätigkeit schlagartig verändert. Die französi-

[1]) Vgl. dazu R. Stucken, „Deutsche Geld- und Kreditpolitik 1914—1963", 3. Aufl., Tübingen 1964, S. 193 ff. und E. Hielscher, „Der Leidensweg der deutschen Währungsreform", München 1948.
[2]) G. Stolper, „Die deutsche Wirklichkeit", a. a. O., S. 130 f.

schen Ökonomen Jacques Rueff und André Piettre schildern die Lage wie folgt[1]):

> „Der schwarze Markt verschwand urplötzlich. Die Auslagen waren zum Bersten voll von Waren, die Fabrikschornsteine rauchten, und auf den Straßen wimmelte es von Lastkraftwagen. Wo es auch sei, überall statt der Totenstille der Ruinen das Gerassel der Baustellen. Aber war schon der Umfang dieses Wiederaufstiegs erstaunlich, so noch mehr seine Plötzlichkeit. Er setzte auf allen Gebieten des Wirtschaftslebens auf den Glockenschlag mit dem Tage der Währungsreform ein.
> Nur Augenzeugen können einen Begriff von der buchstäblich augenblicklichen Wirkung geben, die die Währungsreform auf die Wiederauffüllung der Läger und die Reichhaltigkeit der Auslagen gehabt hat. Von einem Tag auf den anderen füllten sich die Läden mit Waren, fingen die Fabriken wieder an zu arbeiten. Noch am Abend vorher liefen die Deutschen ziellos in den Städten herum, um kärgliche zusätzliche Nahrungsmittel aufzutreiben. Am Tage darauf dachten sie nur noch daran, sie zu produzieren. Am Vorabend malte sich die Hoffnungslosigkeit auf ihren Gesichtern, am Tage darauf blickte eine ganze Nation hoffnungsfreudig in die Zukunft. So kann also niemand daran zweifeln: Der entscheidende Wiederaufstieg der deutschen Wirtschaft setzte mit der Währungsreform ein. Sie bedeutete für den Kadaver Deutschlands das ‚Stehe auf und wandle‘, das ihn dem Leben zurückgegeben hat. Die von der Währungsreform des 20. 6. 1948 ausgehende Regenerationskraft, ihr Ausmaß und ihre Plötzlichkeit machen sie zu einem fundamentalen Anschauungsunterricht der Nachkriegszeit.“

Die Währungsreform hat nicht nur den Wirtschaftsablauf, sondern auch die Wirtschaftsordnung und -verfassung Westdeutschlands entscheidend beeinflußt[2]). Sie hat die Bahn freigegeben für eine Aufhebung der Verwaltungswirtschaft. Damit war eine weitere Voraussetzung für die Entstehung einer marktwirtschaftlichen Ordnung geschaffen worden.

---

[1]) Jacques Rueff, „Natürliche Erklärung eines Wunders“, in: A. Hunold (Hrsg.), „Wirtschaft ohne Wunder“, Erlenbach-Zürich 1953, S. 205 f.
[2]) H. Möller, a. a. O., S. 3 f.

2. *Aufhebung und Abbau der Bewirtschaftungsvorschriften*

Es war nur eine natürliche Reaktion auf die in der Kriegs- und Nachkriegszeit bis ins letzte gehende Bewirtschaftung der Güter, der Kontrolle von Produktion und Investition, eine Reaktion auf die Entmündigung des Verbrauchers, des Produzenten und des Händlers, daß trotz unterschiedlicher Auffassungen über die wünschenswerte Wirtschaftsordnung in den Westzonen viele maßgebende Persönlichkeiten einer relativ freien Marktwirtschaft zuneigten[1].

Bereits vor der Durchführung der Währungsreform hatte sich der Wissenschaftliche Beirat bei der Verwaltung für Wirtschaft des „Vereinigten Wirtschaftsgebietes", der Vorläufer des heutigen Wissenschaftlichen Beirates beim Bundeswirtschaftsministerium, am 18. 4. 1948 gutachtlich zur Frage der Wirtschaftsordnung geäußert. Die wesentlichen Kernsätze dieses Gutachtens verdienen es, hier zitiert zu werden:

[1]) Daß beileibe keine Einmütigkeit bei allen wirtschaftspolitisch Verantwortlichen herrschte, zeigt folgendes Zitat aus einem Referat von O. v. Nell-Breuning über „Rolle und Aufgabe des Staates im Konzept der sozialen Marktwirtschaft" (vervielfältigtes Manuskript): „Gewohnt, in Kategorien der Zentralverwaltungswirtschaft zu denken, haben denn auch die Herren von der ‚Verwaltung für Wirtschaft' (der Vorläuferin des heutigen Bundesministeriums für Wirtschaft) uns (gemeint ist der seinerzeitige wissenschaftliche Beirat der ‚Verwaltung für Wirtschaft'; H. L.) mit Entwürfen immer neuer ‚Pläne' geradezu überschüttet. Wir, die 17 Professoren, die wir berufen worden waren, um sie zu beraten, hatten alle Hände voll zu tun, diese Pläne zu zerpflücken und als undurchführbar zu erweisen. Die Herren von der Verwaltung — das gereicht ihnen zu hoher Ehre — waren so unvoreingenommen sachlich, daß sie sich überzeugen ließen und mit voller Hingabe mit uns zusammengearbeitet haben, eine Ordnung der Wirtschaft zu entwerfen, die mit möglichst wenig Maßnahmen und Anordnungen von oben auskommen und der eigenen Initiative der wirtschaftenden Menschen möglichst viel freien Raum geben sollte."

1. „Die Währungsreform ist nur sinnvoll, wenn eine grundsätzliche Änderung der bisherigen Wirtschaftslenkung mit ihr
verbunden wird ... Durch die Währungsreform wird die wirksame Nachfrage so beschränkt, daß eine totale Verbrauchsregelung und Zwangsbewirtschaftung gegenstandslos wird."

Zu beachten ist, daß von der Gegenstandslosigkeit einer
totalen Verbrauchsregelung und Zwangsbewirtschaftung
gesprochen wurde, nicht von einer Gegenstandslosigkeit der
Verbrauchsregelung und Zwangsbewirtschaftung allgemein.
Diese einschränkende Formulierung ist auf die von der
Mehrheit abweichende Auffassung einiger Beiratsmitglieder
zurückzuführen, nach der eine plötzliche Überleitung einer
gelenkten in eine freie Wirtschaft für einkommensschwache
Schichten im Falle von Preissteigerungen im Verbrauchs-
gütersektor soziale Härten hätte mit sich bringen können:

„Im Rahmen der Steuerung durch den Preis können in der
Übergangszeit Sonderregelungen auf Einzelgebieten erforderlich sein. So erscheinen gewisse mengenmäßige Verbrauchs-
rationierungen auf dem Gebiet der Grundnahrungsmittel ...
sowie im Wohnungswesen unerläßlich. Hierdurch soll ein Über-
verbrauch und ein Ansammeln von Vorräten durch Schichten
der höheren Einkommen verhindert und eine von der Einkommensverteilung insoweit unabhängige gleichmäßige Versorgung der Bevölkerung mit diesen Gütern sichergestellt
werden."

2. „Der Beirat vertritt die Auffassung, daß die Funktion
des Preises, den volkswirtschaftlichen Prozeß zu steuern, in
möglichst weitem Umfang zur Geltung kommen soll. Diese
Auffassung schließt Zuteilungsmaßnahmen aus, sofern nicht
zwingende, insbesondere soziale Gründe, für sie sprechen."

Daß sich der Beirat mit seinem Votum für die Steuerung
des Wirtschaftsprozesses durch freie Preise nicht eindeutig
für eine bestimmte Wirtschafts- und Sozialordnung fest-
legen wollte, zeigt der nächste Satz:

„Die Steuerung durch den Preis dient dazu, das Sozialprodukt zu steigern. Dies ist die wichtigste sozialpolitische Auf-

gabe des Augenblicks. Dabei bleibt die weitere Frage offen, welche Wirtschafts- und Sozialordnung auf die Dauer angestrebt werden soll."

Der Beirat sprach sich schließlich für freien Außenhandel und — mit Ausnahme des Wohnungsbaues — für freien Wettbewerb aus, mit der Begründung, daß „nur eine wettbewerbliche Preisbildung auf den Gütermärkten die erforderliche Anpassung des jeweiligen Angebots an die kaufkräftige Nachfrage sicherstellt". Er forderte des weiteren zur Verhinderung des Mißbrauchs wirtschaftlicher Machtstellungen eine „sofortige und wirksame Kontrolle der Monopole und ihrer Preisbildung"[1]).

Die Leitideen dieses Gutachtens fanden ihren Niederschlag in dem „Gesetz über Leitsätze für die Bewirtschaftung und Preispolitik nach der Geldreform" vom 24. Juni 1948, das sechs Tage nach der Währungsreform in Kraft trat.

Damit war die gesetzliche Voraussetzung für den Aufbau der Sozialen Marktwirtschaft in der Bundesrepublik geschaffen. Schließen aber mußte noch eine weitere Voraussetzung gegeben sein: es mußte eine wirtschaftsordnungspolitische Konzeption vorhanden sein oder entwickelt werden. Ihrer Behandlung wenden wir uns jetzt zu. Sie ist gleichbedeutend mit einer Darstellung der Ideologie, die die Soziale Marktwirtschaft trägt.

C. Geistige Voraussetzungen

1. Die Schöpfer der Konzeption

Noch während der Herrschaft des Nationalsozialismus, nämlich 1937, eröffneten Franz Böhm, Walter Eucken und

---

[1]) „Der Wissenschaftliche Beirat bei der Verwaltung für Wirtschaft des Vereinigten Wirtschaftsgebietes, Gutachten 1948 bis Mai 1950", hrsg. vom Bundeswirtschaftsministerium, Göttingen o. J., S. 25 f.

Hans Großmann-Doerth eine Schriftenreihe, die den programmatischen Titel trug „Ordnung der Wirtschaft". Sie wurde mit einer Arbeit von Franz Böhm über „Die Ordnung der Wirtschaft als geschichtliche Aufgabe und rechtschöpferische Leistung" eröffnet. Damit trat der sogenannte Ordo- oder Neoliberalismus mit seinem Programm an die Öffentlichkeit[1]. Mit der Bezeichnung „Ordoliberalismus" ist das Kernanliegen der sogenannten „Freiburger Schule" (Böhm, Eucken, Großmann-Doerth sowie andere Ordo-Liberale lehrten in Freiburg) gekennzeichnet: die bewußte, gezielte Ausgestaltung einer grundsätzlich freiheitlichen, gleichzeitig aber sozial verpflichteten Gesellschafts-, Wirtschafts- und Sozialordnung.

Dadurch, daß diese Aufgabe als eine stets gestellte rechtschöpferische Leistung begriffen wurde, wurde die wesentliche Trennungslinie gegenüber dem politischen und ökonomischen Liberalismus des 18. und 19. Jahrhunderts gezogen. Während der Liberalismus geglaubt hatte, daß die Marktwirtschaft nicht geschaffen, sondern gleichsam nur ans Licht gebracht werden müsse und daß der Staat, wiewohl ihm zum Beispiel die Aufgabe der Kontrolle der Monopole zuerkannt wurde, die Freiheit am besten durch wirtschaftsordnungspolitische Abstinenz sichern könne, ist sich der Ordoliberalismus der Tatsache bewußt, daß es nicht genügt, die Freiheit und als deren Bestandteil die wirtschaftliche Freiheit zu fördern, sondern daß die Ordnung von Wirtschaft und Gesellschaft eine rechtschöpferische Leistung darstellt. Durch den Appell an Gesetzgeber und Staat, nicht Abstinenz zu üben, sondern durch ständigen und wachsamen Einsatz eine marktwirtschaftliche Ordnung zu konstituieren und an ihrer Erhaltung und Verbesserung zu

[1] Vgl. dazu E. Dürr, „Wesen und Ziele des Ordo-Liberalismus", Winterthur 1954. Eine Kritik der neoliberalen Konzeption findet sich bei E. Nawroth, „Die Sozial- und Wirtschaftsphilosophie des Neoliberalismus", 2. Aufl., Heidelberg-Löwen 1962. Eine Analyse und Kritik sozialer und sozialpolitischer Auffassungen des Neoliberalismus enthält H. P. Becker, „Die soziale Frage im Neoliberalismus", Heidelberg-Löwen 1965.

arbeiten, unterscheidet sich der Neoliberalismus vom Paläoliberalismus des ungebändigten Kapitalismus im 19. Jahrhundert.

Diese Grundauffassung, daß eine Wirtschafts- und Sozialordnung bewußt geschaffen werden, daß sie permanent gegen die Versuche von Wirtschaftsgruppen, diese Ordnung zu umgehen, geschützt werden muß, findet sich in allen Arbeiten von Ökonomen, die als Ordoliberale bezeichnet werden können[1]).

Auf diesem Grundgedanken aufbauend wurde die Konzeption der *Sozialen Marktwirtschaft* vor allem von Professor Alfred Müller-Armack, Professor Alexander Rüstow und Professor Wilhelm Röpke entwickelt[2]).

---

[1]) W. Eucken, „Grundsätze der Wirtschaftspolitik", 5. Aufl., Tübingen 1975; F. Böhm, „Die Ordnung der Wirtschaft als geschichtliche Aufgabe und rechtschöpferische Leistung", a. a. O.; ders., „Die Aufgaben der freien Marktwirtschaft", Heft 14 der Schriftenreihe der Hochschule für politische Wissenschaften (heute: „Politische Studien"), München 1951; L. Miksch, „Wettbewerb als Aufgabe. Die Grundsätze einer Wettbewerbsordnung", Stuttgart-Berlin 1937; ders., „Gedanken zur Wirtschaftsordnung", Wiesbaden 1948; W. Röpke, „Die Gesellschaftskrisis der Gegenwart", 5. Aufl., Zürich 1948; ders., „Civitas humana", Erlenbach-Zürich 1944; ders., „Jenseits von Angebot und Nachfrage", 4. Aufl., Erlenbach-Zürich-Stuttgart 1966; A. Rüstow, „Interessenpolitik oder Staatspolitik", in: Schriften des Vereins für Socialpolitik, Bd. 187, München 1933; ders., „Zwischen Kapitalismus und Kommunismus", in: Ordo, 1949, Bd. 2; ders., „Ortsbestimmung der Gegenwart", Erlenbach-Zürich 1950; F. A. v. Hayek, „Individualismus und wirtschaftliche Ordnung", Zürich 1952; ders., „Die Verfassung der Freiheit", a. a. O.; A. Müller-Armack, Art. „Soziale Marktwirtschaft", in: „Handwörterbuch der Sozialwissenschaften", Bd. 9, Stuttgart-Tübingen-Göttingen 1956, S. 390 ff.; F. A. Lutz, „Das Grundproblem der Geldverfassung", Stuttgart 1936; Ordo, Jahrbuch für die Ordnung von Wirtschaft und Gesellschaft, hrsg. v. F. Böhm, F. W. Meyer und F. A. Lutz, sowie die Veröffentlichungen in der Schriftenreihe der Aktionsgemeinschaft Soziale Marktwirtschaft.

[2]) Müller-Armack ist auch der Schöpfer des Begriffs „Soziale Marktwirtschaft", vgl. dazu A. Müller-Armack, „Soziale Marktwirtschaft", in: Wirtschaftsspiegel, 1947.

Mit der Konzeption allein aber war es nicht getan. Sie mußte in die politische Wirklichkeit übersetzt und in ihr durchgesetzt werden. Diese politische Leistung hat in erster Linie Ludwig Erhard, der ehemalige bayerische Wirtschaftsminister und spätere Direktor der Zweizonenwirtschaftsverwaltung, noch später Bundeswirtschaftsminister, zusammen mit dem Staatssekretär im Bundeswirtschaftsministerium, Professor Müller-Armack, vollbracht, und zwar entgegen herrschenden Zeitströmungen. Die westeuropäischen Länder trieben in den ersten Nachkriegsjahren eine interventionistische Wirtschaftspolitik und staatliche Wirtschaftslenkung. Die SPD — man denke an die Attacken von Kurt Schumacher und Professor Nölting gegen Professor Erhard —, die Gewerkschaften — man denke an die Ausrufung des Generalstreiks für den 12. 11. 1948 gegen die Erhardsche Wirtschaftspolitik —, breite Kreise der CDU — man denke an das Ahlener Programm — und selbst viele im Grunde liberal eingestellte Persönlichkeiten — wie z. B. H. Rasch[1]) — plädierten für eine staatliche Lenkung der Wirtschaft bzw. hielten eine sozialistische Wirtschaftsordnung für die einzige Möglichkeit, aus dem Chaos herauszukommen. Erhard aber vertraute unbeirrt auf die Leistungsfähigkeit einer freiheitlichen, nichtsozialistischen Wirtschaftsordnung[2]). Auch in den Krisen, die die Soziale Marktwirtschaft durch den Preisanstieg in der zweiten Hälfte des Jahres 1948, durch die steigende Arbeitslosenzahl vom März 1949 bis zum März 1950 und durch die Mitte 1950 ausbrechende Korea-Krise bedrohten[3]), änderte Erhard den wirtschaftspolitischen Kurs nicht, obwohl breite Kreise der Öffentlichkeit die Marktwirtschaft nicht für geeignet hielten, diese Krisen zu meistern. Die Fähigkeit Erhards, sich wirtschaftspolitisch in den Geburtsjahren der Marktwirtschaft 1948—1953 durchzusetzen,

[1]) H. Rasch, „Das Ende der kapitalistischen Rechtsordnung", Heidelberg 1946.
[2]) Vgl. dazu L. Erhard, „Deutsche Wirtschaftspolitik", a. a. O.
[3]) Vgl. dazu H. C. Wallich, a. a. O., S. 70 ff. und G. Stolper, K. Häuser, K. Borchardt, a. a. O., S. 261—266.

mag dadurch gestärkt worden sein, daß er „eine sowohl von den Deutschen selbst als auch von den Besatzungsmächten anerkannte, politisch unbelastete und zudem sowohl in der Wirtschaftswissenschaft als auch in der Wirtschaftspolitik bewanderte Persönlichkeit"[1]) ist[2]).

Die Hervorhebung der Verdienste Erhards schmälert nicht den Anteil, der dem Parlament, der Bundesregierung, der Deutschen Bundesbank (früher der Bank deutscher Länder unter Führung ihres Präsidenten Dr. Vocke), der aufbaubegierigen Bevölkerung, der lohnpolitischen Zurückhaltung der Gewerkschaften und anderen Faktoren am wirtschaftlichen Wiederaufbau zukommt. Diese Faktoren zu beschreiben und abzuwägen, ist Aufgabe einer Wirtschaftsgeschichte der Neuzeit.

Nicht unerwähnt bleiben sollen auch die Verdienste von Wissenschaftlern, die, wie z. B. Oswald von Nell-Breuning, durch eine intensive Teilnahme an der Diskussion über Grundsatzfragen der Gesellschafts- und Wirtschaftsordnung und sozialpolitische Fragen (Vermögensbildung in Arbeitnehmerhand, Investivlohn, Rolle der Gewerkschaften in einer freiheitlichen Wirtschafts- und Sozialordnung, Mitbestimmung) an der Klärung von Problemen der Sozialordnung erheblichen Anteil hatten und dadurch die soziale Komponente der Sozialen Marktwirtschaft akzentuierten[3]).

2. Die Konzeption der Sozialen Marktwirtschaft

Obwohl das Gedankengut der Sozialen Marktwirtschaft aus dem Ordoliberalismus der Freiburger Schule erwuchs,

[1]) C. Mötteli, a. a. O., S. 38.
[2]) Zu den politischen Bedingungen in der Zeit der Realisierung der Sozialen Marktwirtschaft vgl. R. Blum, a. a. O.
[3]) Vgl. dazu O. v. Nell-Breuning, „Wirtschaft und Gesellschaft heute", 3 Bde., Freiburg 1956, 1957, 1960 sowie ders., Rolle und Aufgabe des Staates im Konzept der Sozialen Marktwirtschaft, vervielfältigtes Manuskript.

ist es doch nicht mit ihm identisch. Es ist wirklichkeitsnäher und betont sozialpolitische Ziele stärker als der modellhaftere Ordoliberalismus[1]). Die Soziale Marktwirtschaft wird von ihren Initiatoren als „Dritter Weg" angesehen, der zwischen der Scylla eines ungebändigten, bewußt gestalteter Ordnungsformen entbehrenden marktwirtschaftlichen Kapitalismus, wie er im 19. und frühen 20. Jahrhundert in den meisten westlichen Nationen vorherrschte, und der Charybdis totalitärer Verwaltungswirtschaften, wie Hitler und Stalin sie durchgesetzt hatten, hindurchführt zu einer freiheitlichen, wirtschaftlich leistungsfähigen, dauerhaften, sozialen und gerechten Ordnung von Gesellschaft und Wirtschaft.

Die Soziale Marktwirtschaft zielt als eine wirtschaftspolitische Konzeption auf eine Synthese zwischen rechtsstaatlich gesicherter Freiheit, wirtschaftlicher Freiheit — die wegen der Unteilbarkeit der Freiheit als notwendiger Bestandteil einer freiheitlichen Ordnung überhaupt angesehen wird — und den sozialstaatlichen Idealen der sozialen Sicherheit und der sozialen Gerechtigkeit. Diese *Zielkombination von Freiheit und Gerechtigkeit* gibt der Begriff Soziale Marktwirtschaft wieder: Marktwirtschaft steht für wirtschaftliche Freiheit. Sie besteht in der Freiheit der Verbraucher, Güter nach beliebiger Wahl aus dem Sozialprodukt zu kaufen (Konsumfreiheit), in der Freiheit der Produktionsmitteleigentümer, ihre Arbeitskraft, ihr Geld, ihre Sachgüter und unternehmerischen Fähigkeiten nach eigener Wahl einzusetzen (Gewerbefreiheit, Freiheit der Berufs- und Arbeitsplatzwahl, Freiheit der Eigentumsnutzung), in der Freiheit der Unternehmer, Güter eigener Wahl zu produzieren und abzusetzen (Produktions- und Handelsfreiheit) und in der Freiheit jedes Käufers und Verkäufers von Gütern oder Leistungen, sich neben anderen um das gleiche Ziel zu bemühen (Wettbewerbsfreiheit). Ihre Grenzen finden diese Freiheitsrechte da, wo die Rechte

---

[1]) Vgl. dazu H. Giersch, „Allgemeine Wirtschaftspolitik, Grundlagen", Wiesbaden 1960, S. 188.

Dritter, die verfassungsmäßige Ordnung oder das Sittengesetz verletzt werden (Art. 2 GG). Das Attribut „sozial" soll zum Ausdruck bringen:

1. daß die Marktwirtschaft allein wegen ihrer wirtschaftlichen Leistungsfähigkeit, wegen der Schaffung der wirtschaftlichen Voraussetzungen eines „Wohlstands für alle" und wegen der Gewährung wirtschaftlicher Freiheitsrechte, die an den Rechten Dritter ihre Schranken finden, einen sozialen Charakter trägt,

2. daß die Marktfreiheit aus sozialen Gründen dort beschränkt werden soll, wo sie sozial unerwünschte Ergebnisse zeitigen würde, bzw. daß die Ergebnisse eines freien Wirtschaftsprozesses korrigiert werden sollen, wenn sie nach den Wertvorstellungen der Gesellschaft nicht sozial genug erscheinen.

Daher kann nach Müller-Armack der Begriff der Sozialen Marktwirtschaft „als eine ordnungspolitische Idee definiert werden, deren Ziel es ist, auf der Basis der Wettbewerbswirtschaft die freie Initiative mit einem gerade durch die marktwirtschaftliche Leistung gesicherten sozialen Fortschritt zu verbinden. Auf der Grundlage einer marktwirtschaftlichen Ordnung kann ein vielgestaltiges und vollständiges System sozialen Schutzes errichtet werden."[1]

Die Ziele der Sozialen Marktwirtschaft und die zu ihrer Erreichung einzusetzenden Mittel lassen sich wie folgt formulieren[2]:

1. Verwirklichung eines möglichst großen wirtschaftlichen Wohlstands

   a) durch Herstellung einer Wettbewerbsordnung[3];

---

[1] A. Müller-Armack, Art. „Soziale Marktwirtschaft", a. a. O.
[2] Vgl. dazu ebenda; L. Erhard, „Deutsche Wirtschaftspolitik", a. a. O.; H. Giersch, „Allgemeine Wirtschaftspolitik", a. a. O., S. 188 ff.; W. Bosch, „Marktwirtschaft-Befehlswirtschaft, Ein Vergleich der Wirtschaftsordnungen in West- und Mitteldeutschland", Heidelberg 1960, S. 57—84; vgl. auch die Regierungserklärungen der Jahre 1953, 1957 und 1961.
[3] Vgl. dazu S. 140 ff.

b) durch eine bewußte Wachstumspolitik, die ein stetiges und angemessenes Wachstum sichert[1]) und sich solcher wirtschaftspolitischer Instrumente bedient, die die wirtschaftliche Freiheit möglichst wenig einengen;

c) durch Sicherung der Vollbeschäftigung, die auch aus sozialen Gründen erstrebt wird, weil so jedem Arbeitsfähigen und Arbeitswilligen Einkommen gesichert werden kann[2]);

d) durch Gewährleistung der Außenhandelsfreiheit, der freien Austauschbarkeit der Währungen und durch den Ausbau der weltwirtschaftlichen Arbeitsteilung, weil die deutsche Wirtschaft in hohem Maße ausfuhrabhängig ist, weil die wirtschaftliche Freiheit im Inneren an die wirtschaftliche Freiheit nach außen gebunden ist und weil die Auffassung besteht, daß die wirtschaftliche Freiheit nach außen den Wohlstand erhöht, so wie die wirtschaftliche Freiheit im Inneren der Volkswirtschaft den Wohlstand fördert.

2. Sicherung einer wirtschaftlich leistungsfähigen und sozial gerechten Geldordnung, d. h. insbesondere Sicherung der Stabilität des Preisniveaus[3]),

a) durch eine unabhängige Zentralnotenbank;

b) durch „Stabilität" des Staatshaushalts (Müller-Armack);

[1]) Vgl. dazu das Gesetz über die Bildung eines Sachverständigenrates zur Begutachtung der gesamtwirtschaftlichen Entwicklung vom 14. 8. 1963, nach dem ein aus fünf Sachverständigen bestehender Rat der Bundesregierung und dem Parlament alljährlich ein Gutachten zur gesamtwirtschaftlichen Entwicklung vorzulegen hat. § 2 beauftragt den Sachverständigenrat „die jeweilige gesamtwirtschaftliche Lage und deren absehbare Entwicklung" darzustellen und zu untersuchen, „wie im Rahmen der marktwirtschaftlichen Ordnung gleichzeitig Stabilität des Preisniveaus, hoher Beschäftigungsstand und außenwirtschaftliches Gleichgewicht bei stetigem und angemessenem Wachstum gewährleistet werden können".

[2]) Vgl. dazu S. 264 f. und Fußnote 1).

[3]) Vgl. Fußnote 1).

c) durch Sicherung des Zahlungsbilanzausgleichs und des außenwirtschaftlichen Gleichgewichts[1]).

3. Soziale Sicherheit, soziale Gerechtigkeit und sozialer Fortschritt, insbesondere Familiensicherung, gerechte Einkommens- und Vermögensverteilung,

a) durch die Maximierung des Sozialprodukts als wirtschaftlicher Grundlage sozialer Sicherheit;

b) durch Herstellung einer Wettbewerbsordnung, weil diese soziale Ungerechtigkeiten auf ein Minimum reduziert und gleichzeitig den sozialen Fortschritt fördert[2]);

c) durch staatliche Korrektur der ursprünglichen Einkommens- und Vermögensverteilung in Form von Sozialhilfeleistungen, Renten und Ausgleichszahlungen, Wohnungsbauzuschüssen, Subventionen, Maßnahmen der Förderung der Vermögensbildung usw., wobei die sozialpolitischen Korrekturen die Selbstverantwortung des einzelnen und der sozialen Gruppen, die Freiheit und Leistungsbereitschaft der einzelnen und die Funktionsfähigkeit der Wirtschaft so wenig wie möglich beeinträchtigen sollen.

Diese wirtschafts- und sozialpolitischen Ziele und Mittel erhalten ihren Sinnbezug letztlich von außerökonomischen, gesellschaftspolitischen Zielen. Wilhelm Röpke hat das wie folgt zum Ausdruck gebracht:

„Wir wollen keinen Abstrich an Marktwirtschaft, Wettbewerb und freier Wirksamkeit des Preismechanismus, keinen gutgeschüttelten Cocktail von Markt-, Monopol- und Kommandowirtschaft. Aber ebenso gut wissen wir, daß, wenn wir eine reinliche, freie und auf dem Wettbewerb beruhende Marktwirtschaft anstreben, diese nicht frei im gesellschaftlichen, politischen und moralischen Raum schweben kann, sondern von einem festen Rahmenwerk gesellschaftlicher, politischer, moralischer Art gehalten und geschützt werden muß. Recht, Staat, Sitte und Moral, feste Normen und Wertüberzeugungen ...

[1]) Vgl. Fußnote 1, S. 96.
[2]) Vgl. dazu S. 156 ff.

97

gehören zu diesem Rahmen nicht minder als eine Wirtschafts-, Sozial- und Finanzpolitik, die jenseits des Marktes Interessen ausgleicht, Schwache schützt, Zügellose im Zaum hält, Auswüchse beschneidet, Macht begrenzt, Spielregeln setzt und ihre Innehaltung bewacht. Um diese Vorstellung auf den schärfsten Ausdruck zu bringen: Marktwirtschaft ist eine notwendige, aber keine ausreichende Bedingung einer freien, glücklichen, wohlhabenden, gerechten und geordneten Gesellschaft. Marktwirtschaft in einer atomisierten, vermaßten, proletarischen und der Konzentration anheimgefallenen Gesellschaft ist etwas durchaus anderes als Marktwirtschaft in einer Gesellschaft mit breiter Streuung des Eigentums, standfesten Existenzen und echten Gemeinschaften, die, beginnend mit der Familie, den Menschen einen Halt geben, mit Gegengewichten gegen Wettbewerb und Preismechanik, mit Individuen, die verwurzelt und deren Dasein nicht von den natürlichen Ankern des Lebens losgerissen ist. Mit anderen Worten: das schließliche Schicksal der Marktwirtschaft mit ihrem bewunderungswürdigen und völlig unersetzlichen Mechanismus von Angebot und Nachfrage entscheidet sich — jenseits von Angebot und Nachfrage."[1]

Eine eingehendere Darstellung des Zielbündels, das im Rahmen der Sozialen Marktwirtschaft erstrebt wird, und eine ausführlichere Darstellung der Mittel, die zu ihrer Erreichung eingesetzt werden, finden sich im folgenden Teil.

Literatur zum Zweiten Teil

A. Zu Kapitel I

Deutsches Institut für Wirtschaftsforschung, Die deutsche Wirtschaft zwei Jahre nach dem Zusammenbruch, Berlin 1947

Erhard, L., Deutsche Wirtschaftspolitik, Der Weg der Sozialen Markwirtschaft, 2. Aufl., Düsseldorf-Wien-Frankfurt 1962

Ders., Wohlstand für alle, bearbeitet von W. Langer, 8. Aufl., Düsseldorf 1964

[1] W. Röpke, „Marktwirtschaft ist nicht genug", in: „Hat der Westen eine Idee?", Schriftenreihe der Aktionsgemeinschaft Soziale Marktwirtschaft, Tag. Prot. Nr. 7, Ludwigsburg 1957, S. 10 f.

Götz, H. H., Weil alle besser leben wollen, Portrait der deutschen Wirtschaftspolitik, Düsseldorf-Wien 1963

Hardach, K., Wirtschaftsgeschichte Deutschlands im 20. Jahrhundert, Göttingen 1976

Harmssen, G., Reparationen, Sozialprodukt, Lebensstandard, Bremen 1947

Mitteilungsblätter des Verwaltungsamtes für Wirtschaft 1947—1949

Möller, H. (Hrsg.), Zur Vorgeschichte der Deutschen Mark, Basel-Tübingen 1961

Pfister, B., Liefmann-Keil, E., Die wirtschaftliche Verarmung Deutschlands, Freiburg 1947

Stolper, G., Die deutsche Wirklichkeit, Hamburg 1949

Stolper, G., Häuser, K., Borchardt, K., Deutsche Wirtschaft seit 1870, 2. Aufl., Tübingen 1966

Wallich, H. C., Triebkräfte des deutschen Wiederaufstiegs, Frankfurt 1955

B. Zu Kapitel II

Becker, H. P., Die soziale Frage im Neoliberalismus, Heidelberg-Löwen 1965

Behlke, R., Der Neoliberalismus und die Gestaltung der Wirtschaftsverfassung in der Bundesrepublik Deutschland, Berlin 1961

Blum, R., Soziale Marktwirtschaft, Wirtschaftspolitik zwischen Neoliberalismus und Ordoliberalismus, Tübingen 1969

Böhm, F., Die Aufgaben der freien Marktwirtschaft, Heft 14 der Schriftenreihe der Hochschule für Politische Wissenschaften, München 1951

Ders., Die Ordnung der Wirtschaft als geschichtliche Aufgabe und rechtschöpferische Leistung, Stuttgart-Berlin 1937

Briefs, G., u. a., Konsequente Soziale Marktwirtschaft, die Heimat aller Schaffenden. Vorträge und Diskussionen der 27. Tagung der Aktionsgemeinschaft Soziale Marktwirtschaft 1966 in Bad Godesberg, Ludwigsburg 1966

Bundesministerium der Wirtschaft (Hrsg.), Der wissenschaftliche Beirat bei der Verwaltung für Wirtschaft des Vereinigten Wirtschaftsgebietes, Gutachten 1948 bis Mai 1950

Deuerlein, E., DDR 1945—1970, Geschichte und Bestandsaufnahme, dtv-Dokumente, München 1971

Dürr, E., Wesen und Ziele des Ordo-Liberalismus, Winterthur 1954

Erhard, L., Deutsche Wirtschaftspolitik, Der Weg der Sozialen Marktwirtschaft, 2. Aufl., Düsseldorf-Wien-Frankfurt 1962

Ders., Wohlstand für alle, bearbeitet von W. Langer, 8. Aufl., Düsseldorf 1964

Giersch, H., Allgemeine Wirtschaftspolitik, Grundlagen, Wiesbaden 1960

Hayek, F. A. v., Die Verfassung der Freiheit, Tübingen 1971

Ders., Individualismus und wirtschaftliche Ordnung, Zürich 1952

Hielscher, E., Der Leidensweg der deutschen Währungsreform, München 1948

Hunold, A. (Hrsg.), Wirtschaft ohne Wunder, Erlenbach-Zürich 1953

Lutz, F. A., Das Grundproblem der Geldverfassung, Stuttgart 1936

Miksch, L., Gedanken zur Wirtschaftsordnung, Wiesbaden 1948

Ders., Wettbewerb als Aufgabe, Die Grundsätze einer Wettbewerbsordnung, 2. Aufl., Bad Godesberg 1947

Müller-Armack, A., Das Grundproblem unserer Wirtschaftsordnung, Rückkehr zur Marktwirtschaft, in: Finanzarchiv, 1948

Ders., Der humane Gehalt der Sozialen Marktwirtschaft, in: E. Tuchtfeld (Hrsg.), Soziale Marktwirtschaft im Wandel, Freiburg 1973

Ders., Soziale Marktwirtschaft, in: Wirtschaftsspiegel, 1947

Ders., Soziale Marktwirtschaft, in: Handwörterbuch der Sozialwissenschaften, Stuttgart-Tübingen-Göttingen 1956

Ders., Wirtschaftslenkung und Marktwirtschaft, 2. Aufl., Hamburg 1948

Ders., Wirtschaftsordnung und Wirtschaftspolitik. Studien und Konzepte zur Sozialen Marktwirtschaft und zur Europäischen Integration, Freiburg 1966

Nawroth, E., Die Sozial- und Wirtschaftsphilosophie des Neoliberalismus, 2. Aufl., Heidelberg 1962

Nell-Breuning, O. v., Wirtschaft und Gesellschaft heute, 3 Bde., 1956/57/60

Rasch, H., Das Ende der kapitalistischen Rechtsordnung, Heidelberg 1946

Röpke, W., Civitas humana, Erlenbach-Zürich 1944
Ders., Die Gesellschaftskrisis der Gegenwart, 5. Aufl., Erlenbach-Zürich 1948

Ders., Jenseits von Angebot und Nachfrage, 4. Aufl., Erlenbach-Zürich-Stuttgart 1966

Ders., Marktwirtschaft ist nicht genug, in: Hat der Westen eine Idee?, Schriftenreihe der Aktionsgemeinschaft Soziale Marktwirtschaft, Tag. Prot. Nr. 7, Ludwigsburg 1957

Rueff, J., Natürliche Erklärung eines Wunders, in: A. Hunold (Hrsg.), Wirtschaft ohne Wunder, Erlenbach-Zürich 1953

Rüstow, A., Ortsbestimmung der Gegenwart, Erlenbach-Zürich 1950

Ders., Zwischen Kapitalismus und Kommunismus, in: Ordo, Bd. 2, 1949

Stucken, R., Deutsche Geld- und Kreditpolitik 1914—1963, 3. Aufl., Tübingen 1964

Tuchtfeld, E. (Hrsg.), Soziale Marktwirtschaft im Wandel, Freiburg 1973

DRITTER TEIL: DIE DERZEITIGE GESTALT
DER SOZIALEN MARKTWIRTSCHAFT

I. Die Rechtsgrundlagen, insbesondere das Grundgesetz

Wir haben die Wirtschaftsordnung definiert als eine mit der ganzheitlichen Lebensordnung einer Gesellschaft unlösbar verbundene, realisierte Teilordnung, die durch die Gesamtheit der Institutionen und Normen konstituiert wird, die sich auf die Wirtschaft beziehen. Diese die Wirtschaftsordnung konstituierenden Normen sind zum überwiegenden Teil Rechtsnormen, die unter dem Begriff der Wirtschaftsverfassung im weiteren Sinn[1]) zusammengefaßt werden. Da die realisierte Ordnung in einem Rechtsstaat nur im Rahmen der gesetzlich realisierbaren, der erstrebten Ordnung, also der (Staats-)Verfassung liegen kann, beginnen wir die Darstellung der derzeitigen Gestalt der Sozialen Marktwirtschaft zweckmäßigerweise mit der Frage nach ihren Rechtsgrundlagen. Die für die gesamte Lebensordnung einer Gesellschaft verbindliche Rechtsgrundlage ist ihre *Verfassung*. Diese Verfassung ist für die Bundesrepublik das Grundgesetz vom 23. 5. 1949.

Die Antwort auf die Frage, ob das Grundgesetz Vorschriften enthält, die man als Wirtschaftsverfassung im engeren Sinn bezeichnen kann und die mithin die Wirtschafts- und Sozialordnung im Prinzip bestimmen, ist strittig. Man kann drei Lehrmeinungen unterscheiden:

Eine erste Gruppe, der man Krüger[2]) und Maunz zuordnen kann, folgert aus der Tatsache, daß das Grundgesetz — im Gegensatz etwa zur Weimarer Verfassung —

---

[1]) Unter Wirtschaftsverfassung i. w. S. verstehen wir Normen, die in der Staatsverfassung, in Gesetzen und Rechtsverordnungen enthalten sind. Unter Wirtschaftsverfassung i. e. S. verstehen wir die in der Staatsverfassung enthaltenen, wirtschaftlich relevanten Normen.

[2]) H. Krüger, „Staatsverfassung und Wirtschaftsverfassung", in: Deutsches Verwaltungsblatt, 1951, S. 361 ff.

die Wirtschafts- und Sozialordnung nicht ausdrücklich erwähnt, das Grundgesetz habe sich einer positiven Entscheidung über die Wirtschafts- und Sozialverfassung grundsätzlich und bewußt enthalten, das Grundgesetz sei wirtschaftlich neutral. So schreibt z. B. Maunz[1]):

> „Während die nach 1945 erlassenen Länderverfassungen zum Teil ausführliche Bestimmungen über das Wirtschaftsleben, über die Arbeit oder über die sozialen und wirtschaftlichen Rechte und Pflichten des einzelnen enthalten, beschränkt sich das Grundgesetz auf ganz wenige Sätze, die in ihrer Gesamtheit weder als Wirtschaftsordnung und als Arbeits- und Sozialordnung, noch als eine Grundentscheidung über die Verfassung des Wirtschaftslebens oder als Bekenntnis zu einem bestimmten Wirtschaftssystem bezeichnet werden können. Das Kapitel über die Wirtschafts- und Sozialordnung muß also an sich mit der Feststellung ihres Fehlens im Grundgesetz beginnen."

Kritisch ist dazu zweierlei anzumerken: erstens, daß das Kriterium, ob das Grundgesetz ausdrücklich formulierte Wirtschaftsverfassungsnormen enthält, äußerlich und formal ist. Angesichts der Interdependenz der nur gedanklich isolierbaren Teilordnungen ist nicht entscheidend, ob das Grundgesetz einen Abschnitt über die Wirtschafts- und Sozialordnung enthält, sondern ob die nicht wirtschaftlichen Artikel des Grundgesetzes eine bestimmte Wirtschaftsordnung implizieren, d. h. nur realisiert werden können, wenn bestimmte wirtschaftliche, nicht ausdrücklich erwähnte Normen eingehalten werden. Zweitens ist vom Standpunkt der Ökonomik aus anzumerken, daß es eine wirtschaftspolitische Neutralität einer Staatsverfassung wegen der Interdependenz der Ordnungen nicht geben kann. Jede Aussage über menschliche Grundrechte und Grundfreiheiten enthält ausgesprochen oder unausgesprochen wirtschaftspolitische, insbesondere wirtschaftsordnungspolitische Konsequenzen, wie im folgenden noch gezeigt werden wird. Eine Staatsverfassung ist also immer

---

[1]) Th. Maunz, „Deutsches Staatsrecht", 21. Aufl., München 1977, S. 170 f.

eine bewußte oder unbewußte wirtschaftsordnungs-politische Entscheidung. Daher mag der Hinweis in einer Reihe von Kommentaren zum Grundgesetz, daß sich die Verfasser des Grundgesetzes nicht für eine bestimmte Wirtschaftsordnung entscheiden *wollten*, zwar richtig sein, aber dieser Wille der Verfasser des Grundgesetzes ändert nichts daran, daß mit der Entscheidung über das Grundgesetz, z. B. über die föderalistische Struktur der Bundesrepublik, über die Finanzverfassung, über die Eigentumsordnung, über die Berufsordnung usw. wirtschaftspolitische Grund-entscheidungen getroffen wurden.

Tatsächlich hat das Bundesverfassungsgericht in seinem Investitionshilfeurteil ausgeführt (Bundesverfassungsge-richtsentscheidungen, Bd. 4, S. 17 f.): „Das Grundgesetz garantiert weder die wirtschaftspolitische Neutralität der Regierung und Gesetzgebungsgewalt, noch eine nur mit marktkonformen Mitteln zu steuernde Soziale Marktwirt-schaft". Es hat damit die von Krüger ursprünglich ver-fochtene These von der wirtschaftspolitischen Neutralität des Grundgesetzes nicht übernommen. Die wirtschafts-politische Neutralität des Grundgesetzes besteht nach dem Bundesverfassungsgericht „lediglich darin, daß sich der Ver-fassungsgeber nicht ausdrücklich für ein bestimmtes Wirt-schaftssystem entschieden hat. Dies ermöglicht dem Gesetz-geber, die ihm jeweils sachgemäß erscheinende Wirtschafts-politik zu verfolgen, sofern er dabei das Grundgesetz beachtet."

Auffallend ist die der Natur der Sache angemessene, vor-sichtige Formulierung, daß sich der Gesetzgeber nicht *aus-drücklich* für ein bestimmtes Wirtschaftssystem entschieden habe, womit das Bundesverfassungsgericht vermutlich an-deuten wollte, daß im Grundgesetz selbst implizit eine Ent-scheidung für solche Wirtschaftssysteme liegt, die den Be-dingungen des Grundgesetzes genügen. Diese Vermutung wird verstärkt durch den Hinweis, daß der Gesetzgeber die ihm sachgemäß erscheinende Wirtschaftspolitik verfolgen kann, *soweit er dabei das Grundgesetz beachtet*, womit offenbar der Erkenntnis Rechnung getragen ist, daß auch primär nichtwirtschaftliche Rechtsnormen den Spielraum für wirtschaftsordnungspolitische Entscheidungen beeinflussen.

Diese Einsicht in die Interdependenz der Ordnungen liegt der Auffassung einer zweiten Gruppe von Rechtswissenschaftlern zugrunde, die durch E. R. Huber am prägnantesten repräsentiert wird[1]):

> „Auf den ersten Blick scheint es ... als habe das Grundgesetz ... auf ein spezifisches Wirtschaftsverfassungsrecht verzichtet. Eine eindringlichere Prüfung ergibt jedoch, daß sich im Grundgesetz eine Fülle von Einzelbestimmungen finden, die in ihrem Gesamtzusammenhang die Grundzüge eines wirtschaftsverfassungsrechtlichen Systems erkennen lassen. Dabei scheinen die freiheitlichen Gewährleistungen ausgeprägter noch als in der Weimarer Verfassung vorherrschend zu sein ... Doch ist dieses System von Freiheitsverbürgungen durch soziale Vorbehalte ... modifiziert ... Dieses Nebeneinander und Gegeneinander von Gewährleistungen und Vorbehalten konstituiert ein gemischtes System des Wirtschaftsverfassungsrechts, das in der Kombination von wirtschaftlichen Freiheitsverbürgungen gegenüber der öffentlichen Verwaltung mit wirtschaftsinterventionistischen Kompetenzen der Verwaltungsstellen seine konkrete Gestalt gewinnt ... Das Grundgesetz enthält eine wirtschaftsverfassungsrechtliche Grundentscheidung, nämlich eine Entscheidung für eine gemischte Wirtschaftsverfassung, die individualrechtliche Freiheitsverbürgungen und sozialrechtliche Freiheitsbindungen in einem System ausgleichender Ordnung zusammenfaßt. Sie schließt damit nicht nur (negativ) den Übergang sowohl zu einer extrem individualistischen als auch zu einer extrem kollektivistischen Wirtschaftsordnung aus; sie gebietet vielmehr auch (positiv) die Verwirklichung eines auf

[1]) Zu dieser Gruppe sind auch zu rechnen: A. Hamann, „Deutsches Wirtschaftsverfassungsrecht", Neuwied-Berlin-Darmstadt 1958, S. 29—31; W. Fikentscher, „Wettbewerb und gewerblicher Rechtsschutz", München-Berlin 1958, S. 23; G. Dürig, in: Maunz-Dürig-Herzog, „Grundgesetz", Kommentar, 4. Aufl., München 1974, Art. 2 Abs. I, Randnummer 44; später hat sich auch Krüger dieser Auffassung angeschlossen: H. Krüger, „Wirtschaftsverfassung, Wirtschaftsverwaltung, Rechtsstaat", in: Betriebsberater, 1953, S. 565.

Ausgleich, Verständigung und Kooperation gerichteten wirtschaftsverfassungsrechtlichen Programms."[1])

Damit stellt Huber fest, daß das Grundgesetz den Entscheidungsspielraum für eine Wirtschafts- und Sozialordnung abgegrenzt hat, weil es sowohl marktwirtschaftliche Ordnungen ausschließt, die die sozialen und sozialrechtlichen Ziele des Grundgesetzes (Art. 14, Art. 15, Art. 20 und Art. 28) nicht zu realisieren erlauben, als auch vorwiegend verwaltungswirtschaftliche Ordnungen, die die individuellen Freiheitsverbürgungen des Grundgesetzes (Art. 2, Art. 9, Art. 11, Art. 12, Art. 14) zu papierenen Zusicherungen machen würden. Da die Soziale Marktwirtschaft weder den erstgenannten, noch den letztgenannten Ordnungstypen zuzurechnen ist, sondern einen vom Grundgesetz geforderten dritten Weg darstellt, betrachtet diese Gruppe von Rechtswissenschaftlern die Soziale Marktwirtschaft als eine dem Grundgesetz adäquate Wirtschaftsordnung.

Eine dritte, durch H. C. Nipperdey[2]) am deutlichsten vertretene Gruppe ist schließlich nicht nur der Auffassung, daß die Soziale Marktwirtschaft dem Grundgesetz entspricht, sondern daß die Verfassungsgrundsätze und Grundrechte des Grundgesetzes „nicht nur eine Ermöglichung der sozialen Marktwirtschaft als einer bestimmten Wirtschaftspolitik, sondern eine *formell und materiell verfassungsmäßige Entscheidung für die soziale Marktwirtschaft*" sind, „da sie alle wesentlichen Elemente dieser Wirtschaftsordnung enthält. Dem *freiheitlichen, sozialen Rechtsstaat* entspricht notwendig und allein die *soziale Marktwirtschaft*."[3])

---

[1]) E. R. Huber, „Wirtschaftsverwaltungsrecht", 2. Aufl., Tübingen 1953, Bd. 1, S. 30 f.; sowie ders., „Der Streit um das Wirtschaftsverfassungsrecht", in: Die öffentliche Verwaltung, 1956, S. 97 ff., 135 ff., 172 ff. und 200 ff.

[2]) H. C. Nipperdey, „Soziale Marktwirtschaft und Grundgesetz", Heft 2 der Kartellrundschau, 3. Aufl., Köln 1965.

[3]) H. C. Nipperdey, a. a. O., S. 64.

Diese These, nach der das Grundgesetz jede andere Wirtschaftsverfassung als die der Sozialen Marktwirtschaft ausschließt, hat bisher bei den Verfassungsrechtlern wenig Anklang gefunden. Dabei ist wohl nicht der Einwand Hamanns durchschlagend, daß die einzelnen Prinzipien des Grundgesetzes auch im Rahmen anderer Wirtschaftsverfassungsmodelle ihren Platz haben können, weil Nipperdey darauf abstellt, daß diese Prinzipien *in ihrer Gesamtheit* die Soziale Marktwirtschaft konstituieren. Durchschlagender ist schon der Einwand, daß Verfassungsprinzipien, jedenfalls begrenzt, alternativen Auslegungen Raum lassen, weil Begriffe wie freie Entfaltung der Persönlichkeit, Sozialstaatlichkeit usw. wertausfüllungsbedürftige Begriffe sind. Der Begriff der Sozialen Marktwirtschaft ist weniger eindeutig, als es bei Nipperdey erscheinen mag. Auch der Begriff der Sozialen Marktwirtschaft ist wertausfüllungs- und interpretationsbedürftig. Die Soziale Marktwirtschaft ist zwar als Wirtschaftsordnungstyp, aber nicht als eine eindeutig bestimmte, in ihren Einzelheiten endgültig feststehende Ordnung definierbar. Sie ist nicht nur ein gestaltungsfähiges, sondern ein gestaltungsbedürftiges Gebilde. Das geht auch aus der Definition der Sozialen Marktwirtschaft hervor, die Nipperdey selbst gibt. Er definiert die Soziale Marktwirtschaft als eine Wirtschaftsverfassung, die auf der Grundlage der Wettbewerbswirtschaft freiheitliche und soziale Komponenten in der Weise verbindet, daß ein Höchstmaß persönlicher Freiheit bei steter Berücksichtigung der sozialen Notwendigkeiten gewährleistet ist. Diese Definition unterscheidet sich im Prinzip nicht vom Inhalt der Aussage Hubers, das Grundgesetz enthalte eine gemischte Wirtschaftsverfassung, die individualrechtliche Freiheitsverbürgungen und sozialrechtliche Freiheitsbindungen in einem System ausgleichender Ordnung zusammenfaßt. Wenn man Ordnungen, die die Merkmale dieser Definition erfüllen, als Soziale Marktwirtschaften bezeichnen will, dann kann man sagen, das Grundgesetz bedinge eine Soziale Marktwirtschaft. Diese Definition der Sozialen Marktwirtschaft besagt aber für die wirtschaftspolitische Konkretisierung nicht viel. Die These Nipperdeys gilt unseres Erachtens nicht, wenn man damit sagen will, das Grundgesetz lasse nur die hic et nunc in der Bundesrepublik realisierte oder die von den Vertretern der Sozialen Marktwirtschaft erstrebte Wirtschafts- und Sozialordnung zu. Denn das Höchstmaß persönlicher Freiheit und die sozialen Notwendigkeiten sind nicht abstrakt definierbar, sondern sind u. a. von der Produktionsorganisation und ihren Wirkungen sowie von den herrschenden sozialen Vorstellungen der Gesellschaftsmitglieder bestimmt. Alle diese Faktoren aber sind Veränderungen unterworfen.

Unsere Überlegungen erlauben folgende Schlußfolgerungen:

1. Auf Grund des unlösbaren Zusammenhangs zwischen Staatsverfassung und Wirtschaftsverfassung kann von einer wirtschaftspolitischen Neutralität des Grundgesetzes nicht die Rede sein.

2. Das Grundgesetz enthält eine Vielzahl von Grundrechten und Rechtsnormen, die — teils explizit, vor allem aber implizit — wirtschaftliche Grundrechte verbürgen. Es enthält somit eine wirtschaftsverfassungspolitische Grundentscheidung.

3. Durch diese wirtschaftsverfassungspolitische Grundentscheidung sind bestimmte Wirtschaftsordnungen, z. B. eine Verwaltungswirtschaft, ausgeschlossen. Vielmehr fördert das Grundgesetz einen Wirtschaftsordnungstyp, in dem die Konsumfreiheit, die Wettbewerbsfreiheit, die Gewerbefreiheit, die Produktions- und Handelsfreiheit, die Freiheit der Berufs- und Arbeitsplatzwahl und die Freiheit der Eigentumsnutzung vorherrschen, aber unter sozialen Aspekten modifiziert werden. Anders formuliert: im Grundgesetz ist eine Entscheidung für Wirtschaftsordnungen mit primär staatsbürgerlicher Planung gefallen[1]).

[1]) K. P. Hensel, „Grundgesetz-Wirtschaftsordnungen", in: Ordo, Bd. 14, 1963, S. 53. Derselben Auffassung: G. Gutmann, H. J. Hochstrate, R. Schlüter, „Die Wirtschaftsverfassung der BRD, Entwicklung und ordnungspolitische Grundlagen", Stuttgart 1964, S. 15.

4. Dem vom Grundgesetz geforderten Wirtschaftsordnungstyp entspricht die Soziale Marktwirtschaft, ohne daß man aber im Umkehrschluß sagen könnte, nur die Soziale Marktwirtschaft entspreche dem Grundgesetz. Dazu nämlich ist die Soziale Marktwirtschaft inhaltlich zu wenig bestimmt[1]).

Ferner sind der Sozialen Marktwirtschaft ähnliche, mit ihr aber nicht übereinstimmende Wirtschaftsordnungen denkbar, die nicht gegen die Normen des Grundgesetzes verstoßen.

Der Rahmen, der dem Gesetzgeber und der Regierung bei der Ausgestaltung der Wirtschaftsordnung gesetzt ist, ist insbesondere durch folgende Artikel des Grundgesetzes bestimmt[2]):

— Art. 2 Abs. I, der das Recht auf freie Entfaltung der Persönlichkeit gewährleistet. Die Verwirklichung dieses Rechts ist an die Freiheit des Konsums, die Freiheit, einen Gewerbebetrieb zu eröffnen (Unternehmensfreiheit), an die Produktions- und Handelsfreiheit und an die Freiheit gebunden, sich mit anderen um die Erreichung des gleichen Zieles zu bemühen (Wettbewerbsfreiheit); „an der Unternehmensfreiheit ... scheitert selbstverständlich von vornherein jedes Wirtschaftssystem, das das freie Unternehmertum ganz beseitigt. Es scheitert aber auch jedes dirigistische Wirtschaftssystem, in dem ein Privatunternehmertum formal zwar am Leben gelassen wird, im übrigen aber staatlicherseits befohlen wird, was produziert werden darf, und zugeteilt wird, was konsumiert werden darf. Insofern ist Art. 2 Abs. I zwar nicht im Sinne Nipperdeys die ‚Magna Charta' gerade *für* das System der Marktwirtschaft, in der Tat aber eine Magna Charta *gegen* alle Wirtschaftssysteme des Staatssozialismus oder der staatlichen Kommandowirtschaft."[3])

---

[1]) Vgl. dazu auch H. Giersch, a. a. O., S. 188.
[2]) Vgl. dazu bei Maunz-Dürig-Herzog, a. a. O. die entsprechenden Kommentierungen, sowie Th. Maunz, „Deutsches Staatsrecht", a. a. O.
[3]) G. Dürig, a. a. O., Art. 2 Abs. I, Randnummer 46.

— Art. 3 Abs. II und III, nach dem Männer und Frauen gleichberechtigt sind und niemand wegen seines Geschlechts, seiner Abstammung, seiner Rasse, seiner Sprache, seiner Heimat und Herkunft, seines Glaubens, seiner religiösen oder politischen Anschauungen benachteiligt oder bevorzugt werden darf; dieses Differenzierungsverbot erstreckt sich auch auf das Wirtschaftsleben;

— Art. 9 Abs. III, der jedermann und für alle Berufe das Recht einräumt, zur Wahrung und Förderung der Arbeits- und Wirtschaftsbedingungen Vereinigungen zu bilden und damit vor allem die Bildung von freien Gewerkschaften und Arbeitgebervereinigungen zuläßt;

— Art. 11, der die persönliche Freizügigkeit gewährleistet; das Grundrecht der persönlichen Freizügigkeit umfaßt nicht nur das Recht jedes Staatsbürgers, innerhalb des Staatsgebietes nach freier Wahl vorübergehend oder dauernd eine Niederlassung zu gründen und Wohnung zu nehmen, sondern — in Verbindung mit Art. 2 Abs. I — das Recht der freien Ausreise[1]);

— Art. 12, der freie Berufs- und Arbeitsplatzwahl zusichert; nur im Verteidigungsfall kann die Freiheit der Berufs- und Arbeitsplatzwahl und die persönliche Freizügigkeit nach den Vorschriften von Art. 12a Absätze IV bis VI und nach dem Arbeitssicherstellungsgesetz vom 9. 7. 1968 beschränkt werden; selbst dann aber hat das Grundrecht der freien Wahl des Arbeitsplatzes Vorrang;

— Art. 14, der sowohl das Privateigentum — auch an Produktionsmitteln — gewährleistet, als auch den Eigentümer zur sozialen Eigentumsnutzung verpflichtet;

— Art. 15, der unter bestimmten Bedingungen eine Überführung von Grund und Boden, Naturschätzen und Produktionsmitteln in Gemeineigentum ermöglicht;

— Art. 20 und 28, in denen die Prinzipien der Rechts- und Sozialstaatlichkeit verankert sind;

[1]) Zur Bedeutung dieses Grundrechts für die wirtschaftliche und politische Freiheit vgl. G. Dürig, a. a. O., Art. 11 Abs. I, Randnummern 1 bis 18

— Art. 91a, 91b und 104a ff., in denen die Finanzverfassung, insbesondere die finanzpolitische Kompetenzverteilung zwischen Bund, Ländern und Gemeinden, geregelt ist[1]).

Neben dem Grundgesetz gibt es eine Vielzahl von Gesetzen mit Wirtschaftsverfassungscharakter, die als Rechtsgrundlagen die Wirtschafts- und Sozialordnung der Bundesrepublik prägen. Um nur einige zu nennen: das Gesetz gegen Wettbewerbsbeschränkungen, das Gesetz über die Deutsche Bundesbank, das Kreditwesengesetz, das Tarifvertragsgesetz, das Außenwirtschaftsgesetz, die Sozialversicherungsgesetze, die landwirtschaftlichen Marktordnungsgesetze. Wir werden diese und andere Gesetze im folgenden bei der Darstellung der Ordnung einzelner Wirtschaftsbereiche kennenlernen.

Literatur zu Kapitel I

Böhm, F., Wirtschaftsordnung und Staatsverfassung, Tübingen 1950

Hamann, A., Deutsches Wirtschaftsverfassungsrecht, Neuwied-Berlin-Darmstadt 1958

Hensel, K. P., Grundgesetz — Wirtschaftsordnungen, in: Ordo, Bd. 14, 1963

Huber, E. R., Der Streit um das Wirtschaftsverfassungsrecht, in: Die öffentliche Verwaltung, S. 97 ff., 135 ff., 172 ff., 200 ff.

Ders., Wirtschaftsverwaltungsrecht, 2. Aufl., Tübingen 1953, Bd. I

Krüger, H., Staatsverfassung und Wirtschaftsverfassung, in: Deutsches Verwaltungsblatt, 1951

Ders., Wirtschaftsverfassung, Wirtschaftsverwaltung, Rechtsstaat, in: Betriebsberater, 1953

Maunz, Th., Deutsches Staatsrecht, 21. Aufl., München 1977

Nipperdey, H. C., Soziale Marktwirtschaft und Grundgesetz, Heft 2 der Kartellrundschau, 3. Aufl., Köln-Berlin-München-Bonn 1965

Schmidt, R., Wirtschaftspolitik und Verfassung, Grundprobleme, Baden-Baden 1971

[1]) Vgl. dazu Abschnitt III „Die Finanzverfassung".

II. Die Geld- und Währungsordnung

A. DIE GELDORDNUNG UND IHRE PROBLEME

Die Wirtschafts- und Sozialordnung einer entwickelten arbeitsteiligen Wirtschaftsgesellschaft steht und fällt mit ihrer Geldordnung. Der Satz von Lenin: „Um die bürgerliche Gesellschaft zu zerstören, muß man ihr Geldwesen verwüsten"[1]), gilt für jede entwickelte Gesellschaft. Das lehrt die Geschichte, die uns immer wieder den Zusammenhang zwischen Funktionsfähigkeit und Stabilität der Geldordnung und Funktionsfähigkeit und Stabilität der gesellschaftlichen und politischen Ordnung vor Augen führte. Das deutsche Volk wurde in seiner jüngeren Geschichte dreimal mit unbarmherziger Härte auf diesen elementaren Zusammenhang aufmerksam gemacht: in der Zeit der Inflation 1919 bis 1923, während der Weltwirtschaftskrise 1929 bis 1933 — sie war durch die Geldordnung bzw. die Geld- und Kreditpolitik jener Zeit mitbedingt — und in den Jahren 1945 bis zur Währungsreform.

Die Geldordnung eines Landes ist aus folgenden Gründen für seine Wirtschafts- und Sozialordnung von ausschlaggebender Bedeutung:

1. Da das Geld in einer Wirtschaft, in der die Güter den Wirtschaftssubjekten nicht im Verwaltungswege zugeteilt werden, dem Geldbesitzer das Recht sichert, aus dem Sozialprodukt Güter seiner Wahl zu kaufen, da also der Geldbesitzer über Güter- und Dienstleistungen, über Produktionsfaktoren und über Teile des Volksvermögens und des Sozialprodukts verfügen kann, *ist der Besitzer von Geld Träger ökonomischer Macht,* d. h. er kann seinen Willen durchsetzen, soweit diese Willensdurchsetzung von der Verfügung über wirtschaftliche Güter abhängt. Wer Geld hat oder wer Geld schöpfen kann, ist Träger ökonomischer Macht. Deswegen muß die Möglichkeit, Geld zu schaffen und in Umlauf zu bingen, kontrolliert werden. Die

---

[1]) Zitiert nach W. Eucken, „Grundsätze der Wirtschaftspolitik", a. a. O., S. 255.

Art und Weise der Kontrolle der Geldschöpfungsmöglichkeit ist aus diesem Grunde nicht nur Prüfstein für die Verteilung wirtschaftlicher, sondern auch für die Verteilung politischer Macht. Das zeigt deutlich eine Gegenüberstellung von Wirtschaftsordnungen, in denen die Zentralnotenbanken als Geldschöpfungsinstitute regierungsabhängig bzw. regierungsunabhängig sind.

Regierungsabhängige und weisungsgebundene Zentralnotenbanken sind ein Zeichen für das Streben des Staates nach wirtschaftlicher Macht und wirtschaftlicher Autonomie gegenüber seinen Bürgern. Beispielsweise lautete § 1 des Reichsbankgesetzes vom 15. 6. 1939: „Die Deutsche Reichsbank ist dem Führer und Reichskanzler unmittelbar unterstellt" — wodurch die Reichsbank zu einem Instrument der Reichsregierung gemacht worden war, dessen Handhabung sich jeder gesetzlichen und öffentlichen Kontrolle entzog und das sich durch eine diktatorische Führung ungehindert für politische und militärische Zwecke einspannen ließ. Im Gegensatz dazu sind regierungsunabhängige, nur dem Gesetz unterworfene, in ihren Geldschöpfungsmöglichkeiten gesetzlich beschränkte Zentralnotenbanken ein Beweis für einen Verzicht des Staates, sich die Quelle der Geldschöpfung als Quelle ökonomischer Macht zu erschließen. Autonome, nur dem Gesetz unterworfene Zentralnotenbanken sind ein Ergebnis der Befolgung des Prinzips der Gewaltenteilung und Gewaltenkontrolle im Bereich der Wirtschaftspolitik.

2. Die Geldordnung ist für die Wirtschaftsordnung von ausschlaggebender Bedeutung, weil das Geld in einer arbeitsteiligen Verkehrswirtschaft an allen Güter-, Leistungs- und Vermögenstransaktionen beteiligt ist, und zwar in seiner *Eigenschaft als Recheneinheit, als Wertmesser und als Tauschmittel.*

Die Benutzung des Geldes als Tauschmittel setzt voraus, daß die Wirtschaftseinheiten bereit sind, das gesetzliche Zahlungsmittel als Gegenleistung für die Hingabe von Gütern und Diensten anzunehmen. Das ist um so weniger der Fall, je geringer die Kaufkraft des Geldes wird — wie jede Inflation lehrt. Eine Stabilisierung der Kaufkraft ist aber nicht nur nötig, um Vertrauen in die Währung und damit die Grundlage für ein allgemeines, jederzeit und überall verwendbares Tauschmittel zu schaffen. Denn die individuellen Haushalte, die Staatshaushalte und die Unternehmen müssen außerdem über Rechengrößen, über Wertmaßstäbe verfügen, um sachliche und zeitliche Vergleiche von wirtschaftlichen Werten durchführen zu können. Diese Vergleiche, vor allem die zeitlichen, werden aber erschwert bzw. verhindert, wenn die Recheneinheiten nicht gleichwertig sind. Zum Beispiel sind zwei völlig identische Bilanzen für verschiedene Stichtage in ihrem Aussagewert um so unterschiedlicher, je stärker sich die Kaufkraft des Geldes zwischen den Bilanzstichtagen verändert hat: der nominal gleich große Posten „Barvermögen" wird, wenn sich zwischen den Stichtagen eine Inflation vollzogen hat, real weniger wert sein als in der ersten Bilanz, der Posten „Grundstücke" mehr. Wenn sich eine Deflation vollzogen hat, wird der nominal gleichhohe Posten „Barvermögen" in der zweiten Bilanz mehr wert sein als in der ersten, der Posten „Grundstücke" weniger.

Die Geldwertstabilität ist weiter eine Vorbedingung für eine funktionsfähige Kreditwirtschaft. Wenn sich durch Kaufkraftveränderungen der Wert der Kreditsumme zwischen dem Zeitpunkt der Kredithingabe und dem der Rückzahlung verändert, werden die kreditwirtschaftlichen Beziehungen gestört: bei einer Kaufkraftverminderung, d. h. bei inflationistischer Entwicklung (sie ist durch ein Steigen des Preisniveaus gekennzeichnet), erhält der Kreditgeber weniger an Kaufkraft zurück, als er hingegeben hat, so daß sich die Bereitschaft, Kredit zu geben, und das heißt zum Beispiel, Investitionen und Produktionen vorzufinanzieren, verringert. Der Kreditnehmer dagegen erzielt Kaufkraftgewinne, weil er weniger an Kaufkraft zurückgeben muß, als er bekommen hat. Umgekehrt ist bei einer Kaufkrafterhöhung, d. h. bei deflationistischer Entwicklung (sie ist durch ein Sinken des Preisniveaus gekennzeichnet), der Kreditnehmer der Verlierer, der Kreditgeber der Gewinner. Damit kommen wir zu einer weiteren Bedeutung der Geldordnung, nämlich

3. zu ihrer *sozialen Bedeutung*. Kreditnehmer, Kredit-geber und Geldbesitzer tragen — wie wir gesehen haben — aus Geldwertveränderungen Gewinne davon oder müssen Verluste hinnehmen. Soziale Härten sind vor allem mit Geldwertverschlechterungen verbunden. Die Bezieher von Geldeinkommen (Lohn- und Gehaltsempfänger, Rentner) werden benachteiligt, wenn ihre Einkommen nicht entspre-chend dem Preisniveau steigen, weil die Geldeinheit im Vergleich zu den im Preis steigenden Konsumgütern an Wert verliert, während die Besitzer von Sachvermögen, von Konsumgüterlagern, von Realkapital und von Grund und Boden gewinnen, weil diese Güter gegenüber dem Geld ständig an Wert gewinnen. Geldwertänderungen beein-flussen also die Realeinkommen und Realvermögen, ohne daß sich an der nominellen Höhe des Einkommens oder sachlich gesehen am Vermögensbestand etwas zu ändern braucht. Geldwertänderungen treffen die Verbraucher, die Arbeitnehmer, die Unternehmer und die Vermögensbesitzer unterschiedlich. Die Geldordnung ist daher auch von Ein-fluß auf die sozialen Verhältnisse.

Aus diesen Überlegungen ergibt sich nicht nur die fun-damentale Bedeutung der Geldordnung, sondern auch die Schlußfolgerung, daß die Kaufkraftschöpfung und die Kaufkraftregulierung einem Institut anvertraut sein sollten, das aus der Geld- und Kreditpolitik selbst keine Vorteile ziehen und keine Nachteile erleiden kann, also keinesfalls einem regierungsabhängigen Institut, aber auch nicht dem privaten Bank- und Kreditgewerbe.

Allerdings hat der Bund ein — höchst bescheidenes und währungspolitisch unbedenkliches — Recht der Geldschöp-fung durch das sogenannte Münzregal.

B. Die Münzordnung

Münzen werden im Auftrag des Bundes geprägt. Sie sind — im Gegensatz zu Banknoten und Sichteinlagen — be-schränktes gesetzliches Zahlungsmittel. Die gesetzliche Zahlkraft der Pfennigmünzen ist in der Bundesrepublik auf

5,— DM, die der Markmünzen auf 20,— DM begrenzt. Das bedeutet, daß, abgesehen von Bundes- und Landeskassen, niemand, dem ein anderer Geld schuldet, verpflichtet ist, mehr als einen Betrag in Höhe von 5,— DM in Pfennigmünzen und mehr als einen Betrag in Höhe von 20,— DM in Markmünzen anzunehmen. Da der Umtausch der (vom Bund geprägten) Münzen in das *eigentliche* Währungsgeld, nämlich in Banknoten, durch die Banken und Sparkassen gesetzlich in unbeschränkter Höhe verbürgt ist, sind die Münzen in das Währungsgeld einbezogen.

Das Recht der Münzprägung steht in Anlehnung an das seit Jahrhunderten bestehende Münzregal nach dem Gesetz über die Ausprägung von Scheidemünzen vom 8. 7. 1950 in der Fassung vom 18. 1. 1963 dem Bund zu. Da aber die Scheidemünzen nur einen geringen Bruchteil des umlaufenden Notengeldes und einen noch geringeren Prozentsatz des gesamten Geldvolumens darstellen und zudem die Vergrößerung des Münzumlaufs über den Betrag von 20,— DM je Kopf der Bevölkerung hinaus der Zustimmung des Zentralbankrates der Deutschen Bundesbank bedarf, fällt das Münzregal des Bundes, das ihm das Recht gibt, Geld „zu machen", währungspolitisch nicht ins Gewicht. Ende 1976 machten die umlaufenden Münzen in Höhe von rd. 5,7 Mrd. DM 8,8 % des Bargeldumlaufs (Banknotenumlauf und Scheidemünzen) in Höhe von rd. 64,7 Mrd. DM aus. Wenn der Bund Münzen ausprägt, muß er diese der Bundesbank anbieten, die ihm in entsprechender Höhe Guthaben einräumt und die Münzen in den Verkehr bringt.

Das Interesse des Staates am Recht der Münzprägung erklärt sich aus dem Münzgewinn. Das Münzgesetz sieht nämlich von einer Festlegung einer Währung ab, enthält also keine Vorschriften über die Gestalt, über das Gewicht und über die Zusammensetzung der Münzlegierung. Da die Kosten der staatlichen Münzprägung für die Münzmetalle und die Münzprägung einschließlich der Lohnkosten niedriger sind als der Münzwert, sind die Münzen unterwertig. Der Bund erzielt Münzprägungsgewinne. Bis zum 18. 1. 1963 mußten diese Gewinne der Finanzierung des Wohnungsbaues zugeführt werden (1956—1962 flossen dem

Bund aus der Münzprägung Gewinne in Höhe von rd. 493 Millionen DM zu, 1963—1976 rund 1981 Millionen DM).

C. Die Rolle der Deutschen Bundesbank im Rahmen der Geldordnung[1])

Das für die Geldordnung in der Bundesrepublik wichtigste Gesetz ist das „Gesetz über die Deutsche Bundesbank" vom 26. 7. 1957[2]), die bedeutendste Instanz ist die Deutsche Bundesbank, das Nachfolgeinstitut der Bank Deutscher Länder, die als Zentralnotenbank der deutschen Länder fungierte, bis der Gesetzgeber der Verpflichtung des Art. 88 Grundgesetz nachgekommen war, eine Währungs- und Notenbank als Bundesbank zu errichten.

Nach § 14 des Gesetzes hat die Bundesbank das Notenausgabemonopol: „Die Deutsche Bundesbank hat das ausschließliche Recht, Banknoten im Geltungsbereich dieses Gesetzes auszugeben ... Sie sind das einzige unbeschränkte gesetzliche Zahlungsmittel." Das heißt aber nicht, daß sie allein Geld schaffen und Geld vernichten kann. Denn zum Geldvolumen gehören nicht nur Münzen und Banknoten, sondern auch das sogenannte Buch- oder Giralgeld, d. h. Geld, das in Form von Sichteinlagen auf den Bank- und Sparkassenkonten existiert. Rechtlich gesehen sind Sichteinlagen, d. h. Einlagen bei Banken und Sparkassen, über die die Konteninhaber sofort oder kurzfristig verfügen können, zwar kein Geld, wirtschaftlich gesehen aber haben sie Geldcharakter, weil sie zur Ausführung von Überweisungen verwendet werden können und weil durch Scheck über sie verfügt werden kann (bargeldloser Zahlungsverkehr).

---

[1]) Als ausführliche Darstellung des Zentralnotenbankwesens vgl. v. Spindler-Becker-Starke, „Die Deutsche Bundesbank", Grundzüge des Notenbankwesens und Kommentar zum Gesetz über die Deutsche Bundesbank, 4. Aufl., Stuttgart 1973; H. Rittershausen, „Die Zentralnotenbank. Ein Handbuch ihrer Instrumente, ihrer Politik und ihrer Theorie", Frankfurt 1962; O. Veit, „Grundriß der Währungspolitik", 3. Aufl., Frankfurt 1969.
[2]) Zuletzt geändert durch Gesetz vom 23. 5. 1975.

Es ist ein Charakteristikum neuzeitlicher Geld- und Kreditsysteme, daß das private Bankensystem auf Grund dieses bargeldlosen Zahlungsverkehrs Geld schaffen und vernichten kann.

Wir können hier den Vorgang der Geldschöpfung und Geldvernichtung durch das private Kreditgewerbe nicht darstellen[1]).

Welche Grenzen sind der Bundesbank aber ihrerseits für die Geld- und Kreditpolitik gesetzt? Sie sind in § 3 und § 12 des Bundesbankgesetzes umschrieben. Nach § 3 regelt die Deutsche Bundesbank „mit Hilfe der währungspolitischen Befugnisse, die ihr nach diesem Gesetz zustehen, den Geldumlauf und die Kreditversorgung der Wirtschaft mit dem Ziel, die Währung zu sichern, und sorgt für die bankmäßige Abwicklung des Zahlungsverkehrs im Inland und mit dem Ausland". Dabei ist sie nach § 12 „verpflichtet, unter Wahrung ihrer Aufgabe die allgemeine Wirtschaftspolitik der Bundesregierung zu unterstützen". Damit ist also der Bundesbank die Aufgabe gestellt, den Geldumlauf und die Kreditversorgung so zu regeln, daß die allgemeine Wirtschaftspolitik der Bundesregierung unterstützt wird (d. h. u. a. die Politik des Wirtschaftswachstums und der Preisniveaustabilität, der Sicherung der Vollbeschäftigung, der Bekämpfung von Konjunkturschwankungen, der Sicherung bzw. des Aufbaus der Weltwährungsordnung) — immer aber unter Wahrung des Zieles der Währungssicherung und

[1]) Vgl. zur Geldschöpfung und Geldvernichtung: R. Stucken, „Geld und Kredit", 2. Aufl., Tübingen 1957; Obst-Hintner, „Geld-, Bank- und Börsenwesen", 36. Aufl., Stuttgart 1967; E. Schneider, „Einführung in die Wirtschaftstheorie", III. Teil, 12. Aufl., Tübingen 1973; W. Ehrlicher, „Geldtheorie", in: „Kompendium der Volkswirtschaftslehre", Bd. 1, 5. Aufl., Göttingen 1975; R. Schilcher, „Geldfunktionen und Buchgeldschöpfung, Ein Beitrag zur Geldtheorie", 2. Aufl., Berlin 1973; W. Salomo, „Geldangebot und Zentralbankpolitik, Eine Studie zur Theorie des Geldangebots", Tübingen 1971; F. A. Lutz, „Die Liquidität des Banksystems und die Zinssätze", in: E. Dürr (Hrsg.), „Geld- und Bankpolitik", Köln-Berlin 1969; H.-J. Lierow, „Der Geldschöpfungskoeffizient der Kreditbanken in der Bundesrepublik", Berlin 1957.

mit der Einschränkung des § 12, daß sie bei der Ausübung ihrer Befugnisse „von Weisungen der Bundesregierung unabhängig" ist.

Die Autonomie der Bundesbank und insbesondere ihre Regierungsunabhängigkeit sind auch daran erkennbar, daß der Gesetzgeber die Höhe der Kassenkredite einschließlich der gekauften Schatzwechsel der Zentralnotenbank an den Bund in § 20 fixiert hat[1]).

Wegen des engen Zusammenhangs aller wirtschaftspolitischen Maßnahmen sind Bundesregierung und Bundesbank auf eine enge Zusammenarbeit und Abstimmung ihrer wirtschaftspolitischen Absichten und Maßnahmen angewiesen. Die Notwendigkeit dieser Zusammenarbeit hat in § 13 Ausdruck gefunden:

„(1) Die Deutsche Bundesbank hat die Bundesregierung in Angelegenheiten von wesentlicher währungspolitischer Bedeutung zu beraten und ihr auf Verlangen Auskunft zu geben.

(2) Die Mitglieder der Bundesregierung haben das Recht, an den Beratungen des Zentralbankrats teilzunehmen. Sie haben kein Stimmrecht, können aber Anträge stellen. Auf ihr Verlangen ist die Beschlußfassung bis zu zwei Wochen auszusetzen.

(3) Die Bundesregierung soll den Präsidenten der Deutschen Bundesbank zu ihren Beratungen über Angelegenheiten von währungspolitischer Bedeutung zuziehen."

Gegenüber den Beschlüssen des Zentralbankrates hat die Bundesregierung also nur ein die Wirksamkeit der Beschlüsse kurzfristig aufschiebendes Veto.

Das entscheidende Organ der Bundesbank ist der *Zentralbankrat*. Er bestimmt die Währungs- und Kreditpolitik der Bank, während das *Direktorium* sie durchzuführen hat. Der Zentralbankrat besteht aus dem Präsidenten, dem Vizepräsidenten, aus bis zu 8 weiteren Mitgliedern des Direktoriums der Bank und aus den 11 Landeszentralbankpräsidenten. Der Präsident, der Vizepräsident und die Direktoriumsmitglieder werden vom Bundespräsidenten auf Vorschlag der Bundesregierung ernannt, wobei die Regie-

[1]) Zur Unabhängigkeit der Bundesbank vgl. O. Lampe, „Die Unabhängigkeit der Deutschen Bundesbank", 2. Aufl., München 1971.

rung den Zentralbankrat zu hören hat. Die Präsidenten der Landeszentralbanken werden vom Bundespräsidenten auf Vorschlag des Bundesrates bestellt, der seine Vorschläge auf Grund eines Vorschlags der nach Landesrecht zuständigen Stelle und nach Anhörung des Zentralbankrates macht.

Durch diese Konstruktion sind politische Einflüsse der Bundesregierung auf den Zentralbankrat weitgehend reduziert. Im Zentralbankrat ist das Kollegialprinzip in reiner Form verwirklicht: Alle Mitglieder sind gleichberechtigt, nur bei Stimmengleichheit gibt die Stimme des Präsidenten den Ausschlag.

Zusammenfassend läßt sich die Bundesbank charakterisieren als die in der Bundesrepublik neben dem Parlament und der Regierung wichtigste wirtschaftspolitische Institution, die unter Berücksichtigung der notwendigen, unumgänglichen Zusammenarbeit mit der Bundesregierung ein Maximum an Autonomie genießt. Sie ist mit dem Monopol der Banknotenausgabe ausgestattet und hat die Aufgabe, die Währung zu sichern, sowie die Aufgabe, an der Erreichung der Zielsetzungen der Wirtschaftspolitik mitzuarbeiten, soweit sie durch die Währungs-, Geld- und Kreditpolitik erreicht oder beeinflußt werden können. Sie ist mit der Geld- und Kreditversorgung der deutschen Wirtschaft betraut. Damit beeinflußt sie die für die wirtschaftliche Entwicklung wichtigsten Märkte, nämlich die Geld- und Kreditmärkte. Als Bank der Banken ist sie mit dem erforderlichen wirtschaftspolitischen Instrumentarium ausgestattet.

Wenngleich hier keine Darstellung der Wirkungsweise der zentralbankpolitischen Instrumente gegeben werden kann[1]), sollen die wichtigsten Instrumente doch kurz aufgezählt und charakterisiert werden.

Das in § 15 des Bundesbankgesetzes verankerte Instrument der Festlegung und Änderung des *Diskontsatzes* —

---

[1]) Zu den Instrumenten der Bundesbank vgl. v. Spindler-Bekker-Starke, a. a. O.; H. Rittershausen, a. a. O.; H. J. Jarchow, „Theorie und Politik des Geldes, II. Geldpolitik", 2. Aufl., Göttingen 1976; H. Lipfert, „Einführung in die Währungspolitik", 8. Aufl., München 1974.

d. h. des Prozentsatzes, den die Bundesbank bei der Einreichung von Wechseln von Seiten der Kreditinstitute, also bei der Refinanzierung der Kreditinstitute, in Abzug bringt — ermöglicht es, die Aufnahme kurzfristiger Kredite im Wege der Wechselrefinanzierung durch die Kreditinstitute zu verteuern (Diskontsatzerhöhung) oder zu verbilligen (Diskontsatzsenkung). Im Prinzip gleich wirken Änderungen des *Lombardsatzes*, d. h. des Satzes, zu dem die Bundesbank gegen Hinterlegung von Wertpapieren als Sicherheiten den Kreditinstituten kurzfristige Kredite gewährt. Der Diskontsatz und der Lombardsatz sind sogenannte Leitzinssätze, deren Veränderung auf die Kreditzinsen durchschlägt, so daß die Bundesbank über die Veränderung von Diskont- und Lombardsatz die Kreditkosten beeinflussen kann.

Nach § 15 des Bundesbankgesetzes kann die Bundesbank die Refinanzierungsmöglichkeiten auch durch die Festlegung von *Kreditgrundsätzen qualitativer Art*, d. h. durch die Festlegung der Anforderungen, die sie an Refinanzierungspapiere stellt, ferner dadurch beeinflussen, daß sie für die einzelnen Kreditinstitute *Rediskontkontingente*, d. h. Obergrenzen festlegt und variiert, bis zu denen sie bereit ist, Wechsel einzelner Kreditinstitute zu rediskontieren.

§ 16 Bundesbankgesetz ermöglicht es der Bundesbank, Geld- und Kreditpolitik über die Festlegung und Veränderung von *Mindestreservesätzen* zu treiben. Die Bundesbank kann nämlich von den Kreditinstituten verlangen, daß diese einen bestimmten Prozentsatz ihrer Verbindlichkeiten aus Einlagen der Bankkundschaft (Giro-, Spar- und Termineinlagen), die sogenannte Mindestreserve, zinslos auf einem Konto bei der Bundesbank unterhalten. Bei Mindestreservesatzerhöhungen verringern sich die Möglichkeiten der Kreditinstitute zur Kreditgewährung, bei Mindestreservesatzsenkungen erhöhen sie sich.

Da die Wirksamkeit der über die Kreditverteuerung betriebenen Kreditpolitik dadurch verringert wurde, daß sich deutsche Unternehmen statt bei deutschen Banken im Ausland verschuldeten, kann nach der 1971 eingeführten Bardepotregelung, zuletzt geändert durch Gesetz vom 26. 3.

1976, die Bundesbank verlangen, daß ein bestimmter Prozentsatz der bei Gebietsfremden aufgenommenen Kredite, das sogenannte Bardepot, zinslos auf einem Sonderkonto der Bundesbank zu unterhalten ist.

Aufgrund von § 15 Bundesbankgesetz kann die Bundesbank auch *Offenmarktpolitik* betreiben, d. h. bestimmte Wertpapiere mit kurzen oder langen Laufzeiten kaufen und verkaufen, wobei Partner sowohl Kreditinstitute als auch Nichtbanken sein können. Wenn die Bundesbank Wertpapiere von Banken kauft, fließt den Banken Liquidität zu; wenn die Bundesbank Wertpapiere verkauft, fließt aus dem Bankensektor Zentralnotenbankgeld ab, es tritt also eine Liquiditätsverringerung ein.

Da der Liquiditätsspielraum der Kreditinstitute die Grundlage für die Kreditgewährung ist, kann die Bundesbank durch die Offenmarktpolitik mit Banken auf das Kreditvolumen einwirken. Wenn die Bundesbank Wertpapiere an Nichtbanken verkauft, wird dadurch Geld aus dem Verkehr gezogen. Dagegen wirken Wertpapierkäufe der Bundesbank von Nichtbanken geldmengenvergrößernd. Die Offenmarktpolitik wirkt nicht nur auf die Liquidität der Banken, sondern auch auf das Zinsniveau ein. Verkäufe durch die Bundesbank wirken zinsniveauverhöhend, Käufe zinsniveauverringernd. Die gegebene Charakterisierung der Bundesbank sollte allerdings nicht den Eindruck erwecken, als gebe es im Bereich der deutschen Währungs-, Geld- und Kreditpolitik keine Probleme. Im Gegenteil: gerade im letzten Jahrzehnt hat sich gezeigt, daß sich die währungspolitischen Instrumente der Bundesbank auf Grund der internationalen Verflechtungen, insbesondere auf Grund der Konvertibilität der Währungen und langer Zeit festen Wechselkursen, bei den Versuchen, das deutsche Geld- und Kreditvolumen unter Kontrolle zu bringen, zeitweilig als relativ stumpfe Instrumente erwiesen haben. Die Zusammenhänge sind zu kompliziert, um hier ausführlich dargestellt zu werden[1]).

[1]) Vgl. dazu außer H. Lipfert und O. Veit, a. a. O., die Diskussion dieser Probleme in den Jahresberichten der Deutschen Bundesbank sowie in der Zeitschrift für das gesamte Kreditwesen.

D. Die Ordnung des Kreditwesens[1])

Auch in einer grundsätzlich freiheitlichen Wirtschafts-ordnung kann auf eine Beaufsichtigung des Kreditgewerbes und auf eine gesetzliche Regelung des Kreditwesens wegen der Bedeutung des Kreditsektors und wegen der Gefahren, die der Volkswirtschaft bei einer unzureichenden Aufsicht über das Kreditgewerbe drohen, nicht verzichtet werden. Die Notwendigkeit besonderer Marktordnungsgesetze für die Kreditmärkte ergibt sich daraus, daß Kreditinstitute, Versicherungsunternehmen und Bausparkassen als Kapital-sammelstellen große Teile des Volksvermögens an sich ziehen. Es muß sichergestellt werden, daß bei der gleichsam treuhänderischen Verwaltung der Vermögen der Einleger sowohl die Interessen der Einleger (Vermeidung von An-lageverlusten) als auch die Interessen der Volkswirtschaft an der Vermeidung von Kreditverlusten, an der optimalen Kreditversorgung der Wirtschaft, an der Unterstützung der Währungspolitik durch die Ordnung des Kreditsektors und an der Vermeidung von Bankzusammenbrüchen — mit ihren negativen Wirkungen auf das Vertrauen in die Geld- und Kreditwirtschaft — gewahrt werden. Diese Aufgabe hat das Kreditwesengesetz vom 10. 7. 1961 in der Neu-fassung vom 3. 5. 1976. Es beschränkt die unternehmerische Freiheit der Kreditinstitute durch Rahmenvorschriften, für deren Einhaltung das Bundesaufsichtsamt für das Kredit-wesen in Berlin verantwortlich ist.

Von den Befugnissen des Aufsichtsamtes sind hervorzu-heben:

1. Die Erteilung und Rücknahme der Erlaubnis für das Betreiben von Bankgeschäften. Es versteht sich, daß die Erteilung einer Erlaubnis zum Betreiben von Bankgeschäf-

---

[1]) Vgl. dazu Szagunn-Neumann, „Gesetz über das Kredit-wesen", Kommentar, 3. Aufl., Stuttgart-Berlin-Köln-Mainz 1976, sowie Reischauer-Kleinhans, „Kreditwesengesetz", Loseblattkom-mentar, 2. Aufl., Berlin 1974.

ten an den Nachweis der erforderlichen Mittel (vor allem des Eigenkapitals) und an den Nachweis der Zuverlässigkeit und fachlichen Eignung der Bankleitung gebunden ist (§§ 32, 33).

2. Die Kreditüberwachung. Zu diesem Zweck müssen Großkredite (Kredite an einen Kreditnehmer, die zusammen 15 % des haftenden Eigenkapitals des Kreditgebers übersteigen) und Millionkredite (Kredite an einen Kreditnehmer, die eine Mill. DM oder mehr betragen) der Deutschen Bundes Bank, Organkredite (Kredite an Personen, die im Kreditinstitut tätig oder an ihm beteiligt sind) der Bankenaufsichtsbehörde angezeigt werden (§§ 13, 14, 15). Neben dieser speziellen Aufsichtstätigkeit übt die Behörde eine allgemeine Überwachungstätigkeit aufgrund der von den Instituten vorzulegenden Monatsausweise und Jahresabschlüsse sowie aufgrund besonderer Informationsrechte des Amtes bei den Instituten aus.

3. Die Überwachung der Eigenkapitalausstattung und der Liquidität der Kreditinstitute sowie die Aufstellung allgemeiner Grundsätze über Eigenkapitalausstattung und Liquidität (im Einvernehmen mit der Bundesbank) (§§ 10, 11). Wenn das Eigenkapital oder die Liquidität eines Kreditinstitutes nicht den Erfordernissen entsprechen, kann das Amt einschreiten und Maßnahmen ergreifen (Verbot der Kreditgewährung, Verbot der Annahme von Einlagen, Untersagung weiterer Geschäftstätigkeit u. a. nach §§ 45—47).
Als 1974 die Herstatt-Bank (Köln) aufgrund von Verlusten im Zusammenhang mit Spekulationen auf ausländischen Geldmärkten zahlungsunfähig wurde, das Bundesaufsichtsamt für das Kreditwesen eine weitere Geschäftstätigkeit dieser Bank untersagen mußte und als aufgrund von Verlusten der Einleger klar wurde, daß der Einlagenschutz — notfalls im Wege der Gesetzgebung — verbessert werden muß, entschlossen sich die privaten Banken, durch eine Einlagensicherungseinrichtung jeden Einleger bis maximal 30 % des haftenden Eigenkapitals seiner Bank zu sichern, so daß sämtliche Einlagen des breiten Publikums

124

voll gesichert sind (bei den öffentlich-rechtlichen Kredit-instituten einschließlich Sparkassen und bei den Kreditge-nossenschaften sind die Einlagen schon immer in voller Höhe geschützt[1])).

4. Die Beseitigung von Mißständen im Kreditwesen, „die die Sicherheit der den Kreditinstituten anvertrauten Ver-mögenswerte gefährden, die ordnungsmäßige Durchführung der Bankgeschäfte beeinträchtigen oder erhebliche Nachteile für die Gesamtwirtschaft herbeiführen können" (§ 6). Zu solchen Mißständen gehören z. B.: ruinöser Wettbewerb; die Einführung von Schecks, die vom ordnungsgemäßen Scheckverkehr abweichen; eine allgemeine Kreditexpansion, die die Gesamtwirtschaft gefährden kann u. ä.

Das Kreditwesengesetz beschränkt sich nicht auf eine Aufsicht über die Kreditinstitute, sondern gestaltet auch die Marktverfassung direkt durch Rahmenvorschriften über den Wettbewerb, die auf § 23 beruhen:

„(1) Durch Rechtsverordnung können Anordnungen für die Kreditinstitute über die Bedingungen erlassen werden, zu denen Kredite gewährt und Einlagen entgegengenommen wer-den dürfen ...

(2) ...

(3) Um Mißständen bei der Werbung der Kreditinstitute zu begegnen, kann das Bundesaufsichtsamt bestimmte Arten der Werbung untersagen.

(4) Vor dem Erlaß von Rechtsverordnungen nach Abs. 1 und vor allgemeinen Maßnahmen nach Abs. 3 sind die Spitzen-verbände der Kreditinstitute und, soweit sich die Rechtsver-ordnung auf die Habenzinsen bezieht oder eine allgemeine Maßnahme nach Abs. 3 getroffen wird, auch die Deutsche Bundespost zu hören."

Das Recht, nach § 23 Abs. 1 Vorschriften über die Soll- und Habenzinsen zu erlassen, soll eine Zinsregelung mög-lich machen, die

[1] H. Günther, „Die künftige Einlagensicherung der privaten Banken", in: Bankbetrieb, 1975, S. 250 ff.

1. die Kreditpolitik der Bundesbank unterstützt (die Zinsen für ausgegebene Kredite sollen sich analog zum Diskontsatz der Bundesbank verändern),

2. die Funktionsfähigkeit des Kreditgewerbes wahrt (die Banken sollen rentabel arbeiten können),

3. eine der gesamtwirtschaftlichen Entwicklung angemessene Kreditversorgung sichert und

4. die Spartätigkeit fördert (die Einlagezinsen sollen so hoch sein, daß sie einen Sparanreiz darstellen).

Auf der Grundlage des § 23 Abs. 1 hat das Bundesaufsichtsamt für das Kreditwesen mit Wirkung vom 1. April 1967 die seit etwa 35 Jahren bestehende staatliche Regelung der Haben-Zinsen, der Soll-Zinsen und der Provisionen für die Kreditgewährung aufgehoben, so daß die Kreditinstitute jetzt in der Konditionengestaltung sowohl bei den Einlagen wie auch bei den gewährten Krediten frei sind und miteinander in Wettbewerb treten können. Dadurch können die Einleger von Sparguthaben in den Genuß marktgerechterer Zinsen für ihre Einlagen kommen, weil durch die Zinsfreigabe ein engerer Zusammenhang zwischen den Kapitalmarktzinsen, insbesondere den Renditen für festverzinsliche Wertpapiere, und den Zinsen für Sparguthaben hergestellt wurde. Während vor der Zinsfreigabe die Einlagenzinsen bei sich ändernder Wertpapierrendite sich nur ändern konnten, wenn die Einlagenzinsen durch das Bundesaufsichtsamt geändert wurden, führt jetzt eine Änderung der Wertpapierrendite aufgrund der Konkurrenzverhältnisse der Kreditinstitute zu einer Änderung der Einlagenzinsen.

E. Die Struktur des Kreditgewerbes

Dieser Abschnitt über die Geld- und Währungsordnung soll mit einer kurzen Darstellung der Struktur des Kreditgewerbes abgeschlossen werden[1]). Nach dem Monatsbericht

[1]) Vgl. dazu H. E. Büschgen, „Grundriß der Bankbetriebslehre", Stuttgart 1973, S. 35—52.

der Deutschen Bundesbank vom März 1977 stellt sich Ende Dezember 1976 die Struktur des Kreditgewerbes wie folgt dar:

Institutsart	Zahl der Institute	Summe der Aktiva in Mill. DM	Aktiva in % der Aktiva aller berichtenden Banken
Kreditbanken	281	395 823	24,8
davon:			
Großbanken[1])	6	163 041	10,2
Regionalbanken und sonstige Kreditbanken	113	168 550	10,6
Zweigstellen ausländ. Banken	49	35 172	2,2
Privatbankiers	113	29 060	1,8
Girozentralen[2])	12	264 164	16,6
Sparkassen	649	356 152	22,3
Genossenschaftl. Zentralbanken[3])	12	66 683	4,2
Kreditgenossenschaften	2 389	154 136	9,7
Realkreditinstitute	40	202 243	12,7
Teilzahlungskreditinstitute	139	18 194	1,1
Kreditinstitute mit Sonderaufgaben	19	107 772	6,7
Postscheck- u. Postsparkassenämter	15	30 940	1,9
Alle Bankengruppen	3 356	1 596 107	100,0

Wie die Tabelle unter anderem zeigt, haben die Sparkassen und die Kreditbanken im deutschen Kreditgewerbe eine dominierende Stellung. Auf die Sparkassen und die Kreditbanken entfallen jeweils fast ein Viertel aller Aktiva der an die Bundesbank berichtenden Kreditinstitute. Allein auf die drei Großbanken entfallen 10 % der Summe der Aktiva.

Zur Zeit vollzieht sich im Kreditsektor ein interessanter Wettbewerbsprozeß. Während vor dem Zweiten Weltkrieg die einzelnen Institutsgruppen vom Kundenkreis wie auch von ihrer Aufgabenstellung her gesehen klar voneinander abgegrenzt waren, konkurrieren sie nunmehr sowohl um die Einleger als auch nach ihren Zielsetzungen immer mehr

[1]) Deutsche Bank, Dresdner Bank, Commerzbank und deren Berliner Tochterinstitute.
[2]) Einschließlich Deutsche Girozentrale.
[3]) Einschließlich Deutsche Genossenschaftsbank.

miteinander. Die Sparkassen hatten früher als Geldinstitute der Bezieher kleiner und mittlerer Einkommen den Wohnungsbau und den öffentlichen Kreditbedarf finanziert. Die Kreditbanken dagegen finanzierten aus eigenen Mitteln, durch Emissionen oder durch Einlagen der Wirtschaft und größerer Privatkunden die Industrie. Demgegenüber bemühen sich heute auch die Kreditbanken um kleine und mittlere Einleger, während andererseits die Sparkassen nunmehr die Industriefinanzierung als Geschäftsziel verfolgen.

Die Bedeutung der drei Großbanken (Deutsche Bank, Dresdner Bank, Commerzbank) veranschaulichen die folgenden, in Hauptgutachten der Monopolkommission[1]) genannten Zahlen[2]): Auf die Großbanken entfielen Ende 1972 etwa vier Fünftel des Anteils aller Banken am Nominalkapital der börsennotierten Aktiengesellschaften des Nichtbankenbereichs. Am 31. 12. 1974 waren die Großbanken in jeder zweiten Aktiengesellschaft (Nichtbanken), in deren Aufsichtsrat zumindest ein Bankenvertreter einen Sitz hatte, vertreten und hatten dabei 41 % der insgesamt wahrgenommenen Bankmandate inne; mit 714,8 Mill. DM vereinigten sie 31,2 % des Nominalwertes aller Beteiligungen von Banken an Banken auf sich.

Zu einer der bedeutendsten Universalbanken hat sich die Bank für Gemeinwirtschaft entwickelt, die sich in erster Linie als Hausbank der Gewerkschaften der Konsumgenossenschaften und der gemeinwirtschaftlichen Unternehmen versteht, in zweiter Linie aber auch als allgemeine Geschäftsbank, die, „um ihr Geschäft abzurunden", auch über Beteiligungen an anderen Bankhäusern und Spezialkreditinstituten im Inland und im Ausland verfügt[3]).

[1]) Zur Rechtsgrundlage der Monopolkommission vgl. S. 180.
[2]) Monopolkommission, „Hauptgutachten I, Mehr Wettbewerb ist möglich", Baden-Baden 1976, S. 245 ff. Zu einer früheren Untersuchung über die Wettbewerbslage im Bankensektor siehe Bundestagsdrucksache IV/2320, „Bericht über das Ergebnis einer Untersuchung der Konzentration in der Wirtschaft".
[3]) Vgl. dazu W. Hesselbach, „Die gemeinwirtschaftlichen Unternehmen", Frankfurt 1970, S. 119 ff.

Literatur zu Kapitel II

Aust, E., Der Wettbewerb in der Bankwirtschaft, Frankfurt 1963

Büschgen, H. E., Grundriß der Bankbetriebslehre, Stuttgart 1973

Eilenberger, G., Banken im Wettbewerb, Frankfurt 1975

Jarchow, H. J., Theorie und Politik des Geldes, 2. Aufl., II. Geldpolitik, Göttingen 1976

Lampe, O., Die Unabhängigkeit der Deutschen Bundesbank, 2. Aufl., München 1971

Lipfert, H., Einführung in die Währungspolitik, 8. Aufl., München 1974

Lutz, F. A., Das Grundproblem der Geldverfassung, Stuttgart-Berlin 1936

Obst-Hintner, Geld-, Bank- und Börsenwesen, 36. Aufl., Stuttgart 1967

Reischauer-Kleinhans, Kreditwesengesetz, Loseblatt-Kommentar, 2. Aufl., Berlin 1974

Rittershausen, H., Die Zentralnotenbank. Ein Handbuch ihrer Instrumente, ihrer Politik und ihrer Theorie, Frankfurt 1962

v. Spindler-Becker-Starke, Die deutsche Bundesbank, Grundzüge des Notenbankwesens und Kommentar zum Gesetz über die Deutsche Bundesbank, 4. Aufl., Stuttgart 1973

Szagunn-Neumann, Gesetz über das Kreditwesen, Kommentar, 3. Aufl., Stuttgart-Berlin-Köln-Mainz 1976

Veit, O., Grundriß der Währungspolitik, 3. Aufl., Frankfurt 1969

III. Die Finanzverfassung

A. DER FÖDERATIVE STAATSAUFBAU IN DER BUNDESREPUBLIK

Die Finanzverfassung eines Staates regelt die Aufbringung, Verwaltung und Verteilung der finanziellen Mittel zwischen den Trägern staatlicher Hoheitsbefugnisse. Sie ist ein untrennbarer Bestandteil der Staatsverfassung, der die materiellen Grundlagen staatlichen Handelns sichert. In kaum einem Bereich gesellschaftlicher und staatlicher Ordnung zeigt sich die Interdependenz der Ordnungen deutlicher als im Bereich zwischen Staatsverfassung und Finanzverfassung.

Nach Art. 20 GG ist die Bundesrepublik Deutschland ein demokratischer und sozialer *Bundesstaat.* Eine Änderung des föderativen Staatsaufbaues in der Bundesrepublik ist nach Art. 79 Abs. 3 GG unzulässig: „Eine Änderung dieses Grundgesetzes, durch welche die Gliederung des Bundes in Länder, die grundsätzliche Mitwirkung der Länder bei der Gesetzgebung oder die in den Artikeln 1 und 20 niedergelegten Grundsätze berührt werden, ist unzulässig." Über die bundesstaatliche Gliederung hinausgehend schreibt Art. 28 GG in seinen Absätzen 1 und 2 eine dritte Ebene staatlicher Ordnung vor:

> „(1) Die verfassungsmäßige Ordnung in den Ländern muß den Grundsätzen des republikanischen, demokratischen und sozialen Rechtsstaates im Sinne dieses Grundgesetzes entsprechen. In den Ländern, Kreisen und Gemeinden muß das Volk eine Vertretung haben, die aus allgemeinen, unmittelbaren, freien, gleichen und geheimen Wahlen hervorgegangen ist. In Gemeinden kann an die Stelle einer gewählten Körperschaft die Gemeindeversammlung treten.
> (2) Den Gemeinden muß das Recht gewährleistet sein, alle Angelegenheiten der örtlichen Gemeinschaft im Rahmen der Gesetze in eigener Verantwortung zu regeln. Auch die Gemeindeverbände haben im Rahmen ihres gesetzlichen Aufgabenbereiches nach Maßgabe der Gesetze das Recht der Selbstverwaltung."

Einzelheiten des Verhältnisses zwischen den Ländern und den Gemeinden regeln die Gemeindeordnungen der Länder[1]).

Für die Entscheidung der Väter des Grundgesetzes, die Bundesrepublik nach dem föderalistischen Prinzip aufzubauen, waren — abgesehen vom Einfluß der alliierten Militärregierungen[2]) — folgende Gründe maßgebend: die

---

[1]) Vgl. dazu Verein für Kommunalwissenschaften (Hrsg.), „Die Gemeindeordnungen in der Bundesrepublik Deutschland", Stuttgart-Berlin-Köln-Mainz 1965 sowie Chr. Engeli, W. Haus, „Quellen zum modernen Gemeindeverfassungsrecht in Deutschland", Stuttgart-Berlin-Köln-Mainz 1975.
[2]) Vgl. dazu F. J. Strauß, „Die Finanzverfassung", München-Wien 1969, S. 27 ff.

Überzeugung, daß neben der „horizontalen" Gewaltenteilung zwischen der Legislative, der Exekutive und der richterlichen Gewalt eine „vertikale" Gewaltenteilung zwischen Bund, Ländern und Gemeinden, dem Prinzip des demokratischen und sozialen Rechtsstaates mehr entspricht als das zentralstaatliche Prinzip; die hohe Wahrscheinlichkeit, durch Dezentralisierung die Verletzung von Minderheitenrechten geringer halten zu können als bei Zentralisierung (vgl. dazu Erster Teil, III., C., 2., b.), weil das Gewicht des diktatorischen Elementes in sozialen Wohlfahrtsfunktionen umso geringer sein kann, je kleiner der soziale Verband ist, für den eine soziale Wohlfahrtsfunktion aufgestellt werden soll; die Erfahrungstatsache, daß dezentrale Entscheidungsträger den besseren Informationsstand, den besseren Sachverstand, das größere Interesse und das größere Engagement in bezug auf regionale bzw. lokale Probleme haben; die hohe Innovationskraft des föderalistischen Prinzips, die sich aus dem Wettbewerb der Bundesländer und der Gemeinden ergibt; die Tatsache, daß dezentrale Entscheidungen unter sonst gleichen Umständen niedrigere Kosten verursachen als zentrale Entscheidungen.

B. Grundzüge der Finanzverfassung

Die im besonderen in den Artikel 30, 50, 70 bis 75 und 83 bis 91 b des Grundgesetzes konkretisierte Gewalten- und Aufgabenteilung zwischen Bund und Ländern sowie die in den Gemeindeordnungen der Länder vorgesehene Gewalten- und Aufgabenteilung zwischen Ländern, Kreisen und Gemeinden müßten unwirksam bleiben, wenn die Träger staatlicher Aufgaben nicht diesen Aufgaben entsprechend mit materiellen Mitteln bzw. mit der Möglichkeit ausgestattet würden, sich die für die Aufgabenerfüllung erforderlichen Mittel zu beschaffen.

Die Aufteilung der für die Erfüllung staatlicher Aufgaben erforderlichen Mittel auf Bund, Länder und Gemeinden ist in den Artikeln 104 bis 107 GG vorgenommen worden. Die wichtigsten Regelungen sind die folgenden:

1. Im Bereich der Ausgabenverteilung (Art. 104 a GG):

   a) Bund und Länder tragen gesondert die Ausgaben, die sich aus der Wahrnehmung ihrer Aufgaben ergeben, es sei denn, daß das Grundgesetz etwas anderes bestimmt;

   b) wenn die Länder im Auftrag des Bundes handeln, trägt der Bund die sich daraus ergebenden Ausgaben (Art. 104 a Abs. 2 GG);

   c) Bundesgesetze, die Geldleistungen gewähren und bestimmen, daß die Länder ein Viertel der Ausgaben oder mehr tragen, bedürfen der Zustimmung des Bundesrates;

   d) zur Abwehr einer Störung des gesamtwirtschaftlichen Gleichgewichts, zur Förderung des wirtschaftlichen Wachstums oder zum Ausgleich unterschiedlicher Wirtschaftskraft im Bundesgebiet kann der Bund den Ländern Finanzhilfen für besonders bedeutsame Investitionen der Länder und der Gemeinden gewähren.

2. Im Bereich der Mittelbeschaffung durch Erschließung von Einnahmequellen (Art. 105 GG):

   a) Der Bund hat die ausschließliche Gesetzgebung über die Zölle und die Finanzmonopole;

   b) der Bund hat die konkurrierende Gesetzgebung[1] über die Steuern, wenn ihm das Aufkommen dieser Steuern ganz oder zum Teil zusteht (vgl. dazu den folgenden Punkt 3.), wenn eine Angelegenheit durch die Gesetzgebung einzelner Länder nicht wirksam geregelt werden kann, wenn die Regelung einer Angelegenheit durch ein Landesgesetz die Interessen anderer Länder oder der Gesamtheit beeinträchtigen könnte oder wenn die Wahrung der Rechts- oder Wirtschaftseinheit es erfordert;

---

[1] In den Bereichen der „konkurrierenden" Gesetzgebung können die Länder gesetzgeberisch nur tätig werden, wenn und solange der Bund die Materie nicht geregelt hat.

c) die Länder haben die Befugnis zur Gesetzgebung über die örtlichen Verbrauchs- und Aufwandssteuern;

d) Bundesgesetze über Steuern, deren Aufkommen den Ländern oder den Gemeinden ganz oder teilweise zufließt, bedürfen der Zustimmung des Bundesrates.

3. Im Bereich der Steuerverteilung (Art. 106 GG):

a) Dem *Bund* stehen zu: der Ertrag der Finanzmonopole, das Aufkommen aus Zöllen, den Verbrauchssteuern (mit Ausnahme der Biersteuer, der Umsatzsteuer und der örtlichen Verbrauchssteuern), der Straßengüterverkehrssteuer, den Kapitalverkehrssteuern, der Versicherungssteuer, der Wechselsteuer, der Ergänzungsabgabe zur Einkommensteuer und zur Körperschaftssteuer und das Aufkommen aus einmaligen Vermögensabgaben;

b) den *Ländern* steht zu das Aufkommen aus der Vermögenssteuer, der Erbschaftssteuer, der Kraftfahrzeugsteuer, den Verkehrssteuern (mit Ausnahme der Straßengüterverkehrssteuer), der Biersteuer und aus den Spielbankenabgaben;

c) den *Gemeinden* steht ein durch Bundesgesetz zu bestimmender Anteil am Aufkommen der Einkommensteuer (nach § 1 des Gesetzes zur Neuordnung der Gemeindefinanzen vom 8. 9. 1969 derzeit 14 %), das Aufkommen der Realsteuern (Grundsteuer und Gewerbesteuer), das Aufkommen der örtlichen Verbrauchs- und Aufwandssteuer (Getränke-, Schankerlaubnis-, Vergnügungs-, Hunde-, Jagdsteuer) und ein von der Landesgesetzgebung zu bestimmender Anteil an den Gemeinschaftssteuern (Einkommen-, Körperschafts- und Umsatzsteuer) zu; den Gemeinden muß von der Landesgesetzgebung das Recht eingeräumt werden, die Hebesätze der Realsteuern festzusetzen;

d) dem Bund und den Ländern stehen gemeinsam das Aufkommen aus der Einkommensteuer, aus der Körperschaftssteuer und aus der Umsatzsteuer zu. Am Aufkommen aus der Einkommensteuer (nach Abzug des bundesgesetzlich festgesetzten Gemeindeanteils) und aus der Körperschaftssteuer sind Bund und Länder je zur Hälfte beteiligt. Die Anteile von Bund und Ländern werden durch Bundesgesetz festgesetzt. Von dem Länderanteil an den Gemeinschaftssteuern sind von der Landesgesetzgebung zu bestimmende Anteile an die Gemeinden abzuführen.

Die eben skizzierte Mittelverteilung führt wegen der unterschiedlichen Bevölkerungs-, Arbeitskräfte- und Wirtschaftsstruktur der Länder und Gemeinden zu mehr oder minder großen Einnahmeunterschieden. Diese Einnahmeunterschiede wiederum ziehen Unterschiede in der Ausstattung der Bundesländer und der Gemeinden mit öffentlichen Gütern (z. B. Kindergärten, Schulen jeder Art, Krankenhäuser, Altenheime, Sportplätze, Verkehrsbedingungen, Beratungsleistungen usw.) nach sich. Diese Unterschiede sollen nicht so groß werden, daß die Entwicklungs- und Lebenschancen der Bundesbürger stark divergieren. Jedermann soll unabhängig von seinem Wohnsitz in etwa gleiche Entwicklungschancen (z. B. Sozialisationschancen im Kindergarten und in Freizeitheimen, Bildungschancen, Möglichkeiten der Freizeitgestaltung) und in etwa gleiche Lebensumstände haben, die u. a. durch die Verkehrsverhältnisse, die Umweltqualität und das Arbeitsplatzangebot bestimmt werden. Das Ziel der „Wahrung der Einheitlichkeit der Lebensverhältnisse" ist sogar in Art. 72 Abs. 2 GG aufgeführt. Angesichts der unterschiedlichen Mittelverteilung ist dieses Ziel nur erreichbar, wenn die Finanzkraftunterschiede zwischen den Ländern und den Gemeinden verringert werden. Art. 107 Abs. 2 sieht daher einen durch Bundesgesetz sicherzustellenden (horizontalen[1])) Finanzausgleich zwischen den finanzstarken und den finanz-

[1]) Als vertikalen Finanzausgleich bezeichnet man die Aufteilung der öffentlichen Aufgaben und der zu ihrer Finanzierung notwendigen Einnahmen auf die verschiedenen Ebenen (Bund-Länder-Gemeinden).

schwachen Ländern vor, bei dem die Finanzkraft und der Finanzbedarf der Gemeinden zu berücksichtigen sind[1]).

C. Die Koordinierungsproblematik

Nach Überzeugung der Anhänger des föderalistischen Prinzips überwiegen die Vorteile der Dezentralisierung der politischen Willensbildung, der staatlichen Verwaltung und der politischen Entscheidung — nämlich, verglichen mit dem zentralstaatlichen Prinzip, der höhere Gehalt an demokratischer Mitentscheidung und Mitverantwortung, die Verringerung des Gewichts des Minderheitenproblems, die größere Bürgernähe der Entscheidungen, der geringere Informationsbedarf — die Nachteile. Die gravierendsten dieser aus der Sicht des Wirtschafts- und Sozialpolitikers bestehenden, bei fehlender Koordinierung auftretenden Nachteile sollen im folgenden angesprochen werden.

Wie Individuen durch ihre Entscheidungen negative externe Effekte verursachen können, so auch Verwaltungseinheiten: wenn z. B. eine Gemeinde keine ausreichenden und „sicheren" Abwassersysteme unterhält, trägt sie zur Gewässerverschmutzung bei; wenn eine Gemeinde mit den ihr zur Verfügung stehenden Mitteln eine forcierte Industrieansiedlungspolitik betreibt und in bezug auf die Umweltbeeinträchtigung nachlässig ist, schädigt sie die Nachbargemeinden. Diese Art negativer externer Effekte kann durch die Gesetzgebung der übergeordneten Gebietskörperschaften verhindert werden. Negative externe Effekte können auch auftreten, wenn es einer Gemeinde nicht gelingt, Großbetriebe zu halten, deren Einzugsbereich für Arbeitskräfte über ihre Grenzen hinausreicht. Die Kooperation zwischen den Gemeinden kann ein geeignetes Mittel zur Vermeidung solcher Effekte gemeindlicher Wirtschaftspoli-

---

[1]) Vgl. dazu „Gesetz über den Finanzausgleich zwischen Bund und Länder" vom 28. 8. 1969, zuletzt geändert durch das Vierte Änderungsgesetz vom 21. 1. 1976.

tik sein. Eine zwischengemeindliche Kooperation ist auch aus Kostengründen erforderlich: bei zahlreichen Einrichtungen (Abwasserbeseitigung, Stromerzeugung, Wasserversorgung, Müllabfuhr u. a.) sind die rentablen Betriebsgrößen so groß, daß eine zwischengemeindliche Zusammenarbeit in sog. Zweckverbänden erzwungen wird. Nicht zwingend notwendig, aber zweckmäßig ist eine interkommunale Kooperation auch hinsichtlich sozialer Infrastrukturinvestitionen: nicht jede kleine oder mittlere Gemeinde braucht „ihr" Frei- und Hallenbad, „ihren" Sportplatz, „ihren" Trimm-Dich-Pfad.

Gewichtiger als das ebenskizzierte Problem negativer externer Effekte und einer nicht immer rationellen Verwendung öffentlicher Mittel als Folge des föderalistischen Prinzips ist das Problem der Lösung von Zielkonflikten zwischen Zentralstaat und Gliedstaaten bzw. Gemeinden im Bereich der Wirtschaftspolitik[1]). Gemeinden und Länder versuchen unabhängig von gesamtwirtschaftlichen, insbesondere konjunkturellen Überlegungen, ihre wirtschaftlichen Ziele zu erreichen, z. B. das der Sicherung und des Ausbaues der Wirtschaftsgrundlagen durch entsprechende Investitionen oder das Ziel der Ansiedlung von Betrieben aus den Wachstumsindustrien. Eine derartige, von gesamtwirtschaftlichen Überlegungen losgelöste Politik kann gesamtwirtschaftliche Ziele wie Preisniveaustabilität, Vermeidung der Entstehung und des Wachstums von Ballungszentren, Vermeidung der Entstehung von wirtschaftlichen Ödräumen, Verringerung regionaler Einkommensunterschiede gefährden. Daher läßt sich die politische und ökonomische Leistungsfähigkeit des föderalistischen Prinzips nur aufrechterhalten, wenn die horizontale Kooperation (jeweils auf der Länder- und auf der Gemeindeebene) durch eine vertikale Kooperation zwischen Bund und Ländern bzw. zwischen Ländern und Gemeinden ergänzt wird bzw. wenn die Autonomie von Ländern und Gemeinden beschränkt

---

[1]) Vgl. dazu auch Marx, D., „Wachstumsorientierte Regionalpolitik", Göttingen 1966, S. 133 ff.

wird, falls es aus gesamtwirtschaftlichen Gründen geboten
erscheint, wie es z. B. durch Art. 109 GG geschieht:

> „(1) Bund und Länder sind in ihrer Haushaltswirtschaft
> selbständig und voneinander unabhängig.
>
> (2) Bund und Länder haben bei ihrer Haushaltswirtschaft
> den Erfordernissen des gesamtwirtschaftlichen Gleichgewichts
> Rechnung zu tragen.
>
> (3) Durch Bundesgesetz, das der Zustimmung des Bundes-
> rates bedarf, können für Bund und Länder gemeinsam gel-
> tende Grundsätze für das Haushaltsrecht, für eine konjunktur-
> gerechte Haushaltswirtschaft und für eine mehrjährige Finanz-
> planung aufgestellt werden.
>
> (4) Zur Abwehr einer Störung des gesamtwirtschaftlichen
> Gleichgewichts können durch Bundesgesetz, das der Zustim-
> mung des Bundesrates bedarf, Vorschriften über
>
> 1. Höchstbeträge, Bedingungen und Zeitfolge der Aufnahme
>   von Krediten durch Gebietskörperschaften und Zweckver-
>   bände und
>
> 2. eine Verpflichtung von Bund und Ländern, unverzinsliche
>   Guthaben bei der Deutschen Bundesbank zu unterhalten
>   (Konjunkturausgleichsrücklagen),
>
> erlassen werden. Ermächtigungen zum Erlaß von Rechtsver-
> ordnungen können nur der Bundesregierung erteilt werden.
> Die Rechtsverordnungen bedürfen der Zustimmung des Bun-
> desrates. Sie sind aufzuheben, soweit der Bundestag es ver-
> langt; das Nähere bestimmt das Bundesgesetz.“

Auch das 1967 verabschiedete „Gesetz zur Förderung der
Stabilität und des Wachstums der Wirtschaft“ verpflichtet
— neben dem Bund — in § 1 die Länder, „bei ihren wirt-
schafts- und finanzpolitischen Maßnahmen die Erfordernisse des gesamtwirtschaftlichen Gleichgewichts zu beachten.
Die Maßnahmen sind so zu treffen, daß sie im Rahmen der
marktwirtschaftlichen Ordnung gleichzeitig zur Stabilität
des Preisniveaus, zu einem hohen Beschäftigungsstand und
außenwirtschaftlichem Gleichgewicht bei stetigem und angemessenem Wirtschaftswachstum beitragen“. Das Gesetz
stellt Instrumente bereit, um ein konjunktur- und wachs-

tumswidriges Verhalten der Länder und der Gemeinden zu vermeiden[1]). § 16 des Stabilitätsgesetzes verpflichtet die Gemeinden und die Gemeindeverbände auf die Ziele des § 1 Stabilitätsgesetz und beauftragt die Länder, „durch geeignete Maßnahmen darauf hinzuwirken, daß die Haushaltswirtschaft der Gemeinden und Gemeindeverbände den konjunkturpolitischen Erfordernissen entspricht".

Das Gesetz verpflichtet die Regierung, Jahreswirtschaftsberichte zu erstatten, in denen die angestrebten wirtschafts- und finanzpolitischen Ziele in quantifizierter Form und die geplante Wirtschafts- und Finanzpolitik dazulegen sind.

Die wichtigsten Mittel, die das Gesetz zur Herstellung oder Aufrechterhaltung des gesamtwirtschaftlichen Gleichgewichts und zur wirtschaftspolitischen Abstimmung vorsieht, sind:

1. die Ermittlung von Orientierungsdaten für ein gleichzeitiges aufeinander abgestimmtes Verhalten (Konzertierte Aktion) der Gebietskörperschaften, Gewerkschaften und Unternehmensverbände durch die Bundesregierung (§ 3);

2. die Bildung einer Konjunkturausgleichsrücklage bei der Deutschen Bundesbank (§ 7), der bei einer die volkswirtschaftliche Leistungsfähigkeit übersteigenden Nachfrageausweitung Mittel zugeführt werden, um die Nachfrage zu drosseln, und der Mittel entnommen werden, wenn sich die allgemeine Wirtschaftstätigkeit abschwächt, um die Nachfrage auszuweiten (§ 5; antizyklische Haushaltspolitik);

3. eine fünfjährige, d. h. mittelfristige Finanzplanung, die mehrjährige Investitionsprogramme enthält, auf die mutmaßliche Entwicklung des gesamtwirtschaftlichen Leistungsvermögens abgestellt und so flexibel ist, daß die Ziele des § 1 erreicht werden können (§§ 9—11);

---

[1]) Vgl. dazu Stern-Münch-Hansmeyer, „Gesetz zur Förderung der Stabilität und des Wachstums der Wirtschaft", 2. Aufl., Stuttgart-Berlin-Köln-Mainz 1972.

138

4. eine Begrenzung der Kreditaufnahmen von Bund, Ländern und Gemeinden, Gemeindeverbänden und öffentlichen Sondervermögen auf bestimmte Höchstbeträge und die Festlegung eines Zeitplanes der Kreditaufnahme sowie die Festlegung bestimmter Kreditbedingungen durch die Bundesregierung im Wege der Rechtsverordnung mit Zustimmung des Bundesrates (§§ 19—25);
5. die Beschränkung der Abschreibungsmöglichkeiten und die Erhebung von Zu- und Abschlägen bei der Einkommen- und Körperschaftssteuer bis zu 10 % durch die Bundesregierung im Wege der Rechtsverordnung mit Zustimmung von Bundesrat und Bundestag (§§ 26—28).

Zwei nicht unbedeutende Instrumente des Stabilitätsgesetzes zur vertikalen Kooperation sind der *Konjunkturrat* und der *Finanzplanungsrat.*

Dem Finanzplanungsrat, der aufgrund von § 51 des Haushaltsgrundsätzegesetzes vom 19. 8. 1969[1]) geschaffen wurde, gehören an: der Bundesfinanzminister als Vorsitzender, der Bundeswirtschaftsminister, die Länderfinanzminister sowie vier Vertreter der Gemeinden und der Gemeindeverbände. Er ist ein Koordinierungsorgan und hat die Aufgabe, durch Aufstellen einer einheitlichen Planungssystematik, durch die Ermittlung einheitlicher volks- und finanzwirtschaftlicher Maßnahmen und durch Ermittlung von Aufgabenschwerpunkten unter Berücksichtigung gesamtwirtschaftlicher Erfordernisse Empfehlungen für die Koordination der Finanzplanungen der Gebietskörperschaften auszusprechen.

Der „Konjunkturrat für die öffentliche Hand", dem der Bundeswirtschaftsminister vorsitzt und dem neben dem Bundesfinanzminister je ein Vertreter eines jeden Bundeslandes sowie vier Vertreter der Gemeinden und Gemeindeverbände angehören, ist ebenfalls ein beratendes Gremium für die Koordinierung der Finanz- und Wirtschaftspolitik von Bund und Ländern, insbesondere für die Abstimmung der Haushaltswirtschaft der öffentlichen Hände. Der Kon-

[1]) Zuletzt geändert durch Gesetz vom 21. 12. 1974.

junkturrat berät — entsprechend § 18 des Stabilitätsgesetzes — „alle zur Erreichung der Ziele dieses Gesetzes erforderlichen konjunkturpolitischen Maßnahmen" und „die Möglichkeiten der Deckung des Kreditbedarfs der öffentlichen Haushalte". Wenn die Zuführung von Mitteln zur Konjunkturausgleichsrücklage oder eine Kreditbegrenzung für die öffentlichen Haushalte angeordnet werden soll, dann muß der Konjunkturrat vorher gehört werden.

Literatur zu Kapitel III

Albers, W., Finanzausgleich III, in: Handwörterbuch der Sozialwissenschaften, Bd. 3, Stuttgart-Tübingen-Göttingen 1961

Deutsches Institut für Urbanistik (Hrsg.), Die Kreisordnungen in der Bundesrepublik Deutschland, Stuttgart-Berlin-Köln-Mainz 1974

Dass. (Hrsg.), Die Gemeindeordnungen in der Bundesrepublik Deutschland, Stuttgart-Berlin-Köln-Mainz 1975

Heckt, W., Die Entwicklung des bundesstaatlichen Finanzausgleichs in der Bundesrepublik Deutschland, Bonn 1973

Jecht, H., Finanzwirtschaft, öffentliche (III), Finanzwirtschaft der Bundesrepublik Deutschland, in: Handwörterbuch der Sozialwissenschaften, Bd. 3, Stuttgart-Tübingen-Göttingen 1961

Kolms, H., Finanzwissenschaft IV, Berlin 1964

Lampert, H., Die Gemeinden als Träger von Wirtschaftspolitik, in: Lampert, H., Oettle, K., Die Gemeinden als wirtschaftspolitische Instanzen, Stuttgart-Berlin-Köln-Mainz 1968

Meyer, H., Die Finanzverfassung der Gemeinden, Stuttgart-Berlin-Köln-Mainz 1969

Strauß, F. J., Die Finanzverfassung, München-Wien 1969

IV. Die Wettbewerbsordnung

A. Bedeutung und Funktionen des Wettbewerbs in der Sozialen Marktwirtschaft

Die Verabschiedung des Gesetzes gegen Wettbewerbsbeschränkungen durch den Deutschen Bundestag im Jahre

1957 wurde von den Anhängern der Sozialen Marktwirtschaft als ein bedeutender Sieg aufgefaßt, das Gesetz selbst als „Grundgesetz der Sozialen Marktwirtschaft" apostrophiert. Das erklärt sich aus der hervorragenden Rolle, die die Ordnung der Wirtschaft durch Wettbewerb und die Ordnung des Wettbewerbs als Lenkungsinstrument für die Soziale Marktwirtschaft haben.

Wenn von Wettbewerb die Rede ist, ist fast jeder geneigt, nur an wirtschaftlichen Wettbewerb zu denken. Dabei wird leicht verkannt, daß der Wettbewerb in allen Gesellschaften grundlegende soziale Funktionen zu erfüllen hat. Es stellt sich daher nicht die Frage, ob es Wettbewerb geben soll oder nicht, sondern nur, wie er zu gestalten ist[1]).

Eine Beseitigung des Wettbewerbs — den wir vorläufig als das Streben bezeichnen können, es anderen, die sich um ein gesetztes oder selbst gestecktes Ziel bemühen, mindestens gleich zu tun, sie nach Möglichkeit aber zu übertreffen — wäre nur möglich,

— wenn die Menge der vorhandenen Mittel zur Befriedigung geistiger, kultureller und körperlicher Bedürfnisse voll ausreichen würde, d. h. wenn es keine Knappheit gäbe und

— wenn es nicht den Trieb gäbe, andere zu übertreffen und die Kräfte mit anderen zu messen.

Im außerwirtschaftlichen Bereich menschlicher Gesellschaften finden wir den Wettbewerb im Sektor des Sports, der Kultur (Architekten-, Literatur-, Musik-, wissenschaftliche Wettbewerbe), der Politik (Wettbewerb der Parteien und der Politiker um die Wählerstimmen), ja selbst im Sektor zwischenmenschlicher Beziehungen (Wettbewerb um die Zuneigung anderer).

Dieser nichtwirtschaftliche Wettbewerb hat alternativ oder kumulativ folgende soziale Funktionen:

1. Er soll entscheiden, wer von mehreren, die sich um dasselbe Ziel bemühen (z. B. eine Führungsposition, poli-

---

[1]) Vgl. dazu L. v. Wiese, Art. „Wettbewerb", in: „Handwörterbuch der Sozialwissenschaften", Bd. 12, Stuttgart-Tübingen-Göttingen 1965, S. 25 ff.

tische Macht, sozialen Aufstieg, das Ziel, der Beste zu sein), dieses Ziel erreicht. Denn er macht es möglich, diejenigen zu ermitteln, die über die besten zur Erreichung eines Zieles zugelassenen Mittel verfügen und diese Mittel am besten einsetzen. Er ist also Ausleseinstrument.

2. Er dient dazu, zur bestmöglichen Lösung einer bestimmten Aufgabe (zur schnellsten Bewältigung einer Strecke, zur Lösung eines wissenschaftlichen Problems, des Baues eines Theaters) anzureizen und die bestmögliche Lösung zu ermitteln.

3. Da der Wettbewerb notwendigerweise mit Bemühungen verbunden ist, die Mitbewerber zu übertreffen, reizt er zur Höchstleistung an.

Damit erweist er sich als eine Methode und als Instrument

1. der Auslese und der Leistungssteigerung;

2. der Bestimmung der unter den gegebenen Umständen erzielbaren Höchst- oder Bestleistung;

3. der Bestimmung des Trägers dieser Leistung;

4. der Ermittlung der optimalen Lösung einer Aufgabe, weil er aus den Menschen rivalisierende Pläne, Ideen oder Fähigkeiten herauslockt, zu ihrer Verbesserung anreizt sowie sie auszuprobieren, zu testen und zu vergleichen erlaubt[1]).

In der Wirtschaft sind solche Instrumente noch nötiger als in irgendeinem anderen Bereich menschlichen Lebens, weil die zu lösenden Aufgaben in der Wirtschaft in ungleich größerer Zahl anfallen: man denke an die Aufgabe, Güter mit geringstem Aufwand zu erzeugen oder mit gegebenen Mitteln den größten Ertrag zu erzielen; an die Aufgabe, die Versorgung der Bevölkerung zu verbessern; an die Aufgabe, die knappen Produktionsmittel auf die verschiedenen möglichen und erstrebten Produktionen rich-

---

[1]) Vgl. dazu auch L. Abbott, „Qualität und Wettbewerb", München-Berlin 1958, S. 120.

tig zu verteilen; an die Aufgabe den Produktionsertrag auf die Mitglieder der Gesellschaft zu verteilen; an die Aufgabe der Unternehmensleitung, zu entscheiden, wer welche Aufgaben wahrnehmen soll.

Es ist daher selbstverständlich, daß sich alle entwickelten Gesellschaften auch im Bereich der Wirtschaft jenes Organisationsprinzips bedienen, das sich als geeignetes Entscheidungs-, Auslese-, leistungs- und fortschrittförderndes Instrument im nicht-wirtschaftlichen Sektor erwiesen hat. Daher wird der Wettbewerb in allen entwickelteren, und zwar sowohl in marktwirtschaftlich als auch in verwaltungswirtschaftlich organisierten Gesellschaften als Instrument der Leistungssteigerung und als Methode der Einkommensverteilung eingesetzt[1]).

In einem Punkt aber unterscheidet sich der Wettbewerb in Marktwirtschaften ganz wesentlich vom Wettbewerb in Verwaltungswirtschaften: er erstreckt sich nicht nur — wie in der Verwaltungswirtschaft — auf den Leistungswettbewerb und den Wettbewerb um die Einkommen, sondern er dient als *Instrument der Lenkung des Wirtschaftsprozesses durch die Wirtschaftssubjekte,* während in Verwaltungswirtschaften die Entscheidungen über die Produktionsziele, die Produktionsaufwendungen und die Verbrauchsmöglichkeiten durch die Zentralinstanz gefällt werden.

Die Ziele, die durch die Wettbewerbsordnung in der Bundesrepublik erreicht werden sollen, sind binnenwirtschaftlicher, außenwirtschaftlicher und nicht-wirtschaftlicher Natur. Das Verständnis dieser Ziele ist Voraussetzung für das Verständnis der Wettbewerbsordnung in den einzelnen Wirtschaftsbereichen (Industrie, Handel, Handwerk, Landwirtschaft, Verkehr, Energie usw.) und für das Verständnis der Ordnung des Wettbewerbs.

---

[1]) Man vergleiche zur Rolle des Wettbewerbs in Verwaltungswirtschaften: Akademie der Wissenschaften der UdSSR (Hrsg.), „Politische Ökonomie", Lehrbuch nach der vierten überarbeiteten und ergänzten russischen Ausgabe, Berlin (Ost) 1964, S. 514 ff. und 612 ff.

1. Binnenwirtschaftliche und soziale Ziele

a. Sicherung der wirtschaftlichen Leistung

Die Erreichung dieses Zieles setzt zweierlei voraus, nämlich erstens, daß die Produktionsfaktoren am jeweiligen Ort ihres Einsatzes möglichst hohe Leistungen erbringen und zweitens, daß ein Produktionsfaktor an dem Ort eingesetzt wird, an dem er den höchsten Ertrag bringt. Diese Ziele können erreicht werden durch ein System der Einkommensverteilung, das die Produktionsfaktoren nach ihrer Leistung entlohnt. Wir haben schon festgestellt, daß Markt- und Zentralverwaltungswirtschaften sich des Leistungswettbewerbs durch Einkommensdifferenzierungen bedienen. Dennoch besteht auch hier ein bedeutender Unterschied. Während in einer Verwaltungswirtschaft die Höhe der Löhne als Entgelt für den Faktor Arbeit, der Zinsen als Entgelt für den Faktor Kapital, der Rente als Entgelt für den Faktor Boden und des Gewinns als Entgelt für die Unternehmensleistung entsprechend den Wertvorstellungen der Verwaltung festgesetzt werden und mithin die Faktoren in die Verwendungen gelenkt werden können, die nach den Vorstellungen der Verwaltung die produktivsten sind, bilden sich die Produktionsfaktorenentgelte, die Einkommen, in zahlreichen und großen Bereichen einer Marktwirtschaft mittels eines freien Preisbildungssystems heraus, d. h. nach den Wertvorstellungen der am Wirtschaftsprozeß beteiligten Wirtschaftssubjekte. Denn die Höhe der möglichen Einkommen, die ein Unternehmen seinen Arbeitskräften, seinen Kreditgebern, seinen Eigentümern zahlen kann, muß aus Produktionserträgen gedeckt werden, deren maximale Höhe wiederum durch die Preise bestimmt ist, die für die auf den Märkten absetzbare Produktmenge bei freier Preisbildung erzielt werden können. Da aber freie Preise die Nutzenschätzungen der Produktkäufer widerspiegeln, kann man sagen: ein System marktwirtschaftlicher Einkommensverteilung lenkt die Produktionsfaktoren mittelbar entsprechend den Wertschätzungen der Wirtschaftssubjekte. Ein System marktwirtschaftlicher Einkommensbildung bewirkt also im Regelfall erstens Leistungssteigerung und zweitens den nach den Vorstellungen der Nachfrager produktivsten Einsatz der Produktionsfaktoren, denn es lenkt die Faktoren in *die* Verwendungen, die nach Meinung der vielen Wirtschaftssubjekte und nicht etwa nach Meinung einer Planbehörde der Bedarfsdeckung am besten dienen.

Das Ziel der Sicherung der wirtschaftlichen Leistung wird gefördert,

— wenn sich die Einkommen der Produktionsfaktoren (und die Preise) frei bilden können, weil dann die Produktionsfaktoren entsprechend ihrer wirtschaftlichen Leistung entlohnt werden;

— wenn die Unternehmer in ihrer Standortwahl frei sind, wenn also Niederlassungsfreiheit besteht, weil sie dann den kostengünstigsten Standort wählen können;

— wenn die Unternehmer in der Wahl der Produktionsmethode frei sind, weil sie dann die kostengünstigste Methode wählen bzw. experimentell entwickeln können[1]);

— wenn Freiheit der Berufs- und Arbeitsplatzwahl besteht, weil dann die Arbeitskräfte *die* Berufe wählen und an *die* Arbeitsplätze wandern können, an denen das höchste Einkommen und die günstigsten Arbeitsbedingungen erzielbar sind;

— wenn die Dispositionsfreiheit der Eigentümer von Produktionsmitteln möglichst wenig eingeengt wird, weil sie dann ihre Produktionsmittel der ergiebigsten Verwendung zuführen können.

Allerdings können eine völlig freie Einkommensbildung und unbegrenzte Freiheiten der Niederlassung, der Wahl der Produktionstechnik und der Eigentumsnutzung soziale Härten und Schäden mit sich bringen und müssen daher entsprechend den im Vergleich zur Leistungsmaximierung höherwertigeren Zielen (soziale Gerechtigkeit, Umweltschutz, menschenwürdige Arbeitsplätze, geringe Beschäftigungsrisiken u. ä.) begrenzt werden.

[1]) Vgl. dazu S. 46 ff.

Eine völlig freie, sozialpolitisch nicht korrigierte Einkommensbildung würde die Einkommen stark differenzieren und nicht nur sehr große Unterschiede zwischen den Gewinnen einerseits und den Arbeitseinkommen andererseits, sondern auch innerhalb der Arbeitseinkommen bewirken — ganz abgesehen davon, daß ein nur auf dem Leistungsprinzip beruhendes System der Einkommensverteilung die Nichtarbeitsfähigen und vergleichsweise Leistungsschwachen vernachlässigen würde und daher durch das Prinzip der Einkommensverteilung nach dem Bedarf modifiziert werden muß. Eine Einkommensverteilung nur nach der Leistung würde wegen der dadurch bedingten Einkommensunterschiede dem allgemein anerkannten Grundsatz sozialer Gerechtigkeit im Sinne sozialen Einkommensausgleichs widersprechen. Um die unter diesen Umständen bestmögliche Verteilung der Produktionsfaktoren auf die verschiedenen Verwendungszwecke sicherzustellen, muß ein Kompromiß gesucht werden. Ein solcher Kompromiß wird erreicht, wenn — um es am Beispiel der Lohnpolitik zu verdeutlichen — die Löhne einerseits flexibel genug sind, damit die zwischen Arbeitnehmergruppen entstehenden und bestehenden Lohnunterschiede groß genug sind, um Mobilität der Arbeitskräfte zu gewährleisten, und wenn andererseits die Lohnunterschiede in Grenzen gehalten werden, die von der Gesellschaft unter sozialen Gesichtspunkten als tragbar angesehen werden.

Daß die unbeschränkte Freiheit der Wahl der Produktionstechnik soziale Schäden heraufbeschwören kann, ist ebenfalls leicht nachzuweisen. Man denke nur daran, daß den Unternehmen in bezug auf die Sicherungsvorrichtungen oder auch in bezug auf die verwendeten Energieträger gewerbe- und gesundheitspolizeiliche Auflagen gemacht werden müssen, um Arbeitsunfälle, Berufskrankheiten, Lärmbelästigung, Gewässer- und Luftverunreinigung zu verringern oder abzustellen. Ähnlich kann aus Gründen der Erhaltung von Erholungsgebieten und aus Gründen des Schutzes der Bevölkerung die Niederlassungsfreiheit nicht unbeschränkt bleiben; eine Zement- oder Kalkfabrik innerhalb eines dichtbesiedelten Gebietes oder in einer Erho-

lungslandschaft würde, selbst wenn sie dort unter privatwirtschaftlichen Gesichtspunkten rentabel wäre, mehr
volkswirtschaftlichen Schaden als Nutzen bringen. Ähnliches ließe sich für die unbeschränkte Freiheit der Verwendung der Produktionsmittel durch ihre Eigentümer zeigen.

Daraus ergibt sich: das Ziel der Sicherung einzelwirtschaftlicher Leistung durch Wettbewerb muß mit anderen
Zielen, z. B. dem sozialer Gerechtigkeit oder dem der Erhaltung volkswirtschaftlicher Werte (z. B. Erhaltung von
Erholungsgebieten), abgestimmt werden. Der Wettbewerb
muß so geordnet werden, daß soziale Härten und Schäden
vermieden oder begrenzt werden[1]).

b. Förderung des wirtschaftlichen und technischen
   Fortschritts

Die Wettbewerbspolitik kann nicht davon ausgehen, daß
die Bedürfnisse, die Befriedigungsmittel und die Produktionstechnik gegeben und bekannt sind. Sie muß vielmehr
berücksichtigen, daß die Aufgabe gestellt ist, die Bedürfnisse der Wirtschaftssubjekte zu ermitteln, Kenntnisse über
die Befriedigungsmittel zu gewinnen und diese Kenntnisse
zu erweitern, d. h. neue Befriedigungsmittel und Produktionstechniken, kurz, wirtschaftliche und technische Fortschrittsmöglichkeiten zu ermitteln, zu verbreiten und zu
verwirklichen. Davon wurde schon gesprochen[2]).

In einem dezentralisierten Wettbewerbssystem stellt jedes
Unternehmen, das in bezug auf die Wahl der Produktionstechnik, des Standortes, in bezug auf das erzeugte Produkt,
die Festsetzung der Preise und der Absatzwege frei ist, eine
Entscheidungseinheit dar, die mit ihren Aktionen gleichsam
experimentiert und den optimalen Erfolg sucht. Je mehr
solcher Einheiten experimentieren, um so größer ist unter
sonst gleichen Umständen die Chance, daß die bestmögliche
Lösung des anstehenden Problems gefunden wird. Da sich
offenbar jene Unternehmen, die die größten Gewinne er-

[1]) Vgl. dazu auch die Ausführungen S. 156.
[2]) Vgl. dazu S. 46 ff.

zielen (gemeint sind nicht auf Marktmacht oder unlauterem Verhalten, sondern auf Leistungen beruhende Gewinne), den an sie gestellten Anforderungen am besten angepaßt haben und da die anderen im Wettbewerb liegenden Unternehmen diese Anpassungen imitieren müssen, um bestehen zu können, breitet sich der durch führende Unternehmen angeregte Fortschritt aus, der Fortschritt wird gleichsam sozialisiert, d. h. zum Gemeingut der Gesellschaft.

Der Wettbewerb soll also

1. das Wissen um die Bedürfnisse und die Befriedigungsmittel, über das Millionen von Wirtschaftssubjekten als Verbraucher und als Arbeitskräfte verfügen, das Wissen, das bei Tausenden von Kaufleuten, Ingenieuren und Unternehmen aufgespeichert ist, für die Gesellschaft verfügbar machen,

2. zur Anwendung dieses Wissens anreizen und

3. helfen, die beste Lösung einer Aufgabe in der Gesellschaft als allgemeine Lösung zu verbreiten.

Die Erreichung dieser Ziele hängt aber vom Konzentrationsgrad ab, d. h. von dem Gewicht eines Marktteilnehmers im Vergleich zu seinen Mitbewerbern. Für die optimale Erfassung der Bedürfnisse ist offenbar, soweit es sich um die Individualbedürfnisse handelt, die totale Dekonzentration der Entscheidung im Sinne freier Konsumwahl der Individuen die beste Methode, um die Produzenten über die Bedürfnisse und die Bedarfsdeckungswünsche der Verbraucher zu informieren. Die totale Dekonzentration der Unternehmen in dem Sinn, daß jede Wirtschaftseinheit so klein wie möglich ist, also alle Betriebe Ein-Mann-Betriebe sind, wäre aber offensichtlich für die Sammlung und Verwertung des Wissens über Produktionsmittel, Produktionstechnik, Produktionsstandort usw. nicht geeignet, weil die Fähigkeiten eines einzelnen, Wissen zu sammeln und zu verwerten, zu gering sind, um die beste Lösung finden zu können. Das heißt aber wiederum nicht, daß die Möglichkeiten der Wissenssammlung und -verwertung um so größer sind, je größer ein Unternehmen ist. Denn auch für den Zusammenhang zwischen Unternehmensgröße und Informationssammlung bzw. Wissenssammlung und -verwertung gilt das Gesetz abnehmender Ertragszuwächse, d. h. die Erträge der Sammlung und Verwertung von Wissen steigen nicht proportional mit der Unternehmensgröße, weil mit steigender Unternehmensgröße die Übersicht verloren gehen kann und die Aufgabe der Koordination im Unternehmen immer schwieriger wird. Vor allem aber ist zu bedenken, daß steigende Konzentration eine Verringerung der Zahl experimentierender Unternehmenseinheiten bedeuten muß. Dieser Auffassung widerspricht nicht die Tatsache, daß große Unternehmen wissenschaftliche Abteilungen haben, Marktforschung treiben und eine Vielzahl von Akademikern beschäftigen.

Die kostspieligen Informationseinrichtungen großer Unternehmen sind gerade deswegen nötig, weil die Unternehmen größer sind und ihr Wissen nicht mehr anders sammeln und verwerten können[1]). Die Informationsinstitutionen der Großunternehmen verbürgen noch lange nicht, daß diese die richtigen und die besseren Informationen und Kenntnisse sammeln und vermitteln. Selbst wenn sie aber diese besseren Kenntnisse hätten, wäre nicht verbürgt, daß sie diese Kenntnisse zum Nutzen der Gesellschaft verwerten, wenn sie nicht durch Wettbewerb dazu gezwungen werden. Ihre Größe macht es auf jeden Fall erforderlich, daß sie alle ihnen zugängliche Informationen sammeln. Ihre bei fehlendem Wettbewerb vorhandene Marktmacht aber schafft die Möglichkeit, daß sie nur jene Informationen verwerten, die die teilmonopolistische oder oligopolistische Stellung bzw. die Marktbeherrschung nicht gefährden. Im Gegensatz dazu ist bei Dekonzentration der Wirtschaft und bei Wettbewerb die Anwendung und Weitergabe des Fortschritts gesichert, denn wenn A den Fortschritt nicht erzielen und verwerten würde, würde es eben Z tun.

Damit soll nicht verkannt werden, daß die wirtschaftliche Entwicklung auch den Großunternehmen die Produk-

---

[1]) K. Borchardt, „Zur Problematik eines optimalen Konzentrationsgrades", in: Jahrbücher für Nationalökonomie und Statistik, Bd. 176, 1964, S. 129 ff.

tion technischen und wirtschaftlichen Fortschritts verdankt. Die Dekonzentration der wirtschaftlichen Entscheidungen durch Wettbewerb und die Verhinderung von Absprachen darüber, ob bestimmte Kenntnisse verwertet werden sollen oder nicht, müssen jedoch als generelle Ziele des Wettbewerbs im Vordergrund stehen. Sehr viel, auch die Erfahrung, spricht dafür, daß der Wettbewerb zu vielfältigeren und größeren wissenschaftlichen, technischen, wirtschaftlichen und zivilisatorischen Fortschritten führt als ein hoher Konzentrationsgrad. In den Fällen, in denen unternehmerische Zusammenarbeit der Gesellschaft größeren Nutzen bringt als die Dekonzentration, z. B. bei Normungsabsprachen, bei Kartellen zur Typenbereinigung oder bei Arbeitsgemeinschaften zur Entwicklung des technischen Fortschritts, kann die Wettbewerbspolitik Ausnahmen zulassen. Dabei ist aber besonders zu beachten, daß solche Arbeitsgemeinschaften, Normungs- und Typisierungskartelle nicht auch darüber befinden dürfen, ob und inwieweit das Wissen auch verwertet wird, wenn die Weitergabe wirtschaftlicher Vorteile sichergestellt werden soll.

c. Lenkung der Produktion durch die Wirtschaftssubjekte

In einer Marktwirtschaft soll der Wettbewerb — verstanden als ein System dezentralisierter Entscheidungen der Anbieter und Nachfrager, deren Pläne auf prinzipiell offenen Märkten ohne Marktmacht auf jeder der beiden Marktseiten durch frei zustande kommende Preise koordiniert werden — Richtung, Art und Umfang der wirtschaftlichen Aktivität lenken. Die Freiheit der miteinander im Wettbewerb um Kunden stehenden Produzenten und Händler soll in Verbindung mit der Möglichkeit, durch das Angebot qualitativ und preislich besserer Güter, allgemein durch die bessere Leistung, Gewinne zu erzielen, dafür sorgen, daß Produzenten und Händler sich bemühen, die Bedürfnisse der Verbraucher und die besten Bedarfsdeckungsmittel aufzuspüren, festzustellen und diese Bedürfnisse zu befriedigen.

Konsum- und Produktionsfreiheit als wesentliche Elemente des Wettbewerbs überlassen es den Anbietern von Gütern und Leistungen, das anzubieten, womit sie bei den Nachfragern den größten Erfolg und ihre Unternehmensziele am besten glauben erreichen zu können. Da den Nachfragern von seiten der Anbieter alternative Güter und Leistungen verschiedener Qualität zu verschiedenen Preisen angeboten werden und die Nachfrager die Wahl haben, für welche der angebotenen Alternativen sie sich entscheiden, wird die Produktion in eine den Verbraucherwünschen entsprechende Richtung gelenkt. Die Produktionsfreiheit, die Freiheit der Wahl der Absatzwege und die Konsumfreiheit sollen bewirken, daß viele Wirtschaftseinheiten jene Güter und Dienste anbieten und nachfragen können, von denen sie der Meinung sind, daß dadurch ihre wirtschaftliche Wohlfahrt erhöht wird. Was als wirtschaftliche Wohlfahrt anzusehen ist, entscheiden also primär die Nachfrager.

Der Wettbewerb überläßt es den Verbrauchern, selbst darüber zu entscheiden, mit Hilfe welcher Güter sie im Rahmen ihrer Einkommen ihre größte individuelle wirtschaftliche und damit auch die persönliche Gesamtwohlfahrt glauben erreichen zu können. Die Einschränkung „im Rahmen ihrer Einkommen" macht auf zweierlei aufmerksam. Erstens: aus sozialen Gründen muß eine Gesellschaft ihre wirtschaftlich nicht leistungsfähigen und leistungsschwachen Mitglieder mit einem Mindesteinkommen ausstatten, damit diese ein als akzeptabel angesehenes Wohlfahrtsminimum erreichen können; zweitens: da die Möglichkeiten, Nachfrage auszuüben und über die Nachfrage die Produktion zu beeinflussen, durch die Höhe des persönlichen Einkommens begrenzt sind und da die persönlichen Einkommen unterschiedlich hoch sind, ist der Lenkungseinfluß der Wirtschaftssubjekte unterschiedlich groß. Diese Unterschiede in den persönlichen Einkommen wurden jedoch in den mitteleuropäischen Industriegesellschaften stark reduziert. Sie sind nur in dem Maße weiter reduzierbar, in dem die Gesellschaftsmitglieder bereit sind, Leistungen unabhängig von der Höhe des Entgelts für diese Leistung abzugeben.

Wenn im Rahmen des persönlichen, verfügbaren Einkommens jeder selbst bestimmen kann, ob und wie er seine wirtschaftliche Wohlfahrt maximieren will, dann ist gleichzeitig ein Maximum an individueller wirtschaftlicher Wohlfahrt für alle Gesellschaftsmitglieder erreichbar. Dieses größte „Glück" der größten Zahl ist nicht mit dem gesellschaftlichen Wohlfahrtsoptimum identisch, sondern nur ein Teil der gesellschaftlichen Wohlfahrt. Gesellschaftliche Wohlfahrt ist nicht einfach die Summe der wirtschaftlichen Wohlfahrt der Individuen. Denn weder ist die gesellschaftliche Wohlfahrt gleichbedeutend mit der wirtschaftlichen Wohlfahrt der Gesellschaft noch ist die persönliche Wohlfahrt gleichbedeutend mit individueller wirtschaftlicher Wohlfahrt[1]). Wenngleich die wirtschaftliche Wohlfahrt der Individuen ihre persönliche Wohlfahrt nachhaltig, nach geschichtlicher Erfahrung im europäischen Kulturkreis sogar maßgeblich mitbestimmt, so ist die persönliche Wohlfahrt doch auch abhängig von den politischen Umweltbedingungen (z. B. von der persönlichen Freiheit, von der persönlichen Sicherheit, von der Freiheit der Meinungsäußerung, der Religionsausübung usw.) und von den sozialen Lebensbedingungen (z. B. von einem erfüllten Familienleben, von guten nachbarlichen, beruflichen und anderen sozialen Beziehungen, von Aufstiegschancen), insbesondere von der Lebenssicherheit (z. B. von der Freiheit von Existenzangst durch ein System sozialer Sicherung). Für altruistisch eingestellte Menschen hängt die persönliche Wohlfahrt auch von der Wohlfahrt anderer Menschen ab, wie das Engagement vieler Jugendlicher für sozial Schwache und für die Bevölkerung in Entwicklungsländern zeigt. Daher kann eine marktwirtschaftliche Ordnung nur zu größtmöglicher Wohlfahrt möglichst vieler beitragen, wenn diese Ordnung nicht ihrerseits die nicht-wirtschaftlichen Determinanten der persönlichen Wohlfahrt beeinträchtigt. Eine solche Beeinträchtigung ist aber mit einer marktwirtschaftlichen Wettbewerbsordnung nicht notwendig verbunden. Gerade eine

---

[1]) Vgl. dazu A. C. Pigou, „The Economics of Welfare", 4. Aufl., London 1962, S. 3 ff.

Wettbewerbsordnung vermag ein hohes Maß an sozialer Gerechtigkeit im Wirtschaftsleben herzustellen und das wirtschaftliche Fundament für ein leistungsfähiges System sozialer Sicherung zu gewährleisten. Eine sozial gebundene, marktwirtschaftliche Wettbewerbsordnung ist überdies eine notwendige Ergänzung für eine politische Ordnung mit einem Maximum an Freiheitsrechten der Bürger[1]).

Kein Anhänger des Konzepts der Sozialen Marktwirtschaft wird auch bestreiten, daß die gesellschaftliche Wohlfahrt nicht die Summe der wirtschaftlichen Wohlfahrt der Individuen ist. Denn die Wohlfahrt der Gesellschaft hängt auch von der Deckung gesellschaftlicher Grundbedürfnisse ab, wie z. B. von der äußeren und inneren Sicherheit, von der sozialen Infrastruktur (Kindergärten, Bildungseinrichtungen, Krankenhäuser, Einrichtungen der Jugend- und der Altenpflege), vom sozialen Frieden in der Gesellschaft, von der Existenz und Pflege des gesellschaftlichen Lebens in freien sozialen Gruppen und Gemeinschaften. Auch hier gibt es keine notwendigen und unaufhebbaren Widersprüche zwischen der Erfüllung dieser Grundbedürfnisse und einer Wettbewerbsordnung. Öffentliche Armut ist — wenn sie überhaupt in dem in der politischen Diskussion behaupteten Umfang besteht — nicht die unvermeidliche Kehrseite privaten Wohlstands, sondern Ergebnis mangelhaften politischen Gestaltungswillens oder unzureichender politischer Gestaltungsfähigkeit der Politiker.

Wenn die erwähnten gesellschaftlichen Grundbedürfnisse in einem von der Mehrheit für mindestens zufriedenstellend gehaltenen Umfang gedeckt sind und wenn die die individuelle Wohlfahrt determinierenden nicht-wirtschaftlichen Faktoren den Zielsetzungen der Gesellschaft entsprechend gestaltet sind, wird kaum ein anderes als das marktwirtschaftliche Wettbewerbssystem besser geeignet sein, die wirtschaftliche Wohlfahrt der Individuen und insofern auch die gesellschaftliche Wohlfahrt besser definieren und dem erreichbaren Maximum nahe bringen zu lassen — es sei denn, man hält die Auffassung für richtig, die Mehrheit der

---

[1]) Vgl. dazu S. 25 ff.

153

Bürger sei nicht mündig und aufgeklärt genug, selbst zu entscheiden, wie die persönliche Wohlfahrt zu definieren und wie diese mit Hilfe wirtschaftlicher Entscheidungen zu erreichen ist. Können andere Personen, z. B. Diktatoren, oder Personengruppen, z. B. Mitglieder des Klerus oder Parteiführungen oder aus Wissenschaftlern bestehende Gremien, überzeugend begründet beanspruchen, besser als die zunehmend mit mehr Wissen und Bildung ausgestatteten Gesellschaftsmitglieder zu wissen, wie die gesellschaftliche Wohlfahrt und wie die wirtschaftliche Wohlfahrt der Gesellschaft und ihrer Mitglieder zu definieren ist, um den Menschen eine Verwirklichung ihrer selbst zu ermöglichen?

Es ist letztlich die Auffassung, daß die Bürger nicht nur politisch, sondern auch wirtschaftlich mündig genug sind, um auch im wirtschaftlichen Bereich selbst zu entscheiden, wie sie ihr Einkommen verwenden, welche Güter sie in welchen Mengen verbrauchen oder erwerben wollen, auf welche Angebote der Produzentenseite sie eingehen wollen, die das Eintreten für eine freiheitliche Wirtschaftsordnung begründet.

Der Prozeß der Lenkung der Produktion durch die Verbraucherentscheidungen ist freilich verbesserungsfähig und verbesserungsbedürftig, auch wenn „der" Verbraucher nicht das durch die Werbung manipulierte, gegängelte, in die Irre geleitete und unter dem Konsumzwang leidende Wesen ist, als das ihn manche Systemkritiker gern zeichnen[1]). Bei nicht wenigen Anhängern des Mythos vom manipulierten Verbraucher ist die Arroganz politischer, kulturkritischer und schöngeistiger, echter und vermeintlicher Eliten gegenüber der Masse der Verbraucherschaft greifbar. Daß die Verbraucher auf ihre Rolle in einer marktwirtschaftlichen Ordnung durch wirtschafts- und sozialkundliche Information und durch die Weckung und Schärfung eines kritisch auswählenden und entscheidenden Bewußtseins besser vor-

---

[1]) Vgl. dazu G. Wiswede, „Der Mythos vom manipulierten Verbraucher", in: Jahrbuch der Absatz- und Verbrauchsforschung, 1972, S. 157 ff.

bereitet werden sollten, ist ebenso unbestreitbar wie die Notwendigkeit der Gesundheitsaufklärung, der Aufklärung über unlautere Geschäftspraktiken, des Erlasses und der Sicherung der Einhaltung von Qualitäts- und Sicherheitsvorschriften (insbes. bei Lebensmitteln und technischen Geräten) und die Notwendigkeit der verstärkten Verbreitung von Verbrauchertestergebnissen. Eine Verbraucherpolitik sollte also die Wettbewerbspolitik ergänzen. Letztlich aber ist eine konsequente Wettbewerbsordnungspolitik das schärfste Instrument, um zu verhindern, daß sich die Unternehmen der sozialen und wirtschaftlichen Kontrolle des Marktes entziehen und die Stellung der Verbraucher schwächen.

d. Sicherung ökonomischer und sozialer Stabilität

Ein weiteres Ziel, dem die Wettbewerbsordnung dienen bzw. das sie nicht gefährden soll, ist die Erreichung eines bestimmten Maßes an wirtschaftlicher und sozialer Stabilität, insbesondere die Verhinderung starker Einkommensschwankungen. Der Wettbewerb soll also nicht so intensiv sein, daß er z. B. laufende Beschäftigungsschwankungen und damit Arbeitslosigkeit auslöst oder daß z. B. die Einnahmen der Landwirtschaft laufenden Schwankungen unterworfen sind.

Sicher ist es Ziel des Wettbewerbs, daß — mittel- und langfristig gesehen — unwirtschaftlich arbeitende Betriebe aus dem Markt gedrängt werden, daß sie sich umstellen oder schließen müssen. Dieser Ausschaltungsprozeß soll sich aber „dosiert" und vor allem unter sozialen Aspekten kontrolliert vollziehen, so daß z. B. durch den Ausscheidungswettbewerb möglichst wenig selbständige Existenzen vernichtet und möglichst wenig Arbeitnehmer arbeitslos werden. Vor allem sollen sich Beschäftigungs- und Einkommensrückgänge eines Wirtschaftsbereiches nicht in andere Bereiche fortpflanzen und Krisen heraufbeschwören können. Deswegen z. B. ist die Möglichkeit, Arbeitskräfte zu

entlassen, beschränkt[1]), und deswegen auch werden —
neben anderen Gründen — die Preise im landwirtschaftlichen Sektor stabilisiert[2]).

e. Erreichung und Sicherung sozialer Gerechtigkeit

Dieses Ziel kann durch Wettbewerb in mehrfacher Weise
gefördert werden:

1. Indirekt und unabhängig davon, ob sich eine Gesellschaft für den Grundsatz der Leistungs- oder der Bedarfsgerechtigkeit entscheidet. Wenn der Wettbewerb nämlich zu
einem größeren Sozialprodukt führt als ein anderes Organisationsprinzip, steht mehr für soziale Umverteilungs-
zwecke zur Verfügung.

2. Wenn sich eine Gesellschaft primär zu einer durch die
Bedarfsgerechtigkeit ergänzten Leistungsgerechtigkeit be-
kennt, fördert der funktionsfähige Wettbewerb die Gerechtigkeit, soweit er die Einkommen nach dem produktiven
Beitrag der einzelnen Faktoren zur Entstehung des Sozialproduktes verteilt. Da dieses Ziel aber nur in dem Maße
erreicht wird, in dem Nichtleistungsgewinne eliminiert werden, muß die Wettbewerbspolitik versuchen, die Entstehung
von Nichtleistungsgewinnen zu verhindern oder sie zu beseitigen, z. B. durch die Verwirklichung jener realisierbaren
Marktformen, in denen die vergleichsweise geringsten
Marktformengewinne anfallen. Die Wettbewerbspolitik
muß weiter den Zugang zu allen Märkten offen halten,
damit vorhandene oder entstehende Nichtleistungsgewinne
durch neue Wettbewerber verringert oder ausgeschaltet
werden. Schließlich müssen Monopole, marktbeherrschende
Unternehmen und Märkte ohne nennenswerten Wettbewerb
kontrolliert werden.

3. Das Ziel sozialer Gerechtigkeit wird durch den Wettbewerb außerdem gefördert, soweit er eine Leistungsabgabe

[1]) Vgl. dazu S. 236 f.
[2]) Vgl. dazu S. 221 ff.

zu niedrigst-möglichen Preisen erzwingt (und damit das Realeinkommen erhöht) und soweit Leistungsgewinne vor neuen Mitbewerbern, vor der Einführung neuer Produktionstechniken und neuer Produkte gesetzlich entweder überhaupt nicht oder nur zeitlich befristet geschützt werden.

Allerdings empfiehlt sich ein zeitlich befristeter Schutz von Leistungsgewinnen, weil sich die Unternehmen zur Einführung neuer Produktionstechniken und neuer Produkte leichter entschließen, wenn sie — z. B. durch Patentschutz — damit rechnen können, ihren Vorsprung gegenüber den Konkurrenten einige Zeit halten und sogenannte Pioniergewinne erzielen zu können, die vor einer kurzfristigen Eliminierung durch den Imitationswettbewerb geschützt sind.

4. Soziale Gerechtigkeit ist nicht nur Verteilungsgerechtigkeit. Sie schließt auch die Forderung an den Staat ein, die Rechte und Leistungen, die Lasten und Pflichten, die er seinen Bürgern gewährt bzw. auferlegt, gleichmäßig zu verteilen. Gleiches Recht für alle bedeutet im Wirtschaftsleben, daß alle das Recht haben müssen, soziale und berufliche Stellungen entsprechend ihrer Eignung und Begabung anzustreben und bei entsprechenden Leistungsnachweisen einzunehmen. Auch dieses der Forderung nach sozialer Gerechtigkeit entsprechende Recht besteht nur, wenn nicht andere als qualitative Zugangssperren bzw. Zugangshindernisse zu den Märkten bestehen, wenn es nicht in der Hand eines Verbandes, einer Zunft oder einer Behörde liegt, die Zahl der Lehrlinge, die zu einem Beruf zugelassen werden, oder die Zahl der in einem bestimmten Beruf Tätigen zu begrenzen, also von Bedürfnisprüfungen abhängig zu machen. Auch hier ist es also der Wettbewerb, der jedem die Chance einräumt, gleichberechtigt mit anderen seine beruflichen und seine Erwerbschancen wahrzunehmen.

Da das Ausmaß der Chancen von den Startbedingungen, z. B. von der Qualität der Schulbildung und der beruflichen Bildung und damit von den Bildungschancen, abhängt, verlangt eine am Ziel sozialer Gerechtigkeit orientierte Politik eine möglichst weitgehende Angleichung der Startchancen. Besondere Bedeutung kommt dabei der Bildungspolitik zu[1]).

5. Schließlich kann eine Wettbewerbsordnung noch dadurch zur Förderung des Ziels sozialer Gerechtigkeit beitragen, daß sie das schwierigste Problem bei der Verwirklichung einer gerechten Gesellschafts- und Wirtschaftsordnung löst. Dieses Problem besteht darin, zu definieren, was unter Gerechtigkeit verstanden werden soll, unter welchen Bedingungen sie als erreicht gelten soll. Seit Platon und Aristoteles wird eine Ordnung als gerecht bezeichnet, wenn sie den Grundsatz verwirklicht: suum cuique. Mit diesem formalen Prinzip ist aber so lange nichts gewonnen, als nicht bestimmt ist, was dem einzelnen, sozialen Gruppen und dem Staat gebührt. Was beispielsweise ist ein gerechter Preis? Wann ist ein Lohn ein gerechter Lohn? Unter welchen Bedingungen ist die Einkommens- und Vermögensverteilung als gerecht anzusprechen? Die Vorstellungen über gerechte Preise, gerechte Löhne und eine gerechte Einkommensverteilung divergieren zwischen den Individuen, zwischen sozialen und politischen Gruppen. Wir verfügen bisher nur über Kriterien, um die sogenannte relative Gerechtigkeit abzugrenzen. So wird es in unserer Gesellschaft allgemein als ungerecht angesehen, wenn für ein gleiches Gut verschiedene Preise bezahlt werden müssen oder wenn ein objektiv gleiches Arbeitsergebnis ungleich entlohnt wird (obwohl bei gleichem Lohn für das gleiche Arbeitsergebnis die unterschiedlichen subjektiven Aufwendungen an Energie, Talent, Fleiß usw. nicht gleich abgegolten werden). Allgemein werden als ungerecht auch Monopolgewinne beurteilt, weil sie nicht leistungsgebunden sind, weil sie gleichsam „unverdient" anfallen. Ob aber gleiche Preise für gleiche Güter, gleicher Lohn für gleiche Arbeit oder reine Leistungsgewinne jeweils für sich genommen, ihrer absoluten Höhe nach, gerecht sind, ist wissenschaftlich nicht feststellbar.

Kein einzelner Mensch und keine menschliche Instanz sind im Besitz einer für alle verbindlichen, weil logisch

[1]) Vgl. dazu S. 283 ff. (Ausbildungsförderung).

zwingenden Erkenntnis, was Gerechtigkeit ist. Daher scheint es z. B. für die Bestimmung gerechter Preise und Löhne am sinnvollsten zu sein, nach Bewertungssystemen zu suchen, die die subjektiven Wert- und Unwertvorstellungen möglichst vieler Gesellschaftsmitglieder aufnehmen und widerspiegeln. *Ein solches Bewertungssystem aber ist ein möglichst freies Preissystem, das wiederum Wettbewerb voraussetzt.* Wohlgemerkt: es ist das relativ beste uns zur Verfügung stehende System, ein zweifellos unvollkommenes und schon deshalb ergänzungsbedürftiges System, weil viele Güter und Leistungen, wie z. B. die von Beamten, Richtern, Lehrern usw., nicht auf freien Märkten angeboten werden können und weil von Natur aus Benachteiligte in einem solchen, auf die wirtschaftliche Leistungsfähigkeit abstellenden System nicht zum Zuge kommen würden. Es ist aber trotz dieser Mängel und der Ergänzungsbedürftigkeit des Systems nicht verkennbar, daß die Tendenz zur Verringerung der Gewinne, die Notwendigkeit der Wettbewerber, Alternativen zu offerieren, die soziale Kontrolle der wirtschaftlichen Betätigung im Wege der Honorierung von Leistungen und der Bestrafung falschen Verhaltens durch Verluste und die Möglichkeit, subjektive Wertvorstellungen im Markt zur Geltung zu bringen, die Erreichung des Zieles der Gerechtigkeit fördern.

Gerade weil wir nicht wissen, was absolute Gerechtigkeit ist, und weil niemand für sich beanspruchen kann, eine für alle verbindliche Gerechtigkeitsvorstellung zu haben, muß in einer Gesellschaft, die so gerecht wie möglich sein will, dem einzelnen das Selbstbestimmungsrecht, die Berufsfreiheit, die Freiheit der Arbeitsplatzwahl, die Freiheit, sich zu entfalten, die Freiheit, Verträge zu schließen, eingeräumt und der wirtschaftliche sowie der politische Willensbildungsprozeß dezentralisiert werden. Gleichzeitig muß die Möglichkeit geschaffen werden, daß alle Bürger ihren Vorstellungen über eine gerechte Gesellschafts- und Wirtschaftsordnung nicht nur im Rahmen einer Wettbewerbsordnung Ausdruck geben können, sondern daß sie im Wege des demokratischen Willensbildungsprozesses ihr Votum über die ihnen gerecht erscheinende Gesellschafts- und

Wirtschaftsordnung abgeben. Über den politischen Bereich kann die Wettbewerbsordnung auf die vorherrschende Gerechtigkeitsvorstellung abgestimmt werden.

Da kein Mensch und keine menschliche Instanz im Besitz einer für alle verbindlichen Vorstellung über soziale Gerechtigkeit ist, gilt: wenn politische und wirtschaftliche Freiheit existieren — wohlgemerkt eine geordnete, sozialverpflichtete Freiheit — ist die Wahrscheinlichkeit, eine gerechte Ordnung verwirklichen zu können, größer als in einem Gesellschaftssystem, in dem die Ziele der Gesellschaft, die Betätigung der Menschen, die Produktion, die Löhne, die Preise zentral fixiert werden und in dem die Bestimmung des Wohlfahrtsoptimums nicht über das Instrument des Wettbewerbs als einem Koordinationsinstrument der Einzelwillen erfolgt.

2. Außenwirtschaftliche Ziele

Die Ziele der Wettbewerbsordnung können in einer Volkswirtschaft nicht unabhängig von den außenwirtschaftlichen Verhältnissen formuliert werden. Das gilt besonders für eine so stark außenwirtschaftsabhängige Volkswirtschaft wie es die deutsche ist. Außenwirtschaftspolitisch ist der Wettbewerbsordnung das Ziel gesetzt, die internationale Wettbewerbsfähigkeit der Wirtschaft zu sichern. Je funktionsfähiger die Wettbewerbsordnung eines Landes ist, um so größere Preis- und Qualitätsvorsprünge wird dieses Land gegenüber anderen Volkswirtschaften haben, um so schneller und besser wird es sich an Veränderungen außenwirtschaftlicher Größen, z. B. an Änderungen der Wechselkurse oder der Preise der Außenhandelsgüter, anpassen können. Die Sicherung einer funktionsfähigen Wettbewerbsordnung im Inneren liegt daher für ein außenwirtschaftlich abhängiges, in die internationale Arbeitsteilung stark verflochtenes Land im Interesse der Behauptung und des Ausbaues seiner außenwirtschaftlichen Position, die ja wiederum die Entwicklungsmöglichkeit im Inneren entscheidend bestimmt. Die Wettbewerbsordnung soll eine

Volkswirtschaft also im Wettbewerb mit ausländischen Konkurrenten auf den Auslands- wie auf den Inlandsmärkten konkurrenzfähig machen.

Eine Durchbrechung des Prinzips der Wettbewerbsfreiheit erscheint vertretbar, ja teilweise geboten, wenn die Konkurrenten inländischer Unternehmen — sei es auf Auslands- oder auf Inlandsmärkten — nicht ebenfalls nach dem Prinzip der Wettbewerbsfreiheit handeln. So kann es z. B. sein, daß deutsche Unternehmen in einem Land, in das in Drittländern beheimatete Kartelle oder Monopole exportieren, nur erfolgreich konkurrieren können, wenn sie sich ebenfalls zu einem Kartell zusammenschließen, das über das angebotene Sortiment, über eine gemeinsame Werbung, gemeinsame Absatzorganisationen, die gemeinsame Erschließung von Märkten und die Rationalisierung des Exports berät und beschließt. Oder es ist der Fall denkbar, daß deutsche Importeure auf den Auslandsmärkten staatlichen Handelsorganisationen, Monopolen oder Kartellen gegenüberstehen. Ein deutsches Importkartell kann die geeignete Gegenmaßnahme sein.

3. Nicht-wirtschaftliche Ziele

Eine Wettbewerbsordnung soll nicht nur wirtschaftliche, sondern auch nicht-wirtschaftliche Ziele verwirklichen helfen, z. B. das Ziel, eine freiheitliche, auf den freien Entscheidungen der Individuen beruhende und ihnen eine freie Entfaltung ihrer Persönlichkeit ermöglichende Gesellschaftsordnung aufzubauen. Die Wettbewerbsordnung eignet sich deshalb als Mittel zu diesem Ziel, weil sie auf den Prinzipien der Freiheit der Berufs- und Arbeitsplatzwahl, der Freiheit der wirtschaftlichen Betätigung der Unternehmer, der Verbraucher und der Anbieter von Arbeitskraft sowie auf dem Recht weitgehend freier Verwertung und Nutzung des Privateigentums, wirtschaftlicher Talente und Fähigkeiten beruht. Insofern wird der Wettbewerbsordnung in vielen westlichen Gesellschaften ein nicht-wirtschaftlicher Eigenwert zugeschrieben.

Die der Konzeption der Sozialen Marktwirtschaft zugrundeliegende Wettbewerbsvorstellung wurde von Kritikern[1]) als eine Utopie bezeichnet, weil sie auf der Wettbewerbstheorie der sogenannten Freiburger Schule aufbaut, die wiederum — jedenfalls in ihrer ursprünglichen Form — den Preiswettbewerb in den Vordergrund rückte und als wünschenswerte Marktform die der vollständigen Konkurrenz in den Vordergrund stellte. Diese Marktform ist gekennzeichnet durch eine große Zahl von Anbietern und Nachfragern, so daß kein Marktteilnehmer Einfluß auf den Preis zu haben glaubt und ihn gleichsam als Datum dem Markt entnehmen muß. Diese Marktform ist aber auf der überwiegenden Zahl der Märkte nicht realisierbar. Auch der Preiswettbewerb spielt in der Realität nicht die dominierende, ihm von der Theorie zugedachte Rolle. Vielmehr wird von vielen Unternehmen statt mit dem Preis lieber mit der Produktqualität, mit neuen Produkten, mit den Zahlungs- und Lieferbedingungen sowie durch Reklame geworben. Diese Einwände gehen an der Wettbewerbsvorstellung vorbei, die der Wettbewerbsordnung des Ordoliberalismus und der Wettbewerbsordnung in der Bundesrepublik zugrunde liegt. In der Regierungsbegründung zum Gesetz gegen Wettbewerbsbeschränkungen heißt es zwar u. a.: „daß der Staat nur insoweit in den Marktablauf lenkend eingreifen soll, wie dies ... zur Überwachung derjenigen Märkte erforderlich ist, auf denen die Marktform des vollständigen Wettbewerbs nicht erreichbar ist"; der Gesetzgeber hat aber ein Gesetz verabschiedet, das keinesfalls auf die Utopie einer vollständigen Konkurrenz bezogen ist.

Die Wettbewerbsdefinition, die dem der Sozialen Marktwirtschaft zugrundeliegenden Wettbewerbsgedanken entspricht, lautet wie folgt: wirtschaftlicher Wettbewerb, der die im obigen Zielsystem enthaltenen Ziele zu erreichen in der Lage ist, ist dadurch gekennzeichnet, daß (1.) *selbstän-*

---

[1]) Vgl. z. B. F. Ottel, „Zwei Jahre deutsche Kartellpolitik, Wettbewerb — Modell oder Wirklichkeit?", Frankfurt 1960, insbes. S. 65 ff.

dig entscheidende Wirtschaftssubjekte oder Wirtschaftseinheiten (2.) gleiche oder ähnliche Produkte bzw. Leistungen *ihrer* Wahl zu Preisen *ihrer* Wahl anbieten bzw. nachfragen und (3.) sich bemühen, das eigene Angebot dadurch anziehender als das der Mitbewerber zu gestalten, daß sie *eines, mehrere oder alle erlaubten Instrumente des Wettbewerbs* wie Preis, Preisbestandteile (Rabatte), Qualität und Nebenleistungen (Service, Werbung, Konditionen, Verpackung) einsetzen.

Welche Mittel in der Bundesrepublik eingesetzt werden, um die Ordnung der Märkte durch Wettbewerb und die Ordnung des Wettbewerbs sicherzustellen, ist nun zu zeigen. Wir beginnen mit den wettbewerbsordnenden Gesetzen.

B. WETTBEWERBSORDNENDE GESETZE[1])

Der Wettbewerb, soziologisch von Leopold von Wiese definiert als „das soziale Verhältnis zwischen das gleiche Ziel anstrebenden Einzelwesen, Gruppen oder abstrakten Kollektiva . . ."[2]), bedarf, wie jede zwischenmenschliche Beziehung, der Ordnung. Wettbewerb ist — soziologisch gesehen — eine Beziehung des Nebeneinander, des Parallelkampfes, nicht des Miteinander oder des Gegeneinander. Wo aber Knappheit gegeben ist und nicht alle das gleiche Ziel erreichen können, bedeutet ein Mehr für den einen immer ein Weniger für den anderen. Aus diesem Umstand kann sich leicht Gegnerschaft und Feindseligkeit ergeben. Der Versuch, durch unlautere, den Geschäftsgewohnheiten der Gesellschaft und den guten Sitten widersprechende Mittel die Mitbewerber an der Erreichung des Zieles zu hindern, um sich selbst einen Vorsprung zu sichern, ist nahe-

---

[1]) Vgl. zu allen in diesem Abschnitt skizzierten Gesetzen Baumbach-Hefermehl, „Wettbewerbs- und Warenzeichenrecht", 11. Aufl., München 1974, Bd. I (Wettbewerbsrecht) bzw. den 1969 in der 10. Aufl. erschienenen Bd. II (Warenzeichenrecht).

[2]) L. v. Wiese, Art. „Konkurrenz", in: Handwörterbuch der Staatswissenschaften", 4. Aufl., S. 826.

liegend. Wie im Wettbewerb die Tendenz zum Konflikt steckt, so auch die Möglichkeit, den permanent Höchstleistungen erfordernden und daher oft als lästig empfundenen Wettbewerb durch Kooperation auszuschalten und die soziale Beziehung des Nebeneinander in eine Beziehung des Miteinander (z. B. durch Kartellbildung oder Absprachen zur Vermeidung des Wettbewerbs) zu transformieren.

Da sich somit einerseits „die Einzelwirtschaften auf Wettbewerbsmärkten dem ständig wirksamen Zwang zur Anpassung und Leistungssteigerung durch Kartellabsprachen oder sonstige den Wettbewerb beschränkende Vereinbarungen und Handlungen zu entziehen suchen, um ihre einzelwirtschaftlichen Interessen ungestörter und leichter — d. h. aber zu Lasten der Sozialinteressen — verwirklichen zu können", und da andererseits „die gleichen Interessen immer wieder danach streben, sich im Kampf um die Erwerbschancen Vorteile zu verschaffen, die nicht auf einem Leistungsvorsprung beruhen"[1], erfordert eine Ordnung des Wettbewerbs zweierlei, nämlich Normen zur Ausgestaltung der Qualität des Wettbewerbs und zum Schutz seiner Qualität und Normen zum Schutz der Existenz des Wettbewerbs.

1. Gesetze zur Ausgestaltung der Qualität des Wettbewerbs und zum Schutz seiner Qualität

a. Das Gesetz gegen den unlauteren Wettbewerb[2]

Dieses Gesetz hat die Aufgabe, die Lauterkeit des Wettbewerbs zu sichern. Es schützt einerseits den Wettbewerber vor unlauteren Wettbewerbshandlungen seiner Mitbewerber, andererseits auch die Vertragskontrahenten auf der Marktgegenseite. Es verbietet, insbesondere durch die Generalklausel des § 1, zu Zwecken des Wettbewerbs die Vor-

---

[1] G. Gutmann, H. J. Hochstrate, R. Schlüter, a. a. O., S. 64.
[2] Die erste Fassung des UWG stammt aus dem Jahre 1909, sie wurde zuletzt geändert durch Gesetz vom 10. 3. 1975.

nahme von Handlungen, die gegen die guten Sitten verstoßen. Zuwiderhandelnden kann eine Schadenersatzpflicht auferlegt werden.

Als unlauter gilt eine Wettbewerbshandlung, wenn sie sittlich zu mißbilligen ist, wobei vom Anstandsgefühl des verständigen Durchschnittsgewerbetreibenden auszugehen ist.

Als unlauter gelten beispielsweise:

— eine Beeinflussung des Kunden durch Täuschung und irreführende Angaben;

— die Nachahmung fremder Kennzeichen;

— die Zusendung unbestellter Ware, die den Empfänger in eine unzumutbare Zwangslage bringt;

— vergleichende Werbung, die kritisierend auf Mitbewerber Bezug nimmt, weil sich dann der Werbende unter dem Anschein der Sachlichkeit zum Richter in eigener Sache aufwirft;

— die Behauptung und Verbreitung nicht erweislich wahrer Tatsachen über Mitbewerber;

— Boykott, d. h. die auf Veranlassung eines Dritten erfolgte Absperrung eines Wirtschaftssubjektes vom üblichen Geschäftsverkehr;

— eine Preisunterbietung bei gesetzlich zulässigen Preisbindungen, weil sich hier Unterbietende unter Ausnutzung der Gesetzes- und Vertragstreue der Mitbewerber diesen gegenüber einen Vorsprung verschaffen;

— eine Preisunterbietung unter bestimmten Umständen.

Der Fall der unlauteren Preisunterbietung ist besonders interessant. Die Preisunterbietung gehört zum Wesen des Preiswettbewerbs. Sie kann daher nicht allein deswegen unlauter sein, weil sie zur Verdrängung von Mitbewerbern aus dem Markt führt oder weil sie nur durch Verkauf unter Selbstkosten möglich ist. Unlauter kann eine Preisunterbietung sein, wenn sie in der Absicht vorgenommen wird, den Mitbewerbern die Teilnahme am Wettbewerb unmöglich zu machen. Das ist z. B. anzunehmen, wenn sich die

Preisunterbietung nur gegen einen bestimmten, nicht gegen alle Konkurrenten richtet oder wenn ein Preisbrecher systematisch mit dem Ziel unterboten wird, ihn aus dem Markt zu drängen, um sich dem Wettbewerb dieses Preisbrechers zu entziehen. Eine Preisunterbietung kann aber nur durch die Würdigung aller Umstände der Preisunterbietung als lauter oder unlauter beurteilt werden[1]). Für die Würdigung müssen u. a. herangezogen werden der Beweggrund, der Inhalt und die Wirkungen der Unterbietung.

Das UWG läßt sich charakterisieren als ein Gesetz, das den Leistungswettbewerb schützt, den Nichtleistungswettbewerb aber untersagt und bekämpft.

b. Das Rabattgesetz[2])

Das Rabattgesetz regelt die Höhe zulässiger Rabatte an Letztverbraucher. Sie sind im allgemeinen auf maximal 3 % begrenzt. Sinn des Gesetzes ist es, den Verbrauchern einwandfreie Preisvergleiche zu ermöglichen. Preisvergleiche würden gestört, wenn die Endverkaufsrabatte erheblich voneinander abweichen würden, zumal für die Anbieter von Waren zwar eine Preisauszeichnungspflicht, nicht aber eine Rabattauszeichnungspflicht besteht. Eine Zulassung unbegrenzten Rabattwettbewerbs würde zu einem Rabattwettbewerb anstelle eines Preiswettbewerbs führen. Der Verbraucher müßte, um Angebote miteinander vergleichen zu können, „Rabatterkundung" (Gutmann) treiben. Ein Angebotsvergleich würde noch schwieriger werden, als er es wegen der für Einkäufe zur Verfügung stehenden knappen Zeit, wegen der räumlichen Trennung der Einzelhandelsgeschäfte, wegen der mangelnden Sachkunde der Nachfrager und wegen der nicht gerade bestechenden Sachkunde vieler Verkäufer an sich schon ist. Ein unbegrenzter Rabattwettbewerb wäre außerdem nur möglich, wenn vorher die Bruttopreise entsprechend erhöht worden wären. Damit

[1]) Zur Preisunterbietung vgl. W. Fikentscher, „Die Preisunterbietung im Wettbewerbsrecht", 2. Aufl., 1962.
[2]) Zuletzt geändert am 2. 3. 1974.

aber dürfte der Rabattsatz nicht mehr eine reale Leistung darstellen, sondern nur noch optisch eine Leistung vortäuschen und die Verbraucher leicht irreführen.

c. Die Zugabeverordnung[1])

In ähnlicher Weise wie das Rabattgesetz sicherstellen will, daß Preis und Qualität vorherrschendes Wettbewerbsmittel bleiben und nicht durch Nebenleistungen verschleiert werden, dient die Zugabeverordnung der Verhinderung einer Verschleierung der Hauptleistung durch die Gewährung von Nebenleistungen in Form von Zugaben. Daher müssen Zugaben in einem angemessenen Verhältnis zu den Hauptleistungen stehen und sind nur in bestimmten Fällen zulässig. Eine Zugabe ist eine Ware oder Leistung, die ohne besondere Berechnung neben einer Hauptware aus freien Stücken angekündigt oder gewährt wird, um den Absatz der Hauptware oder Leistung zu fördern. Daß die Zugabe nicht gesondert berechnet wird, besagt keinesfalls, daß sie unentgeltlich erfolgt, weil niemand im Geschäftsleben etwas verschenken kann. Zugaben erwecken also nur den Eindruck einer Vergünstigung. Wenn sie als Wettbewerbsmittel unbeschränkt zulässig wären, würde auch hier — wie durch unbeschränkten Rabattwettbewerb — der Wettbewerb verfälscht, weil er dann nicht auf die Hauptleistung konzentriert wäre.

Der Zugabeverordnung widerspricht es nicht, wenn z. B. beim Kauf von Spielwaren Luftballons oder beim Kauf von Anzügen Kleiderbügel als Zugabe gegeben werden, wohl aber, wenn eine Autofirma Fahrräder oder Taschenuhren zugibt.

d. Das Warenzeichengesetz[2])

Eine wettbewerbspolitisch besonders interessante Aufgabe hat das Warenzeichengesetz. Es gewährt nämlich dem In-

[1]) Zuletzt geändert am 2. 3. 1974.
[2]) Zuletzt geändert am 9. 12. 1974.

haber eines Warenzeichens oder einer Marke einen Schutz vor Nachahmung und Mißbrauch dieses Zeichens durch andere. Sinn des Warenzeichens ist es, die Herkunft einer das Warenzeichen tragenden Ware für den Abnehmer eindeutig feststellbar zu machen. Damit wird dem Abnehmer gleichzeitig eine Gewähr für die Herkunft und den Ursprung der Ware gegeben. Da die Abnehmer aus einem Warenzeichen auf mindestens gleichbleibende Beschaffenheit einer Ware schließen und da ein Warenzeichen eine Ware aus der Anonymität heraushebt, bewirkt es, daß sich mit einer Ware Qualitätsassoziationen verbinden können. In diesen drei Funktionen, nämlich der Herkunftsfunktion, der Garantiefunktion und der Werbefunktion eines Warenzeichens oder einer Marke liegt ein wirtschaftlicher Wert. Dieser Vermögenswert wird gesetzlich geschützt. Damit hat der Gesetzgeber die Grundlage dafür geschaffen, daß die Unternehmer ihre Waren und Leistungen von gleichartigen, aber nicht identischen Waren und Leistungen unterscheiden, abheben, differenzieren und durch die mit dem Warenzeichen verbundenen Qualitätsassoziationen und Werbeeffekte gesetzlich geschützte Präferenzen aufbauen können. Wettbewerbspolitisch formuliert heißt das: das Warenzeichengesetz fördert und schützt den Aufbau monopolistischer Bereiche, es legalisiert die monopolitische Konkurrenz, läßt die Schaffung von Marktunvollkommenheiten zu und erleichtert durch den Schutz von Warenzeichen den Qualitätswettbewerb. Deswegen wird das Warenzeichenrecht aus gutem Grund zum Recht der gesetzlichen, d. h. der gesetzlich zulässigen und gesetzlich geförderten Monopole gerechnet.

Eine ganz ähnliche Funktion hat das Patentgesetz.

e. Das Patentgesetz[1])

Nach § 1 des Patentgesetzes werden Patente für neue Erfindungen erteilt, die eine gewerbliche Verwertung gestatten. „Das Patent hat die Wirkung, daß allein der

[1]) Zuletzt geändert am 3. 12. 1976.

Patentinhaber befugt ist, gewerbsmäßig den Gegenstand der Erfindung herzustellen, in Verkehr zu bringen, feilzuhalten oder zu gebrauchen. Ist das Patent für ein Verfahren erteilt, so erstreckt sich die Wirkung auch auf die durch das Verfahren unmittelbar hergestellten Erzeugnisse" (§ 6). Ein Patent dauert, wenn nicht der Patentinhaber vorher seine Löschung beantragt, 18 Jahre (§ 10).

Die wirtschaftliche Bedeutung dieses Gesetzes besteht darin, daß einem Erfinder oder dem Eigentümer einer Erfindung für maximal 18 Jahre ein gesetzlich geschütztes Monopol zur Verwertung seiner Erfindung oder seines Verfahrens eingeräumt wird. Dieses Monopol kann nur aufgehoben bzw. abgeschwächt werden:

1. wenn der Patentinhaber seine vorzeitige Löschung beantragt;

2. wenn die Bundesregierung nach § 8 des Gesetzes anordnet, daß die Erfindung im Interesse der öffentlichen Wohlfahrt benutzt werden soll oder wenn sie feststellt, daß die Erfindung die Interessen der Sicherheit des Bundes berührt;

3. wenn der Patentinhaber nach § 14 sich aus eigener Initiative zur Lizenzerteilung bereit erklärt und Dritten gegen Gebühr die Benutzung des Patents einräumt;

4. wenn die Erlaubnis zur Benutzung des Patents durch einen anderen im öffentlichen Interesse geboten ist, kann nach § 15 einem anderen, der in der Lage ist, eine angemessene Vergütung zu zahlen, die Befugnis zur Benutzung des Patents zugesprochen werden.

Es drängt sich die Frage auf, was den Gesetzgeber veranlassen kann, und zwar denselben Gesetzgeber, der Monopole bekämpft und kontrollieren will, der bemüht ist, die marktbeherrschenden Unternehmen unter Kontrolle zu bringen und ökonomische Machtpositionen zu verhindern oder einzudämmen, Erfindern das Recht auf Errichtung und Nutzung eines Monopols einzuräumen. Motive für den Patentschutz sind: die Belohnung der Erfinder und der die Erfindung ökonomisch verwertenden Unternehmer; der Schutz der geistigen Arbeit; die Anerkennung der Prioritätsrechte des Erfinders; die Schaffung von wirtschaftlichen Anreizen, die Leistungen hervorrufen und zu ihrer ökonomischen Verwertung ermutigen.

Damit wird das Patent zu einem Instrument der Förderung des Fortschritts. Der Gesetzgeber ist sich der Tatsache bewußt, daß der Leistungswettbewerb nur dann zur Suche nach Fortschrittsmöglichkeiten und zu ihrer Anwendung führt, wenn die Neuerer davor geschützt sind, daß ihr Vorsprung sofort oder sehr bald durch Nachahmung erheblich verringert oder gänzlich beseitigt wird. Andererseits trägt die zeitliche Befristung des Patentschutzes dem Ziel der Gesellschaft Rechnung, die Beschränkung der Anwendung des patentierten Fortschritts nicht zu verewigen, also den technischen Fortschritt zu sozialisieren. Ein weiterer Druck auf die Aufgabe des gesetzlich eingeräumten Monopols wird durch die hohen Gebühren des Patentschutzes ausgeübt. Sehr viele Patente werden von den Patentinhabern selbst vorzeitig gelöscht.

Es ist allerdings eine wirtschaftspolitisch offene Frage[1]), wie weit dieser Patentschutz gehen soll. Diese Lösung der Frage des Patentschutzes bedeutet letztlich eine bestimmte Lösung eines Zielkonflikts. Denn während einerseits durch den Patentschutz die Ziele des Schutzes der geistigen Arbeit, des Erfinderschutzes und das Ziel der Förderung technischen und wirtschaftlichen Fortschritts begünstigt werden können, wird andererseits durch einen zu weitgehenden Patentschutz der Wettbewerb gehemmt, die Entstehung von Monopolen, von marktbeherrschenden Unternehmen und die Konzentration gefördert. Angesichts der Tatsache, daß heute wegen der im Vergleich zu früher viel größeren Märkte und weit größeren Massenkaufkraft Patente sich wesentlich schneller amortisieren dürften, schiene eine Verkürzung der Maximalzeit des Patentschutzes von 18 auf 10 bis 12 Jahre vertretbar, ohne daß dadurch der technische Fortschritt gebremst würde.

[1]) Vgl. dazu F. Machlup, Art. „Patentwesen", in: „Handwörterbuch der Sozialwissenschaften", Stuttgart-Tübingen-Göttingen 1964, Bd. 8, S. 231 ff.

Die eben skizzierten Gesetze zeigen, daß der Wettbewerb in der Bundesrepublik folgende Qualitätsmerkmale aufweisen soll:

1. Lauterkeit;
2. Konzentration auf den Preis- und Qualitätswettbewerb;
3. Klarheit der angebotenen Leistung, und zwar
   a) in bezug auf den Preis und
   b) in bezug auf die Unterscheidbarkeit der Angebote verschiedener Firmen;
4. Produktdifferenzierung mittels rechtlich geschützter Warenzeichen und Marken;
5. beschränkte Wettbewerbsminderung durch die Schaffung gesetzlicher, auf Warenzeichen und Patente beschränkter Monopole oder monopolähnlicher Stellungen.

2. Rechtliche Mittel zum Schutz der Existenz des Wettbewerbs[1])

Eine Vielzahl wettbewerbspolitischer Zielsetzungen und die in der Bundesrepublik dominierenden Mittel zum Schutz des Wettbewerbs haben ihren Niederschlag in dem am 27. 7. 1957 verabschiedeten „Gesetz gegen Wettbewerbsbeschränkungen" gefunden, das nach mehreren Änderungen in den Jahren 1966 und 1973 novelliert wurde[2]). Es ist in Deutschland ohne Vorläufer und brach mit einer jahrzehntelangen Kartellrechtstradition.

Bis zum 1. 11. 1923 bestand in Deutschland völlige Kartellfreiheit, d. h. die Unternehmen waren frei, sich zum

[1]) Vgl. zu diesem Abschnitt Baumbach-Hefermehl, a. a. O.; Langen-Schmidt-Niederleithinger, „Kommentar zum Kartellgesetz", Gesetz gegen Wettbewerbsbeschränkungen mit Erläuterungen für die Praxis, 5. Aufl., Neuwied-Berlin-Darmstadt 1976; Rasch-Westrick-Loewenheim, „Wettbewerbsbeschränkungen, Kartell- und Monopolrecht", Kommentar zum Gesetz gegen Wettbewerbsbeschränkungen und Erläuterungen zum europäischen Kartellrecht, 4. Aufl., Herne.
[2]) Das „Gesetz gegen Wettbewerbsbeschränkungen" in der Fassung vom 4. 4. 1974 wurde zuletzt geändert am 14. 12. 1976.

Zwecke der Beschränkung des Wettbewerbs zusammenzuschließen. Durch die sogenannte Kartellverordnung vom 2. 11. 1923 wurde dann ein System staatlicher Kartellaufsicht eingeführt. Die Kartellverordnung ermöglichte es dem Reichswirtschaftsminister, beim Kartellgericht die Nichtigerklärung von Kartellverträgen oder Kartellbeschlüssen zu beantragen, wenn er durch den Mißbrauch wirtschaftlicher Machtstellungen der Kartelle die Gesamtwirtschaft oder das Gemeinwohl bedroht sah. Außerdem wurde den Mitgliedern eines Kartells das Recht eingeräumt, Kartellverträge im Falle wichtiger Gründe fristlos zu kündigen. Das kam einer Lockerung des Rechtsschutzes gleich, den Kartelle genossen.

Da sich die seit 1933 bestehenden Kartellorganisationen vorzüglich als organisatorische Elemente einer staatlichen Wirtschaftslenkung eigneten, wurden sie durch das Zwangskartellgesetz vom 15. 7. 1933 zu Trägern der staatlichen Wirtschaftslenkung gemacht, die die vom Staat vorgesehenen marktregelnden Maßnahmen durchzuführen hatten.

Bis zum Ende des Zweiten Weltkrieges galt Deutschland als das „klassische" Land der Kartelle.

Nach 1945 erließen die Alliierten ein Kartellverbot, dem zwei Motive zugrunde lagen: erstens sollten — wie es in der Präambel zu den Kartellierungsgesetzen heißt — „Konzentrationen der Wirtschaft, wie sie insbesondere Kartelle und sonstige Typen von monopolistischen oder beschränkenden Abreden darstellen, die von Deutschland als politische oder wirtschaftliche Angriffswerkzeuge benutzt werden könnten, sobald wie möglich beseitigt werden" und zweitens sollte die Dekartellierung die Voraussetzung für den Aufbau einer gesunden und demokratischen, nicht vermachteten Wirtschaft schaffen.

Die alliierten Dekartellierungsbestimmungen wurden dann durch das „Gesetz gegen Wettbewerbsbeschränkungen" abgelöst.

Das Gesetz enthält

a) das Recht der horizontalen Wettbewerbsbeschränkungen (Kartellrecht),

b) das Recht der vertikalen Wettbewerbsbeschränkungen (Preisbindungen),

c) das Recht der marktbeherrschenden Unternehmen und Konzerne.

§ 1 Abs. 1 des Gesetzes lautet: „(1) Verträge, die Unternehmen oder Vereinigungen von Unternehmen zu einem gemeinsamen Zweck schließen, und Beschlüsse von Vereinigungen von Unternehmen sind unwirksam, soweit sie geeignet sind, die Erzeugung oder die Marktverhältnisse für den Verkehr mit Waren oder gewerblichen Leistungen durch Beschränkung des Wettbewerbs zu beeinflussen. Dies gilt nicht, soweit in diesem Gesetz etwas anderes bestimmt ist."[1])

Damit ist ein generelles Kartellverbot ausgesprochen. Es beruht auf der Auffassung, daß sich Kartelle in der Mehrzahl aller Fälle auf Kosten Dritter Vorteile zu verschaffen in der Lage sind, also eine Verletzung der Sozialinteressen zugunsten von Einzelinteressen erlauben.

Kartelle im Sinne des Gesetzes sind Verträge zwischen rechtlich selbständig bleibenden Unternehmen, die ihre wirtschaftliche Selbständigkeit selbst und meist freiwillig beschränken, um einen gemeinsamen Zweck zu erreichen. Dieser gemeinsame Zweck besteht meist in einer Wettbewerbsbeschränkung, d. h. in einer Verringerung, Verhinderung oder Beseitigung des Strebens selbständig entscheidender Wirtschaftseinheiten, durch das unabhängige Angebot von Gütern oder Leistungen zu Preisen ihrer Wahl und unter Einsatz ihrer wettbewerbspolitischen Instrumente Kunden zu gewinnen. Solche Wettbewerbsbeschränkungen aber führen in der Regel zu einer Verschlechterung der wirtschaftlichen Position nicht am Kartell beteiligter Außenseiter auf der gleichen Marktseite und zu einer Verschlechterung der wirtschaftlichen Position der Marktgegenseite.

Die Freiwilligkeit der Preisgabe eines mehr oder minder großen Teils wirtschaftlicher Selbständigkeit war lange Zeit

---

[1]) Das Kartellverbot erstreckt sich also nicht auf Arbeits- oder Dienstverträge abhängiger Arbeitnehmer.

173

einer der Gründe, warum man in Kartellen nichts Rechtswidriges sah und warum teilweise heute noch manche Rechtswissenschaftler das Kartellverbot für verfassungswidrig halten[1]). Sie weisen darauf hin, daß auch Artikel 9 des Grundgesetzes das Recht einräume, sich zur Wahrnehmung der Interessen zusammenzuschließen. Die Befürworter des Gesetzes und eine Reihe anderer Rechtswissenschaftler dagegen machen geltend, daß das Gesetz deswegen nicht verfassungswidrig sei, weil Koalitions- und Vertragsfreiheit nicht zu dem Zweck eingeräumt werden dürften, die Interessen und die Rechte Dritter zu verletzen — wie das durch die überwiegende Mehrzahl der Kartelle zweifellos geschieht. Sie betonen, daß unbegrenzte Freiheit benutzt werden kann, um die Freiheit anderer zu untergraben. Da die Selbstpreisgabe der Wettbewerbsfreiheit durch die Gründung und den Beitritt zu Kartellen in der Regel als Wirkung gewollt oder nolens volens zu einer Besserstellung aller oder einiger Kartellmitglieder und einer Schlechterstellung Dritter führt (z. B. durch höhere Preise und eine geringere Marktversorgung, durch die Verminderung der Zahl der Wahlmöglichkeiten der Nachfrager, durch Erschwerung des Markteintritts für neue Wettbewerber, durch die Nichtausnutzung von Produktionskapazitäten usw.), kann man allgemein formulieren: die Wettbewerbsfreiheit schließt nicht die Freiheit in sich, den Wettbewerb zu beschränken, wenn dadurch die Rechte Dritter gefährdet oder beschränkt werden. Wohl hat der einzelne das Recht, sich nicht am Wettbewerb zu beteiligen. Der einzelne darf aber nicht das Recht haben, den Wettbewerb als Organisationsprinzip gegen den Willen der Mehrheit aufzuheben oder den Wettbewerb in seiner Wirksamkeit zu beschränken.

[1]) Vgl. zu diesem Problemkreis: F. Böhm, „Wirtschaftsordnung und Staatsverfassung", Tübingen 1950; ders., „Verstößt ein gesetzliches Kartellverbot gegen das Grundgesetz?", in: Wirtschaft und Wettbewerb, 1956; H. Krüger, „Grundgesetz und Kartellgesetzgebung", Göttingen 1950; ders., „Staatsverfassung und Wirtschaftsverfassung", in: Deutsches Verwaltungsblatt, 1951, S. 363 ff.; außerdem H. Rasch, „Kartellverbot und Grundgesetz", in: Wirtschaft und Wettbewerb, 1955, S. 667 ff.

Wettbewerbsbeschränkungen sind daher nur in den von der Gesellschaft gebilligten Fällen zulässig.

Diese Fälle sind im Gesetz gegen Wettbewerbsbeschränkungen so zahlreich, daß man von einem „durchlöcherten" Kartellverbot sprechen muß. Vom Kartellverbot ausgenommen sind: Konditionenkartelle (§ 2 Abs. 1), Rabattkartelle (§ 3 Abs. 1), Strukturkrisenkartelle (§ 4), Normierungs- und Typisierungskartelle (§ 5 Abs. 1), höhere Rationalisierungskartelle (§ 5 Abs. 2 und 3), Kartelle zur Leistungsbeschreibung und Preisaufgliederung bei Ausschreibungen (§ 5 Abs. 4), Spezialisierungskartelle (§ 5a Abs. 1), Exportkartelle (§ 6 Abs. 1), Inlandskartelle zur Sicherung von Exportkartellen (§ 6 Abs. 2) und Importkartelle (§ 7).

Schließlich hat der Gesetzgeber noch eine Generalklausel für Ausnahmen in § 8 eingebaut:

„(1) Liegen die Voraussetzungen der §§ 2 bis 7 nicht vor, so kann der Bundesminster für Wirtschaft auf Antrag die Erlaubnis zu einem Vertrag oder Beschluß im Sinne des § 1 erteilen, wenn ausnahmsweise die Beschränkung des Wettbewerbs aus überwiegenden Gründen der Gesamtwirtschaft und des Gemeinwohls notwendig ist.

(2) Besteht eine unmittelbare Gefahr für den Bestand des überwiegenden Teils der Unternehmen eines Wirtschaftszweiges, so darf die Erlaubnis nach Absatz 1 nur erteilt werden, wenn andere gesetzliche oder wirtschaftspolitische Maßnahmen nicht oder nicht rechtzeitig getroffen werden können und die Beschränkung des Wettbewerbs geeignet ist, die Gefahr abzuwenden. Die Erlaubnis darf nur in besonders schwerwiegenden Einzelfällen erteilt werden."

Alle nach dem Gesetz zulässigen Ausnahmen von Wettbewerbsbeschränkungen durch Kartelle sind teils anmelde-, teils erlaubnispflichtig. Sie unterstehen der Mißbrauchsaufsicht des Bundeskartellamtes in Berlin.

Wir haben hier nicht die Möglichkeit, diese Kartellausnahmen, ihren Sinn und ihre Problematik darzustellen.

Neben dem Kartellverbot enthält das Gesetz in § 15 ein Verbot der vertikalen Wettbewerbsbeschränkung: „Verträge zwischen Unternehmen über Waren oder gewerbliche

Leistungen, die sich auf Märkte innerhalb des Geltungsbereiches dieses Gesetzes beziehen, sind nichtig, soweit sie einen Vertragsbeteiligten in der Freiheit der Gestaltung von Preisen oder Geschäftsbedingungen bei solchen Verträgen beschränken, die er mit Dritten über die gelieferten Waren, über andere Waren oder über gewerbliche Leistungen schließt." Durch § 15 ist insbesondere die vertikale Preisbindung verboten, d. h. allgemein die verbindliche Festsetzung des Weiterverkaufspreises durch den Lieferanten und im besonderen die verbindliche Festsetzung des Endverkaufspreises durch den Erzeuger einer Ware. Das Preisbindungsverbot gilt — seit 1973 — auch für Markenartikel. Eine Ausnahme existiert nur für Verlagserzeugnisse (§ 16).

Eine vertikale Preisbindung wäre marktwirtschaftswidrig: sie beraubt den Abnehmer der Waren des wichtigsten absatzpolitischen Instruments, nämlich des Preises; der Preisbindende nimmt dem Preisgebundenen das Recht und die Verantwortung zu selbständiger unternehmerischer Preispolitik; der Preisbindende maßt sich an, bei der Festsetzung des Endverkaufspreises auch die Interessen der Weiterveräußerer wahrnehmen zu können; soweit die Preisgebundenen an der Preisfestsetzung beteiligt werden, ist die Wahrscheinlichkeit groß, daß sich diese auf Kosten des Dritten, nämlich des Endabnehmers, einigen; der Preiswettbewerb zwischen den Wiederveräußerern wird ausgeschaltet.

Da nicht ausgeschlossen werden kann, daß das Verbot der vertikalen Preisbindung durch Preis*empfehlungen* umgangen wird, die vom Hersteller als unverbindlich ausgegeben, aber vom Einzelhandel doch weitgehend befolgt werden, hat der Gesetzgeber bei der Novellierung des Gesetzes 1973 folgerichtig die Mißbrauchsaufsicht über die beim Kartellamt meldepflichtigen Preisempfehlungen verschärft (§ 38a).

Eine volkswirtschaftlich und rechtlich schwierige Problematik beinhaltet das Recht der Wettbewerbsbeschränkungen durch tatsächliche Marktmacht, das in den §§ 22 bis 24 b geregelt ist. Als marktbeherrschend gelten nach § 22 Abs. 1: a) Unternehmen, die für eine bestimmte Art von

Waren oder gewerbliche Leistungen ohne Wettbewerber oder keinem wesentlichen Wettbewerb ausgesetzt sind, b) Unternehmen, die unter Berücksichtigung ihres Marktanteils, ihrer Finanzkraft, ihres Zugangs zu den Beschaffungs- oder Absatzmärkten, ihrer Verflechtungen mit anderen Unternehmen sowie unter Berücksichtigung von Marktzugangsschranken eine überragende Marktstellung haben und c) Unternehmen, zwischen denen aus tatsächlichen Gründen kein wesentlicher Wettbewerb besteht. Soweit solche Unternehmen ihre Stellung auf dem Markt für diese oder andere Waren oder gewerbliche Leistungen mißbräuchlich ausnutzen, besitzt das Bundeskartellamt die Befugnis, das mißbräuchliche Verhalten zu untersagen und Verträge für unwirksam zu erklären (§ 20 Abs. 4 und 5).

Die Bestimmungen über die marktbeherrschenden Unternehmen, die 1966 und erneut 1973 verschärft wurden, können als der schwächste Punkt des Gesetzes bezeichnet werden. Erstens nämlich ist der vom Gesetz angesprochene Tatbestand der Marktbeherrschung schwer zu erfassen, zweitens kann sich der Begriff der mißbräuchlichen Ausnutzung von Marktmacht nicht auf einen entwickelten, klaren, allgemeinen Mißbrauchsbegriff stützen und drittens ist der Mißbrauch selbst außerordentlich schwer nachzuweisen.

Nach § 22 Abs. 3 wird das Vorliegen einer Marktbeherrschung durch *ein* Unternehmen *vermutet*, wenn es einen Marktanteil von mindestens einem Drittel hat und der Umsatzerlös im letzten Geschäftsjahr 250 Mill. DM oder mehr betrug. Marktbeherrschung durch zwei oder mehr Unternehmen wird vermutet, wenn drei oder weniger Unternehmen zusammen einen Marktanteil von 50 % oder mehr haben und die Unternehmen Umsatzerlöse von mindestens je 100 Mill. DM hatten oder wenn fünf oder weniger Unternehmen einen Marktanteil von zwei Drittel oder mehr haben und die Unternehmen Umsatzerlöse von mindestens je 100 Mill. DM hatten.

Das Problem der Definition und des Nachweises des Mißbrauchs der Marktmacht zeigt, daß der Wettbewerb Aufgaben spielend löst, die der Verwaltung Kopfzerbrechen machen müssen. Nach der Begründung des Gesetzgebers liegt z. B. ein Machtmißbrauch vor, wenn „die Preise ... erheblich von dem Stand abweichen, der bei wirksamer Konkurrenz bestehen würde." Da es aber auf dem betreffenden Markt keinen wirksamen Wettbewerb gibt, gibt es in diesem Fall auch keinen objektiven Mißbrauchsmaßstab. Und was heißt „erhebliche" Abweichung? Wie hoch soll der Preis eines Monopolisten von seinen Kosten abweichen dürfen, um keinen Mißbrauch darzustellen? Wie soll man feststellen, welche Preise bei wirksamer Konkurrenz bestünden? An diesem einfachen Beispiel wird deutlich, welch ungemein schwer zu lösende Aufgabe der Wettbewerb mühelos dadurch löst, daß sich die Wettbewerber gleichsam gegenseitig kontrollieren, daß er Gewinne kontrolliert und eliminiert, daß bei ihm keine Instanz über das Marktgeschehen zu wachen braucht — denn das tun die Wettbewerber.

Bei der Novellierung des Gesetzes im Jahre 1973 standen die Notwendigkeit und die Möglichkeiten einer nationalen Fusionskontrolle im Vordergrund, weil Fusionen zu marktbeherrschenden Stellungen führen können. Das Verbot der Kartellbildung kann durch Unternehmenszusammenschlüsse umgangen werden.

Unternehmenszusammenschlüsse entstehen z. B. durch Beteiligungen am Kapital anderer Unternehmen, durch Betriebsnutzungsverträge, durch die Verschmelzung von Unternehmen oder durch den Erwerb des Vermögens anderer Unternehmen. *Unternehmenszusammenschlüsse können zu einer Konzentration in der Wirtschaft führen, die in ihrer Bedeutung weit über die Wettbewerbspolitik hinausgeht: Unternehmenskonzentration ist häufig mit einer Konzentration der Vermögen und mit einer Konzentration politischer Macht verknüpft*[1]).

Aus diesen Gründen hat der Gesetzgeber Fusionen anzeigepflichtig gemacht. Unternehmenszusammenschlüsse

---

[1]) Vgl. dazu H. Arndt (Hrsg.), „Die Konzentration in der Wirtschaft", 2 Bde., 2. Aufl., Berlin 1971 (Bd. 20 der Schriften des Vereins für Socialpolitik, N.F.).

sind nach § 23 dem Bundeskartellamt anzuzeigen, a) wenn die beteiligten Unternehmen durch den Zusammenschluß einen Marktanteil von 20 % oder mehr erreicht haben oder wenn ein beteiligtes Unternehmen auf einem anderen Markt bereits einen Anteil von mindestens 20 % hat, b) wenn die beteiligten Unternehmen innerhalb eines Jahres vor dem Zusammenschluß 10 000 Beschäftigte oder mehr oder einen Umsatz von jährlich 500 Mill. DM oder mehr hatten. Eine Anzeigepflicht nach § 24 a besteht, wenn mindestens zwei der beteiligten Unternehmen das letzte Geschäftsjahr vor dem Zusammenschluß eine Bilanzsumme von je einer Milliarde DM oder mehr hatten. Wenn zu erwarten ist, daß durch den Zusammenschluß eine marktbeherrschende Stellung entsteht oder verstärkt wird, so hat das Kartellamt nach § 24 Abs. 2 den Zusammenschluß zu untersagen bzw. die Auflösung eines vollzogenen Zusammenschlusses anzuordnen, es sei denn, a) die beteiligten Unternehmen weisen nach, „daß durch den Zusammenschluß auch Verbesserungen der Wettbewerbsbedingungen eintreten und daß diese Verbesserungen die Nachteile der Marktbeherrschung überwiegen" (§ 24 Abs. 1) oder b) der Bundeswirtschaftsminister erteilt die Erlaubnis zum Zusammenschluß. Er kann diese Erlaubnis nach einem vom Kartellamt ausgesprochenen Fusionsverbot auf Antrag nach § 24 Abs. 3 erteilen, „wenn im Einzelfall die Wettbewerbsbeschränkung von gesamtwirtschaftlichen Vorteilen des Zusammenschlusses aufgewogen wird oder der Zusammenschluß durch ein überragendes Interesse der Allgemeinheit gerechtfertigt ist" und „wenn durch das Ausmaß der Wettbewerbsbeschränkung die marktwirtschaftliche Ordnung nicht gefährdet wird".

Vom Fusionsverbot sind nach § 24 Abs. 8 Zusammenschlüsse ausgenommen, bei denen

a) die zusammengefaßten Umsätze der beteiligten Unternehmen im letzten abgeschlossenen Geschäftsjahr weniger als 500 Mill. DM betragen oder

b) ein beteiligtes Unternehmen im gleichen Zeitraum nicht mehr als 50 Mill. DM Umsatz hatte oder

c) die Wettbewerbsbeschränkung sich nicht im gesamten Geltungsbereich des GWB oder in einem wesentlichen Teil desselben auswirkt oder

d) durch die Fusion ein Markt betroffen wird, auf dem im letzten abgeschlossenen Kalenderjahr weniger als 10 Mill. DM umgesetzt wurden.

Wegen der großen Bedeutung der Konzentration in der Wirtschaft hat der Gesetzgeber bei der Novellierung in § 24 b die Bildung einer Monopolkommission vorgeschrieben. Sie besteht aus fünf Mitgliedern, die über besondere volkswirtschaftliche, betriebswirtschaftliche, sozialpolitische, technologische oder wirtschaftsrechtliche Kenntnisse und Erfahrungen verfügen und unabhängig sein müssen. Die Kommission soll „den jeweiligen Stand der Unternehmenskonzentration sowie deren absehbare Entwicklung unter wirtschafts-, insbesondere wettbewerbspolitischen Gesichtspunkten beurteilen und die Anwendung der §§ 22 bis 24 a würdigen. Sie soll auch nach ihrer Auffassung notwendige Änderungen der einschlägigen Bestimmungen dieses Gesetzes aufzeigen."

Da der Wettbewerb nicht nur durch Kartelle, sondern auch durch ein aufeinander abgestimmtes Verhalten beschränkt werden kann, ist nach § 25 Abs. 1 auch ein aufeinander abgestimmtes Verhalten, das nach dem GWB nicht zum Gegenstand einer vertraglichen Bindung gemacht werden darf, verboten. Ein solches abgestimmtes Verhalten ist z. B. die sog. Preisführerschaft, bei der eines von mehreren Unternehmen den Preis eines Gutes im Interesse aller Anbieter festsetzt, wobei die anderen Unternehmen dem Preisführer folgen[1]).

Das Gesetz gegen Wettbewerbsbeschränkungen findet keine Anwendung auf die Deutsche Bundesbank, die Kreditanstalt für Wiederaufbau und die staatlichen Monopole (Branntwein- und Zündwarenmonopol). Vom Kartellverbot des § 1 und vom Preisbindungsverbot des § 15 sind

---

[1]) Vgl. dazu H. Lampert, „Die Preisführerschaft", in: Jahrbücher für Nationalökonomie und Statistik, Bd. 172, 1960, S. 203 ff.

ausgenommen: die Deutsche Bundespost, die Verkehrswirtschaft, die Land- und Forstwirtschaft, das Kreditgewerbe, die Versicherungswirtschaft einschließlich der Bausparkassen und die Versorgungsunternehmen (Elektrizitäts-, Gas- und Wasserwirtschaft).

Diese Ausnahmeregelungen erklären sich aus der Einsicht, daß bestimmte Arten von Wettbewerb, wie z. B. der Preiswettbewerb, angesichts der Produktions- und Absatzverhältnisse bestimmter Wirtschaftszweige nicht das dominierende oder vorwiegende Prinzip zur Ordnung dieser Märkte sein können. Die Darstellung der Ordnung einzelner Wirtschaftsbereiche wird das noch zeigen. In ähnlicher Weise erklären sich die oben genannten Kartellausnahmen der §§ 2 bis 7 aus der Einsicht, daß in gewissen Fällen Wettbewerbsbeschränkungen zu einem größeren Wohlstand führen können als unbeschränkter Wettbewerb. Beispielsweise ist unumstritten, daß die Einführung von Normen (z. B. bei Motorenteilen, Glühlampen, Steckdosen und tausend anderen technischen Gütern) oder die Begrenzung der hergestellten und angebotenen Typen (z. B. von Radiogeräten) wirtschaftliche Vorteile mit sich bringen können. Voraussetzung dafür, daß eine Normierung und Typisierung der Produktion zustande kommt, ist aber meist, daß sie abgesprochen wird: ein Unternehmer, der mit 30 anderen konkurriert, wird fürchten, im Wettbewerb zurückgeworfen zu werden, wenn er sein Produktionsprogramm beschränkt. Aus diesem Grunde werden Normen- und Typenkartelle als anmeldepflichtige Ausnahmen zugelassen. Andererseits aber besteht bei diesen Kartellen die Gefahr, daß der technische Fortschritt gehemmt wird: wenn Absprachen über Normen und Typen getroffen werden, wird der Zwang zu Neuentwicklungen verringert oder das Kartell kann verhindern, daß neue Typen und Normen auf den Markt kommen, selbst wenn durch sie die Marktversorgung verbessert würde.

Ähnliche Für und Wider gibt es bei Inlandskartellen zur Sicherung von Exportkartellen, bei Export-, bei Import-, bei Konditionen-, bei Rationalisierungs- und Strukturkrisenkartellen, die nach dem Gesetz zugelassen werden können, wenn der Gesetzgeber glaubt, anders soziale Schäden (z. B. Vernichtung von selbständigen Existenzen) nicht verhindern zu können.

So stellt sich das Gesetz gegen Wettbewerbsbeschränkungen als ein Gesetz dar, das versucht, mehrere Ziele gleichzeitig zu erreichen, nämlich eine bestmögliche Marktversorgung hinsichtlich Preis, Menge und Qualität, die Lenkung der Produktion durch die Nachfrager, die Gewährleistung eines hohen technischen und wirtschaftlichen Leistungsstandes, die Förderung wirtschaftlichen und technischen Fortschritts und soziale Ziele. Das ist nur möglich im Wege eines optimalen Kompromisses, der darin besteht, den unbeschränkten Leistungswettbewerb als das geeignetste Instrument zur Erreichung dieser Ziele zu schützen, aber in bestimmten Bereichen oder Einzelfällen seine Beschränkung zuzulassen, soweit diese Beschränkung vom Zielbündel her begründet und notwendig erscheint.

C. Die Wettbewerbsordnung in den bedeutendsten Wirtschaftsbereichen

1. Die Wettbewerbsordnung in Industrie, Handel und Handwerk

a. Die Wettbewerbsverfassung

Am ausgeprägtesten in der westdeutschen Wirtschaft ist der Wettbewerb als Organisationsprinzip in Industrie, Handel und Handwerk, da in diesen Bereichen die grundsätzlich für die gesamte Wirtschaft geltende Gewerbefreiheit am unbeschränktesten zum Zuge kommen kann.

Aufgrund von Artikel 74 Nr. 11 des Grundgesetzes in Verbindung mit Artikel 31 des Grundgesetzes gilt die 1869 erlassene, häufig veränderte Reichsgewerbeordnung als Bundesrecht. Ihr § 1 Abs. 1 lautet: „Der Betrieb eines Gewerbes ist jedermann gestattet, soweit nicht durch dieses Gesetz Ausnahmen oder Beschränkungen vorgeschrieben oder zugelassen sind."

Diese Freiheit der wirtschaftlichen Betätigung „umfaßt eine ganze Reihe von Einzelfreiheiten, die erst in ihrem Zusammenhang die Freiheit der privaten Wirtschaftstätigkeit konstituiert. Wirtschaftsfreiheit ist das Recht jedes einzelnen, nach seinem Belieben jeden Wirtschaftszweig zu betreiben (Gewerbefreiheit), sich zu diesem Zweck beliebig an jedwedem Ort des Staatsgebietes niederzulassen (wirtschaftliche Freizügigkeit), sich beliebig mit anderen zur gemeinsamen Wirtschaftstätigkeit zu verbinden (wirtschaftliche Vereinigungsfreiheit), bei der Wirtschaftstätigkeit in beliebigem Umfang Rechte an Sachgütern zu erwerben und zu veräußern und mit den erworbenen Sachgütern beliebig zu verfahren (wirtschaftliche Eigentumsfreiheit), zum Zweck der Wirtschaftstätigkeit beliebige Rechtsgeschäfte abzuschließen (wirtschaftliche Vertragsfreiheit) und die Leistung in unbeschränktem wirtschaftlichen Konkurrenzkampf beliebig zur Geltung zu bringen (Wettbewerbsfreiheit)."[1]

Eine Beschränkung der Gewerbefreiheit ist nur ausnahmsweise zulässig, soweit dies zur Wahrung der Rechte Dritter, der verfassungsmäßigen Ordnung oder zur Wahrung der guten Sitten erforderlich ist. Die Zulassung zu einem Gewerbe kann insbesondere abhängig gemacht werden

1. von der Prüfung der fachlichen Eignung (z. B. im Gesundheitswesen, im Rechtswesen oder in Lehrberufen);

2. von der persönlichen Zuverlässigkeit (wie z. B. im Apothekenwesen oder im Verkehrsgewerbe);

3. vom wirtschaftlichen Bedürfnis, wenn überragende Forderungen des Gemeinwohls eine einschränkende Kontrolle der Gewerbefreiheit gebieten (z. B. in der Energiewirtschaft).

Zu beachten ist jedoch, daß Beschränkungen der Gewerbefreiheit nicht der Beschränkung des Wettbewerbs an sich, sondern nur dem Schutz des Gemeinwohls dienen

---

[1] Vgl. dazu E. R. Huber, „Wirtschaftsverwaltungsrecht", Bd. 1, a. a. O., S. 646.

dürfen, wie das sogenannte Apothekenurteil des Bundesverfassungsgerichtes vom 11. 6. 1958 unterstrichen hat.

Nach Art. 3 Abs. I des bayerischen Apothekengesetzes durfte für eine neu zu errichtende Apotheke die Betriebserlaubnis nur erteilt werden, wenn

a) die Errichtung der Apotheke zur Sicherung der Versorgung der Bevölkerung mit Arzneimitteln im öffentlichen Interesse lag und

b) anzunehmen war, daß ihre wirtschaftliche Grundlage gesichert ist und durch sie die wirtschaftliche Grundlage der benachbarten Apotheken nicht soweit beeinträchtigt wurde, daß die Voraussetzungen für den ordnungsgemäßen Apothekenbetrieb nicht mehr gewährleistet waren.

Dieser Absatz des Art. 3 des bayerischen Apothekengesetzes wurde für verfassungswidrig erklärt, weil nach Art. 12, I GG Zugangsbeschränkungen nicht dem Konkurrenzschutz der bereits im Beruf Tätigen dienen dürfen. (Art. 12, I GG: „Alle Deutschen haben das Recht, Beruf, Arbeitsplatz und Ausbildungsstätte frei zu wählen. Die Berufsausübung kann durch Gesetz oder auf Grund eines Gesetzes geregelt werden.")

Der Zugang zu den Märkten in Industrie, Handel und Handwerk ist gesetzlich lediglich durch Sicherheitserwägungen und Anforderungen an die Zuverlässigkeit und Sachkunde der Betriebsinhaber erschwert. So ist z. B. genehmigungsbedürftig die Errichtung von Anlagen, die erhebliche Nachteile, wie Lärm oder Rauchbelästigungen, für die Anlieger mit sich bringen oder die öffentliche Sicherheit gefährden können, wie etwa Dampfkesselanlagen, Gasbehälter usw. Beispiele für konzessionsbedürftige Gewerbe sind Privatkrankenanstalten, das Bewachungs- und Versteigerungsgewerbe.

Diese Vorschriften sind ebenso wie die für das Führen eines Handwerksbetriebes erforderlichen Sachkundenachweise als Beschränkungen anzusehen, die den Wettbewerb kaum mindern.

Für die Ausübung eines Handwerks ist nach der „Handwerksordnung" in der Fassung vom 28. 12. 1965, zuletzt geändert durch Gesetz v. 31. 7. 1974, lediglich die Eintragung des Betriebes in die „Handwerksrolle" bei der Handwerkskammer erforderlich. Die Eintragung erfolgt, wenn der Antragsteller im beantragten Handwerk eine Meisterprüfung nachweisen kann (= Befähigungsnachweis). Der Befähigungsnachweis für das Handwerk rechtfertigt sich vor allem aus dem Ziel, den Leistungsstand und die Leistungsfähigkeit des Handwerks zu erhalten.

Einzelhändler hatten nach dem „Gesetz über die Berufsausübung im Einzelhandel" vom 5. 8. 1957 den Nachweis kaufmännischer Sachkunde zu erbringen. In einer im Januar 1966 ergangenen Entscheidung stellte das Bundesverfassungsgericht einen Verstoß gegen das Grundrecht der freien Berufswahl nach Art. 12 GG fest, „wenn auch für die Aufnahme des Einzelhandels mit anderen Waren als Lebensmitteln, Arzneimitteln und ärztlichen Hilfsmitteln der Nachweis der kaufmännischen Sachkunde gefordert wird". Die Forderung nach einem Sachkundenachweis wurde daher für nichtig erklärt.

b. Die Wettbewerbslage

Es ist im Rahmen dieser Arbeit nicht möglich, die Wettbewerbsverhältnisse in den einzelnen Zweigen der deutschen Wirtschaft eingehend zu analysieren. Angesichts der Vielzahl der Märkte, der wenigen vorliegenden empirischen Arbeiten zu diesem Problemkreis und der Schwierigkeit der Erfassung der Wirklichkeit überstiege das auch die Kraft eines einzelnen. So müssen wir uns auf einige Anmerkungen zur Wettbewerbslage beschränken.

In vielen öffentlichen Diskussionen über den Wettbewerb im Handwerk herrscht noch immer die Auffassung vor, der Handwerksbetrieb sei in einer hochindustrialisierten, wettbewerbsorientierten Wirtschaft zum Aussterben verurteilt. Dieses Fehlurteil, zu dem viel zu sagen wäre, wird allein durch folgende Zahlen korrigiert[1]):

[1]) Quelle: Statistisches Jahrbuch für die Bundesrepublik Deutschland, 1952, S. 172 und 176; dass., 1962, S. 262; dass., 1965, S. 274; dass., 1969, S. 237 ff.

Jahr	Zahl der Betriebe	Zahl der Beschäftigten	Beschäftigte pro Betrieb	Betriebe mit 1—9	Beschäftigten 10 und mehr
1939	792 079	2 609 524	3,3	—	—
1949	864 428	3 059 932	3,5	792 766	46 195
1956	751 639	3 624 778	4,8	685 222	66 417
1963	686 277	4 051 578	5,9	607 924	78 353
1968	626 811	3 753 200	6,0	548 018	78 793
1972[1])	537 000	4 044 800	7,5	—	—

Die Tabelle zeigt, daß von einem Aussterben des Handwerks nicht die Rede sein kann.

Bis 1963 ist die Zahl der im Handwerk Beschäftigten gestiegen, erst zwischen 1963 und 1968 ist die Beschäftigtenzahl um rund 7,5 % zurückgegangen. Bis 1972 stieg sie wieder an. Eindeutig erkennbar ist ein Trend zum mittleren und größeren Betrieb.

Die These vom Aussterben des Handwerks wird auch durch die Tatsache widerlegt, daß das Handwerk 1973 11,2 % des Bruttoinlandprodukts (gegenüber 1969: 10,8 %) erzeugt und damit den Anteil jeweils der Land- und Forstwirtschaft (2,7 %), der Energiewirtschaft einschließlich des Bergbaus (3,5 %), des Bereiches Verkehr und Nachrichtenübermittlung (5,7 %) sowie des Kredit- und Versicherungsgewerbes (3,1 %) übertroffen hat[2]).

Allerdings vollzog sich im Handwerk — wie in jedem Bereich einer nicht-stationären Wirtschaft — ein Strukturwandlungsprozeß: bestimmte Handwerkszweige zeigen — gemessen an der Zahl der Beschäftigten — eine Rückentwicklung, wie z. B. das Schuhmacher-, das Bekleidungs-, das Sattler-, Polster- und Tapeziererhandwerk, andere dagegen sind, wie z. B. das Bauhandwerk und das Kraftfahrzeughandwerk, in der Expansion begriffen.

Im übrigen hat die Bundesregierung der Entwicklung und den Wirkungen des Wettbewerbs zwischen Industrie und Handwerk nicht tatenlos zugesehen. Aufgrund ihrer

[1]) Zahlen für 1972 nach Beckermann, Theo: Das Handwerk im Wachstum der Wirtschaft, Berlin 1974, S. 86.
[2]) Quelle Statistisches Jahrbuch für die Bundesrepublik Deutschland, 1976, S. 519.

Zielsetzung der Förderung des selbständigen Mittelstandes war sie bemüht, die Wettbewerbslage des Handwerks gegenüber der Industrie durch die Beseitigung von Startungleichheiten und durch Hebung seiner Wettbewerbsfähigkeit zu erleichtern, so z. B.

1. durch Förderung der Rationalisierung und Modernisierung im Wege der Bereitstellung von Bundesmitteln für die Marktforschung, für den Ausbau des Betriebsberatungswesens sowie für die Aus- und Fortbildung von Führungskräften u. a. m.;

2. durch Steuererleichterungen für mittelständische Betriebe im Steueränderungsgesetz von 1958, 1960 und 1969;

3. durch Finanzierungshilfen zur Verbesserung der Kreditversorgung, insbesondere für Existenzgründungen von Nachwuchskräften, durch die Übernahme von Bürgschaften von seiten der öffentlichen Hand und durch die Förderung von Kreditgarantiegemeinschaften;

4. durch die Erleichterung der zwischenbetrieblichen Zusammenarbeit im Wege der Bildung von Rationalisierungskartellen, die nach § 5 b GWB zulässig sind, „wenn dadurch der Wettbewerb auf dem Markt nicht wesentlich beeinträchtigt wird und der Vertrag oder Beschluß dazu dient, die Leistungsfähigkeit kleiner oder mittlerer Unternehmen zu fördern".

Ähnliche mittelstandsfördernde Maßnahmen gelten auch für den mittelständischen Handel[1]).

Die Wettbewerbssituation innerhalb des Handwerks wird bestimmt durch die geringe Kapazität der Handwerksbetriebe und ihre regionale Streuung, so daß sich Angebot und Nachfrage auf einem überschaubaren, lokal begrenzten Markt begegnen. Damit bieten die meisten Handwerksbetriebe in der Marktform des Monopols oder Oligopols an, das aber in seiner preispolitischen Wirksamkeit, d. h. in den Möglichkeiten der Ausnutzung der Mono-

---

[1]) Vgl. dazu „Bericht der Bundesregierung zur Lage der Mittelschichten", Bundestagsdrucksache III/2012 des 3. Deutschen Bundestages.

polstellung, durch eine Vielzahl von Substitutionsgütern, insbesondere aus der Industrie, stark begrenzt wird. Die Preispolitik von handwerklichen Erzeugungsbetrieben, z. B. von Textilien, Möbeln, Bekleidung erzeugenden Betrieben, muß sich, wenn es sich nicht um Betriebe mit besonders hoch stehenden qualitativen Leistungen, z. B. mit künstlerischem oder modischem Einschlag handelt, an den Preisen konkurrierender, industriell gefertigter Produkte orientieren. Eine Ausnutzung der Monopolstellung erscheint dagegen denkbar bei Gütern mit Seltenheitswert, bei kunstgewerblichen Gegenständen, bei individuellen, bestellten Produkten und im Bereich des Reparaturhandwerks, in dem zur Zeit aller Orten die Marktüberlegenheit der Handwerksbetriebe, d. h. die Verknappung des Angebots handwerklicher Reparaturleistungen, nachhaltig zu spüren ist. Es ist noch besonders darauf aufmerksam zu machen, daß Handwerksbetriebe wegen der räumlichen Begrenztheit ihres Marktgebietes beim Auftauchen neuer Konkurrenten zu einem harten Wettbewerb gezwungen werden können.

Von einem wirksamen Wettbewerb kann man auch im Bereich des Handels sprechen, wenn man von Ausnahmeerscheinungen, wie etwa regionalen Monopolen in ländlichen Bezirken und städtischen Vororten absieht, obwohl auch hier gleich hinzuzufügen ist, daß diesen optisch als Monopole erscheinenden Betrieben von den Versandhäusern Wettbewerb gemacht wird und daß sie ihre Preise nicht wesentlich über die Preise vergleichbarer Produkte der nächstgelegenen Einkaufsquelle — vermehrt um die Kosten der Raumüberwindung — erhöhen können.

Kein Einzelhandelsbetrieb bietet in der Marktform der vollständigen Konkurrenz an, schon deswegen nicht, weil zahlreiche Marktunvollkommenheiten, wie etwa die Nichtexistenz eines Punktmarktes, mangelnde Markttransparenz und Käuferpräferenzen, zu konstatieren sind — von anderen Gründen gar nicht zu reden. Im Handel sind alle Marktformen vom heterogenen Polypol bis zum Teilmonopol vertreten. Man kann daher von einem monopolistischen Wettbewerb sprechen, zu dessen Wirksamkeit hier nur einige Anmerkungen möglich sind. Die Marktstruktur im

Einzelhandel entspricht nicht den Modellvorstellungen einer polypolitischen Konkurrenz. Einzelhandelsmärkte weisen einen hohen Grad von Marktunvollkommenheiten auf. Im Einzelhandel sind viele Betriebe zu finden, deren Inhaber keine nennenswerten unternehmerischen Fähigkeiten aufweisen. Die Mehrzahl der Betriebsinhaber ist geneigt, empfohlene Preise zu übernehmen — was wiederum Zeichen für mangelnde unternehmerische Initiative ist. Dennoch sorgt die Vielzahl der Betriebe und sorgen vor allem die verschiedenartigen, miteinander um die Verbraucherkaufkraft konkurrierenden Betriebsformen (Kaufhäuser, Warenhäuser, Versandgeschäfte, Konsumgenossenschaften, Teilzahlungsgeschäfte, Discounthäuser, Supermärkte und sogenannte Fachgeschäfte) dafür, daß in fast allen Zweigen des Einzelhandels ein mittel- und langfristig wirksamer Leistungs-, Qualitäts- und auch Preiswettbewerb herrscht, der freilich durch wettbewerbspolitische Maßnahmen, wie etwa die Förderung marktgerechten Verhaltens der Verbraucher und, um nur noch einen Punkt anzuführen, durch eine sinnvollere Binnenhandelspolitik intensiviert werden könnte. Denn der Wettbewerb wird auch durch das derzeit gültige Ladenschlußgesetz vermindert, weil die fast vollständige Synchronisierung der Ladenöffnungszeiten mit der Arbeitszeit in der übrigen Wirtschaft den Berufstätigen keine ausreichende Gelegenheit bietet, in Ruhe zu vergleichen, auszuwählen und zu kaufen. Der Konsument kann seine Selektionsfunktion kaum mehr wahrnehmen.

Ist es schon schwierig, auf beschränktem Raum über den faktischen Wettbewerb in Handwerk und Handel befriedigende allgemeine Aussagen zu machen und sie ausreichend zu begründen, so ist das noch schwieriger für die Industrie. Auch im Bereich der Industrie sind alle Marktformen zu finden, die zwischen dem Extrem einer atomistischen Angebotsstruktur (sehr viele Anbieter, von denen keiner den Preis nennenswert beeinflussen kann) und dem Extrem des Monopols liegen, also einem Anbieter, der auf seinem Markt kaum mit Konkurrenten zu rechnen hat. Die häufigste Marktform dürfte die des Oligopols oder Teiloligopols sein, vor allem im Bereich der Grundstoff- und Investitionsgüterindustrie. Zur Konsumgüterindustrie hin nimmt in der Regel die Zahl der Märkte mit vielen Anbietern zu. Typische Oligopolmärkte sind beispielsweise der Automobilmarkt, der Reifenmarkt, der Benzinmarkt, der Markt von Schienenfahrzeugen, eine Vielzahl von Märkten chemischer Produkte und viele Märkte langlebiger, hochwertiger Gebrauchsgüter, wie etwa der Fernsehgerätemarkt, der Waschmaschinenmarkt, der Schallplattenmarkt usw.

Es wäre verfehlt, aus der Existenz dieser Marktform den Schluß zu ziehen, daß deswegen ein geringerer Wettbewerb vorliegen muß. Aus der Theorie und aus empirischen Untersuchungen ist bekannt, daß die Konkurrenz auf Oligopolmärkten sehr hart, ja geradezu ruinös sein kann, wenngleich der Preiswettbewerb wegen seiner Gefahren für die Stabilität im Oligopol von den Wettbewerbern nach Möglichkeit gemieden wird. Ins Gewicht fällt auch der Wettbewerb der Qualitäten, die Produktdifferenzierung sowie der Substitutionswettbewerb. Nicht zu vergessen ist im Bereich der industriellen Produktion der Wettbewerb durch ausländische Produkte, der aufgrund der weitgehenden Liberalisierung der Einfuhren möglich ist[1]).

2. Die Ordnung des Verkehrs- und Nachrichtenwesens

Im Verkehrssektor kann man von einer ausgeprägten Vorherrschaft der öffentlichen Hand sprechen. Die öffentliche Hand tritt nicht nur in Erscheinung, wo das Monopol Vorbedingung für Wirtschaftlichkeit ist, sondern sie tritt auch in Bereichen als Mitbewerber auf, in denen ein Wettbewerb innerhalb des Verkehrszweiges gerechtfertigt ist[2]), so in der Binnenschiffahrt, im Kraftverkehr, in der Lagerei, im Speditions- und Reisevermittlungsgewerbe.

[1]) Vgl. dazu S. 208 ff.
[2]) Vgl. dazu A.-F. Napp-Zinn, „Die öffentliche Hand als Verkehrsunternehmer in der BRD", in: Jahrbücher für Nationalökonomie und Statistik, Bd. 173, 1961, S. 269 ff.

Im Bereich der Eisenbahn dominiert die Deutsche Bundesbahn. Die bestehenden Privatbahnen fallen nicht ins Gewicht. Fast ausschließlich in öffentlicher Hand liegt auch der städtische Massenverkehr. Überwiegend in öffentlicher Hand befindet sich der Luftverkehr. Überwiegend in privater Hand befinden sich: der Güterverkehr auf der Straße, die Binnen- und die Seeschiffahrt. In der Binnenschifffahrt ist aber der Anteil bundeseigener Reedereien bedeutend.

a. Die Begründung der Notwendigkeit für eine nicht-marktwirtschaftliche Ordnung im Verkehr

Von den zahlreichen Gründen, die für eine nicht-marktwirtschaftliche Ordnung des Verkehrswesens angeführt werden, können hier nur die wichtigsten wiedergegeben werden. Auch in diesem Fall bedeutet die Aufzählung dieser Argumente nicht, daß sie von allen Verkehrspolitikern als stichhaltig angesehen werden. Wie in der Landwirtschaft, so ist auch im Verkehr die Frage sehr umstritten, wie weit die Märkte durch einen freien Wettbewerb reguliert werden sollen oder können.

Die besonderen Eigenarten der Verkehrsmärkte, die unter anderem nach Meinung des Wissenschaftlichen Beirats beim Bundesminister für Verkehr eine von marktwirtschaftlichen Grundsätzen abweichende Verkehrsordnung erforderlich machen, bestehen in folgendem:

1. Verkehrsleistungen können nicht auf Vorrat erzeugt werden. Daher bedeuten einerseits nicht ausgenutzte Verkehrsleistungen nicht ausgenutzte Kapazitäten, andererseits aber können Nachfragespitzen nicht durch Rückgriffe auf Lager gedeckt werden. Es sei daher erforderlich, die Verkehrskapazität staatlich zu kontrollieren, um die Entstehung von Überkapazitäten, die zu einem ruinösen Preiswettbewerb führen können, zu verhindern. Die Fluktuation der Verkehrsnachfrage nach Stunden, Tagen und Jahreszeiten zwinge dazu, die Ka-

pazität am Zeitraum der stärksten Verkehrsfrequenz zu orientieren. Eine Kapazitätskontrolle könne daher nicht entbehrt werden.

2. Die Nachfrage nach Verkehrsleistungen sei preisunelastisch, so daß man durch Preissenkungen keine Ausnutzung von Überkapazitäten erreichen könne.

   Dieses Argument mag für große Teile der Nachfrage nach Verkehrsleistungen gelten, es gilt aber nicht zum Beispiel für den Urlaubs- und Ausflugsverkehr. Außerdem ist zu beachten, daß die Nachfrage nach *einzelnen* Verkehrsleistungen sehr preiselastisch ist. Gerade darauf beruht ja das Vordringen des Omnibus- und Lastkraftwagenverkehrs gegenüber dem Eisenbahnverkehr. Auch die unter Verkehrsminister Georg Leber von der Bundesbahn durchgeführten Sonderaktionen bewiesen, daß die Nachfrage nach Verkehrsleistungen preiselastisch ist.

3. Die unterschiedliche Struktur der Verkehrsmärkte nach Zahl und Größe der Anbieter und Nachfrager erschwere die Bildung von Marktgleichgewichten. Eine staatliche Intervention sei daher erforderlich, um die Märkte ins Gleichgewicht bringen zu können.

4. Der Verkehr müsse nach dem Gemeinwirtschaftlichkeitsprinzip geordnet werden, das heißt, daß bei der Einrichtung, Unterhaltung und Bedienung von Verkehrseinrichtungen allgemeine volkswirtschaftliche, sozialpolitische und Gemeinwohlforderungen Berücksichtigung finden müssen, wie z. B. die Verkehrserschließung von Gebieten unabhängig von wirtschaftlichen Gesichtspunkten oder die Bewältigung des Berufsverkehrs zu Sozialtarifen.

Dieses Prinzip, das u. a. auf einen Verkauf von bestimmten Leistungen unter Kosten hinausläuft, bedingt eine Kostenüberdeckung bei anderen Leistungen und ist nur durch die öffentliche Hand realisierbar.

b. Gesetzliche Grundlagen und Maßnahmen im Bereich des Verkehrs- und Nachrichtenwesens

Der Eisenbahnverkehr

Der Eisenbahnverkehr ist gesetzlich im „Allgemeinen Eisenbahngesetz" vom 29. 3. 1951 in der Fassung vom 1. 8. 1961, zuletzt geändert durch Gesetz vom 24. 8. 1976, geregelt. Der Inhalt des § 6 Abs. 1 formuliert gleichzeitig den Inhalt des häufig erwähnten Gemeinwirtschaftlichkeitsprinzips der Bundesbahn:

> „(1) Ziel der Tarifpolitik für die öffentlichen Eisenbahnen ist, unter Wahrung der wirtschaftlichen Verhältnisse der beteiligten Eisenbahnen gleichmäßige Tarife für alle Eisenbahnen zu schaffen und sie den Bedürfnissen des allgemeinen Wohls, insbesondere der wirtschaftlich schwachen und verkehrsungünstig gelegenen Gebiete anzupassen."

Die Zuständigkeit für die Genehmigung der Tarife der Bundesbahn liegt beim Verkehrsminister, für nichtbundeseigene Eisenbahnen bei den nach Bundes- und Landesrecht zuständigen Verkehrsbehörden.

Festgehalten zu werden verdient § 8 des Allgemeinen Eisenbahngesetzes, der die Wettbewerbsbedingungen beschreibt. Abs. 1 und 2 lauten:

> „(1) Mit dem Ziel bester Verkehrsbedienung hat die Bundesregierung darauf hinzuwirken, daß die Wettbewerbsbedingungen der Verkehrsträger angeglichen werden und daß durch marktgerechte Entgelte und einen lauteren Wettbewerb der Verkehrsträger eine volkswirtschaftlich sinnvolle Aufgabenteilung ermöglicht wird.
>
> (2) Die Leistungen und Entgelte der verschiedenen Verkehrsträger hat der Bundesminister für Verkehr insoweit aufeinander abzustimmen, als es die Verhinderung eines unbilligen Wettbewerbs erfordert."

Dieser Paragraph ist erst 1961 in das Gesetz aufgenommen worden. Damit wurde das Allgemeine Eisenbahngesetz das erste Gesetz, in dem die verkehrspolitische Aufgabe der Koordinierung durch den Bundesverkehrsminister fixiert ist. Die Bedeutung des § 8 geht, wie leicht erkennbar ist, weit über das Eisenbahngesetz hinaus. Einerseits schließt er einen freien Preiswettbewerb aus, andererseits verhindert er, daß die Bundesbahn gegenüber ihren Konkurrenten einen Vernichtungswettbewerb treiben kann.

Die Bundesbahn unterliegt im besonderen dem Bundesbahngesetz vom 13. 12. 1951 in der Fassung vom 6. 3. 1969, zuletzt geändert durch Gesetz v. 21. 12. 1970. Von der Vielzahl der dem Bundesminister für Verkehr zustehenden Rechte sind erwähnenswert die im § 14 formulierten, nach denen er unter anderem die allgemeinen Anordnungen zu erlassen hat, die erforderlich sind, um den Grundsätzen der Politik der Bundesregierung, insbesondere der Verkehrs-, der Wirtschafts-, der Finanz- und der Sozialpolitik Geltung zu verschaffen. Außerdem ist dem Verkehrsminister die Genehmigung für den Wirtschaftsplan der Bundesbahn, den Bau neuer Bahnen, die Stillegung von Strecken und Bahnhöfen und ähnlichen Maßnahmen vorbehalten.

Da die Bundesbahn im Schienenverkehr ein Monopol hat, ist sie vom Gesetzgeber verpflichtet worden, mit allen, die sich ihren Beförderungsbedingungen unterwerfen, Verträge zu schließen (Kontrahierungszwang).

Der Straßenverkehr

Für das gewerbsmäßige Angebot von Straßenverkehrsleistungen sind vor allem zwei Gesetze einschlägig, nämlich
1. das Personenbeförderungsgesetz vom 21. 3. 1961[1]) und
2. das Güterkraftverkehrsgesetz vom 17. 10. 1952 in der Fassung vom 6. 8. 1975[2]).

Das Personenbeförderungsgesetz macht die gewerbsmäßige Beförderung von Personen genehmigungspflichtig. Diese

---

[1]) Zuletzt geändert durch Gesetz vom 14. 12. 1976.
[2]) Zuletzt geändert durch Gesetz vom 14. 12. 1976.

Genehmigungspflicht hat den doppelten Sinn, zum einen die Sicherheit und Leistungsfähigkeit des Betriebes zu überprüfen, zum anderen die Verkehrskapazität, das heißt das Angebot an Verkehrsleistungen, zu kontrollieren. So heißt es im Personenbeförderungsgesetz in § 13 Abs. 2:

> „Beim Straßenbahn-, Obus- und Linienverkehr mit Kraftfahrzeugen ist die Genehmigung zu versagen, wenn ...
>
> 1. ...
> 2. durch den beantragten Verkehr die öffentlichen Verkehrsinteressen beeinträchtigt werden, insbesondere
>   a) der Verkehr mit den vorhandenen Verkehrsmitteln befriedigend bedient werden kann,
>   b) der beantragte Verkehr ohne eine wesentliche Verbesserung der Verkehrsbedienung Verkehrsaufgaben übernehmen soll, die vorhandene Unternehmer oder Eisenbahnen bereits wahrnehmen,
>   c) die für die Bedienung dieses Verkehrs vorhandenen Unternehmer oder Eisenbahnen die notwendige Ausgestaltung des Verkehrs innerhalb einer von der Genehmigungsbehörde festzusetzenden angemessenen Frist selbst durchzuführen bereit sind ...“

Da das Personenbeförderungsgesetz ein Anhörverfahren vorsieht, das heißt, da vor der Erteilung der Genehmigung diejenigen gehört werden müssen, die im Verkehrsgebiet des beantragenden Unternehmers bereits Verkehrsbetriebe unterhalten, also vor allem Bundesbahn und Bundespost sowie die öffentlichen Verkehrsbetriebe der Kommunen, ist kaum daran zu zweifeln, welche Stellungnahmen diese Unternehmen im Anhörverfahren abgeben werden.

Als letzte Bestimmung aus dem Personenbeförderungsgesetz sei noch die Vorschrift erwähnt, daß die Beförderungsentgelte und ihre Änderung behördlich genehmigt werden müssen, wobei insbesondere zu prüfen ist, ob die Entgelte „unter Berücksichtigung der wirtschaftlichen Lage des Unternehmers, einer ausreichenden Verzinsung und Tilgung des Anlagekapitals und der notwendigen technischen Entwicklung angemessen sind und mit den öffentlichen Verkehrsinteressen und dem Gemeinwohl in Einklang stehen" (§ 39). Damit ist sowohl der Marktzugang wie auch die Preisbildung und Preisfestsetzung im Bereich der Personenbeförderung im Linienverkehr durch Genehmigungsbehörden geregelt. Diese werden von den Landesregierungen bestimmt.

Was für die Beförderung von Personen gilt, gilt im Grundsatz auch für die Beförderung von Gütern auf der Straße. Das Güterkraftverkehrsgesetz unterwirft den Güterfernverkehr einer Genehmigungspflicht. Aufgrund von § 9 hat der Verkehrsminister u. a. das Recht, mit Zustimmung des Bundesrats und „unter Berücksichtigung des öffentlichen Verkehrsbedürfnisses und der Verkehrssicherheit auf den Straßen die Höchstzahlen der Kraftfahrzeuge für den allgemeinen Güterfernverkehr" festzusetzen und auf die Bundesländer aufzuteilen. Das Angebot ist somit eindeutig kontingentiert. Die Verfassungsmäßigkeit dieser Kontingentierung ist umstritten. Sie wurde von den Gerichten sowohl bejaht als auch verneint. Die Tarife, also die Preise für Verkehrsleistungen, sind gebunden. § 20 a Abs. 1 und 2 des Güterkraftverkehrsgesetzes lautet:

„(1) Die Frachtsätze und alle anderen zur Bestimmung des Beförderungsentgelts notwendigen Angaben des Tarifs werden von Tarifkommissionen festgesetzt.

(2) Die Beschlüsse der Tarifkommissionen nach Abs. 1 bedürfen der Genehmigung des Bundesministers für Verkehr. Er entscheidet im Einvernehmen mit dem Bundesminister für Wirtschaft."

Da die Bundesregierung nach § 7 des Güterkraftverkehrsgesetzes — mit dem Ziel bester Verkehrsbedingungen — darauf hinzuwirken hat, „daß die Wettbewerbsbedingungen der Verkehrsträger angeglichen werden und daß durch marktgerechte Entgelte und einen lauteren Wettbewerb der Verkehrsträger eine volkswirtschaftlich sinnvolle Aufgabenteilung ermöglicht wird" und da der Bundesverkehrsminister „die Leistungen und Entgelte der verschiedenen Verkehrsträger ... insoweit aufeinander abzustimmen" hat, „als es die Verhinderung eines unbilligen Wettbewerbs erfordert", entscheidet praktisch der Verkehrsminister im Einvernehmen mit dem Bundesminister für Wirtschaft über das Ausmaß des Preiswettbewerbs zwischen den Verkehrsträgern.

Die Binnenschiffahrt

Im Gegensatz zum Güterfernverkehr auf der Straße gibt es in der Binnenschiffahrt keine Angebotskontingentierung. Der Zugang zum Markt ist frei. Die deutsche Binnenschiffahrt leidet aber unter einem Überangebot an Frachtraum, weil der Kahnraum durch die Flucht ost- und mitteldeutscher Schiffer stark vermehrt wurde.

Grundlage der Marktordnung in der Binnenschiffahrt ist das „Gesetz über den gewerblichen Binnenschiffsverkehr" vom 1. 10. 1953 in der Fassung vom 8. 1. 1969. § 1 sieht vor:

> „Vereinbarungen von Schiffahrtverbänden untereinander sowie zwischen Schiffahrtverbänden und Schiffahrttreibenden über die Verteilung von Fracht- und Schleppgut, das ganz oder streckenweise auf Bundeswasserstraßen befördert werden soll, bedürfen der Genehmigung der Wasser- und Schiffahrtsdirektion ... Die Genehmigung ist nur zu versagen, wenn Gründe der Verkehrspolitik es erfordern oder wenn die Vereinbarungen den Wettbewerb in unangemessener Weise einschränken würden."

Damit ist praktisch der Weg freigegeben für die Bildung von Quotenkartellen in der Binnenschiffahrt. Im Falle von Notständen ist der Bundesverkehrsminister sogar ermächtigt, die Verteilung des Fracht- und Schleppgutes auf die Binnenschiffer durch Rechtsverordnung zu regeln. Mit anderen Worten: Quotenkartelle — eine Kartellart, die in anderen Bereichen verboten ist — können der Binnenschiffahrt aufgezwungen werden.

Eine Preiskonkurrenz ist durch § 21 des Binnenschiffahrtsgesetzes ausgeschlossen, denn „die Entgelte für Verkehrsleistungen der Schiffahrt und Flößerei zwischen deutschen Lade- und Löschplätzen ... werden durch Frachtenausschüsse der Binnenschiffahrt festgesetzt", d. h. genauer, vorgeschlagen und im Einvernehmen mit dem Bundesminister für Wirtschaft durch Rechtsverordnung des Bundesverkehrsministers in Kraft gesetzt. Dabei soll den wirtschaftlichen Verhältnissen der Unternehmer, insbesondere der mittelständischen Unternehmer, Rechnung getragen werden. Abschließend zur Marktordnung in der Binnenschiffahrt ist noch zu erwähnen, daß das Gesetz auch einen Frachtenausgleich, d. h. die Abführung einer Ausgleichsabgabe durch bestimmte Kategorien von Schiffahrtsunternehmern an andere Schiffahrtsunternehmer vorsieht. Das ist nicht weiter verwunderlich, wissen wir doch von Quotenkartellen, daß sie in der Regel und notwendigerweise auch einen Gewinn- und Verlustausgleich innerhalb des Kartells nach sich ziehen.

Die Luftfahrt

Der Luftverkehr in der Bundesrepublik ist nach dem Luftverkehrsgesetz vom 1. 8. 1922 in der Fassung vom 4. 11. 1968, zuletzt geändert durch Gesetz vom 20. 12. 1976, geordnet. Danach ist die gewerbsmäßige Beförderung von Personen oder Sachen durch Luftfahrzeuge genehmigungspflichtig. Die Preise im Binnenverkehr sind ebenfalls staatlicher Genehmigung unterworfen. Alle Luftverkehrsgesellschaften sind zu einem internationalen Preiskartell zusammengeschlossen. Ein Wettbewerb findet nur im Bereich der Flugzeiten, der Flugsicherheit und des Service statt.

Der Nachrichtenverkehr

Nach § 2 Abs. 1 des Gesetzes über das Postwesen vom 28. 7. 1969, zuletzt geändert durch Gesetz v. 2. 3. 1974, ist „das Errichten und Betreiben von Einrichtungen zur entgeltlichen Beförderung von Sendungen mit schriftlichen Mitteilungen oder mit sonstigen Nachrichten von Person zu Person der Deutschen Bundespost auusschließlich vorbehalten". Dem Beförderungsrecht der Bundespost entspricht eine Beförderungspflicht (Kontrahierungszwang). Im Bereich des Post- und Fernmeldewesens einschließlich Funk existiert also ein Staatsmonopol.

Zusammenfassung

Der Überblick über die Ordnung der Verkehrsmärkte hat gezeigt, daß die meisten Verkehrsmärkte mit Ausnahme der Binnenschiffahrt und des Kraftfahrzeugnahverkehrs „geschlossene" Märkte sind. Staatliche Monopole oder staatliche bzw. gemeindliche Teilmonopole dominieren. Das Angebot ist auf den meisten Märkten einer strengen mengenmäßigen Beschränkung unterworfen. Die Preise sind entweder staatlich festgesetzt oder staatlich kontrolliert. Dadurch stehen die einzelnen Verkehrsträger untereinander in einem beschränkten, vom Bundesverkehrsminister gelenkten Wettbewerb.

3. Die Ordnung im Energiesektor

a. Die Begründung für eine nicht-marktwirtschaftliche Ordnung im Energiesektor

Der Wirtschaftsbereich Energie mit seinen Zweigen Kohle-, Gas-, Elektrizitätsversorgung, Öl und Atomenergie kann aus technischen und wirtschaftlichen Gründen nur unter den Marktformen Oligopol und Monopol arbeiten. Die Kosten der Errichtung von Energiewirtschaftsbetrieben sind derart hoch, die Fixkosten fallen derart stark ins Gewicht und die Kapazitäten der Energieversorgungsunternehmen sind so groß, daß die Bedienung einzelner Marktgebiete durch viele Betriebe aus technischen und wirtschaftlichen Gründen unrationell wäre. Außerdem sind Gas und Elektrizität körperlose Energiearten, die nur mit Hilfe eines eigenen Transportsystems in Leitungen dem Verbrauch zugeführt werden können. Für diese Leitungsanlagen müssen öffentliche Wege in Anspruch genommen werden. Diese Inanspruchnahme gilt nach dem Wegerecht als eine Sondernutzung, die einer Genehmigung der zuständigen Gebietskörperschaft bedarf. Die Konzession zum Leitungsbau wird aber aus naheliegenden Gründen regelmäßig nur *einem* Unternehmen erteilt, das damit zwangsläufig ein Monopol erlangt. Weil aber die Versorgung der Wirtschaft mit Energie für die wirtschaftliche Entwicklung bedeutend ist und da die Energiepreise die Produktionskosten und damit die Produktionspreise der auf den In- und Auslandsmärkten angebotenen Güter beeinflussen, muß Sorge getragen werden, daß die Energielieferanten ihre Monopol-, Teilmonopol- oder Oligopolstellung nicht mißbrauchen können. Daraus erklärt sich das Interesse der öffentlichen Hand an der besonderen Ordnung des Energiesektors. Dieses Interesse wurde verstärkt durch Erfahrungen aus der Frühzeit des Industrialismus, in der Privatunternehmen der Gas- und Elektrizitätswirtschaft aus Rentabilitätsgründen darauf verzichteten, verkehrsungünstig gelegene Industrie- und Verbraucherstandorte mit Energie zu versorgen, so daß sogenannte energiewirtschaftliche Ödräume entstanden. Außerdem können privatrechtliche Monopol- und Oligopolpreise die Deckung des Energiebedarfs einkommensschwacher Privathaushalte verhindern[1].

b. Die Marktordnung im Energiesektor

Grundlage für die Ordnung in der Elektrizitäts- und Gaswirtschaft ist das „Gesetz zur Förderung der Energiewirtschaft" (Energiewirtschaftsgesetz) vom 13. 12. 1935, das gemäß Art. 123 Abs. 1 des Grundgesetzes nach wie vor in Kraft ist. In der Präambel dieses Gesetzes sind die Ziele der Energiepolitik formuliert. Dies sind:

1. Sicherung des öffentlichen Einflusses auf die Energiewirtschaft aus den oben dargelegten Gründen;

2. ein wirtschaftlicher Einsatz der Energiearten;

3. die Verhinderung eines volkswirtschaftlich schädlichen Wettbewerbs;

[1]) Vgl. zu dieser Problematik: „Die Energiewirtschaft, Struktur, Organisation und Tendenzen", eine Studie der Forschungsstelle der Friedrich-Ebert-Stiftung, Hannover 1960.

4. die Förderung der Verbundwirtschaft;

5. eine sichere und billige Energieversorgung.

Um diese Ziele zu erreichen, hat das Gesetz folgende Mittel vorgesehen:

1. die Elektrizitäts- und Gasversorgung ist einer Bundes- und Länderaufsicht unterstellt (§ 1);

2. die Energieaufsichtsbehörden der Länder können von den Energieversorgungsunternehmen jede Auskunft über ihre technischen und wirtschaftlichen Verhältnisse verlangen (§ 3);

3. die Energieversorgungsunternehmen sind verpflichtet, vor dem Bau, der Erneuerung, der Erweiterung oder der Stillegung von Energieanlagen den Energieaufsichtsbehörden der Länder Anzeige zu erstatten. Die Aufsichtsbehörden können den Bau, die Erneuerung, die Erweiterung oder die Stillegung beanstanden oder untersagen, wenn das Gemeinwohl es erfordert. Damit ist eine öffentliche Kontrolle der Investitionen und somit auch der Kapazitäten im Elektrizitäts- und Gassektor sichergestellt (§ 4);

4. die Energieversorgungsunternehmen sind verpflichtet, ihre allgemeinen Geschäftsbedingungen und ihre Tarife öffentlich bekanntzugeben und zu diesen Bedingungen und Preisen jedermann an ihr Versorgungsnetz anzuschließen. Die Unternehmen haben also eine Versorgungspflicht (§ 6);

5. da im Energiesektor die Preise wegen der Monopol- und Oligopolstellungen nicht regulierend wirken können, haben der Bundeswirtschaftsminister und die Länder das Recht, die allgemeinen Bedingungen und die Preise der Energieversorgungsunternehmen wirtschaftlich zu gestalten und rechtsverbindlich zu beeinflussen (§ 7); Strom- und Gaspreise sind behördlich gebunden;

6. die Einfuhr von Energie in Form von Elektrizität oder Gas bedarf einer Genehmigung;

7. wenn ein Energieversorgungsunternehmen außerstande ist, seine Versorgungsaufgaben und -pflichten zu erfül-

len, kann die Energieaufsichtsbehörde die Weiterführung des Betriebes ganz oder teilweise im Untersagungsverfahren verbieten (§ 8).

Durch diese Mittel der Zulassungskontrolle, der Investitionskontrolle, der Preiskontrolle, der Einfuhrkontrolle, der Versorgungspflicht und der allgemeinen Staatsaufsicht ist eine lückenlose Kontrolle der Entwicklung der Elektrizitäts- und Gaswirtschaft gesichert. Abgesehen davon befinden sich die meisten Elektrizitätsunternehmen ganz oder teilweise (durch Kapitalbeteiligungen) im Eigentum der öffentlichen Hand. Die Gasversorgungsunternehmen sind fast völlig im Eigentum der öffentlichen Hand.

Im Zusammenhang mit der Energiekrise Ende 1973 hat der Bundestag ein „Gesetz zur Sicherung der Energieversorgung bei Gefährdung oder Störung der Einfuhren von Erdöl, Erdölerzeugnissen oder Erdgas (Energiesicherungsgesetz 1975)" vom 20. 12. 1974 verabschiedet, dessen Geltungsdauer bis zum 31. 12. 1979 befristet ist. Für den Fall einer Gefährdung oder Störung der Energieversorgung durch Gefährdung oder Störung der Einfuhren von Erdöl, Erdölerzeugnissen oder Erdgas kann die Bundesregierung in dem Fall, daß die Gefährdung oder Störung der Energieversorgung durch marktgerechte Maßnahmen nicht, nicht rechtzeitig oder nur mit unverhältnismäßigen Mitteln zu beheben ist, durch Rechtsverordnungen zur Sicherung des lebenswichtigen Energiebedarfs Vorschriften erlassen, die die Produktion, den Transport, die Lagerung, die Verteilung, die Abgabe, den Bezug, die Verwendung und die Höchstpreise von Erdöl und Erdölerzeugnissen, von festen, flüssigen und gasförmigen Energieträgern, von elektrischer Energie und sonstigen Energien regeln. Möglich sind insbesondere mengenmäßige Beschränkungen, also Rationierungen. Der Reduzierung des Energieverbrauchs dient das „Gesetz zur Einsparung von Energie in Gebäuden" (Energieeinsparungsgesetz) vom 22. 7. 1976.

Einen Problemkreis besonderer Art innerhalb der Energiewirtschaft stellt der Bergbau dar, der angesichts der Energiekrise der Jahre 1973/74 wieder mehr in das Blickfeld der Diskussion um die Sicherung der Energieversorgung gerückt ist. In der Kohleförderung hatte die öffentliche Hand schon immer Einfluß geltend zu machen versucht, sei es durch den Betrieb eigener Bergwerke, sei es durch Kapitalbeteiligungen, durch Preiskontrollen oder — wie z. B. in Großbritannien — durch Verstaatlichung. In Deutschland hatte man den technischen und wirtschaftlichen Besonderheiten des Bergbaues durch die Zulassung von Preis- und Quotenkartellen und durch eine staatliche Beeinflussung der Kartellpreise Rechnung zu tragen versucht. Für die gegenwärtige Marktordnung ist festzuhalten:

1. Es sind Absatzorganisationen mit Syndikatscharakter zugelassen. Die Preise werden von den Kohleverkaufsgesellschaften festgesetzt. Die Bundesregierung hat sich ein Mitspracherecht gesichert. Ein Preiswettbewerb besteht nicht. Im November 1968 wurde die „Ruhrkohle-AG" als Steinkohleneinheitsgesellschaft gegründet. Da der Anteil der Kohle an der Primärenergieversorgung der Bundesrepublik Deutschland von 75 % im Jahre 1950 auf 33 % im Jahre 1968 zurückgegangen ist, wird über die Ruhrkohle AG versucht, über Rationalisierungsmaßnahmen absatzfördernde Kostensenkungen zu erreichen und den Absatz zu sichern. Der Bund und das Land Nordrhein-Westfalen haben für die Ruhrkohle AG Bürgschaften in Höhe von 3,2 Mrd. DM für 20 Jahre übernommen. Das Ziel der Absatzsicherung wurde bisher nicht erreicht: der Anteil der Steinkohle am Primärenergieverbrauch in der Bundesrepublik Deutschland ist von 28,8 % im Jahr 1970 auf 19,3 % im Jahr 1975 zurückgegangen.

2. Der Bund versucht, den Bergbau zu unterstützen

   a) durch eine Reihe sozialpolitischer Maßnahmen für Bergarbeiter;

   b) durch die Einführung eines Kohlenzolles;

   c) durch eine am 1. Mai 1960 eingeführte Belastung aller Heizölsorten mit einer Verbrauchsteuer, die bis zum 31. 4. 1963 befristet sein sollte, aber bis zum 31. 12. 1979 verlängert wurde;

d) durch das „Gesetz zur Förderung der Rationalisierung im Steinkohlenbergbau" vom 29. 7. 1963[1]);

e) durch die Einführung einer Lizenzierungspflicht für Heizöl- und Rohölimporte nach § 10 des Außenwirtschaftsgesetzes mit Wirkung vom 10. 12. 1964;

f) durch das „Gesetz über die Anzeige der Kapazitäten von Erdölraffinerien und Erdöl-Rohrleitungen" vom 9. 6. 1965[2]);

g) durch das „Gesetz über steuerliche Maßnahmen bei der Stillegung von Steinkohlenbergwerken" vom 11. 4. 1967[3]), durch das Stillegungsprämien im Falle von Zechenstillegungen gewährt werden;

h) durch Gesetze zur Förderung und Sicherung des Einsatzes von Steinkohle in der Elektrizitätswirtschaft[4]).

3. Eine Sonderstellung im Rahmen der Steinkohlenbergbaupolitik nimmt das „Gesetz zur Anpassung und Gesundung des deutschen Steinkohlenbergbaus und der deutschen Steinkohlenbergbaugebiete" vom 15. 5. 1968[5]) ein. Das Gesetz setzt einen „Bundesbeauftragten für den Steinkohlenbergbau" ein, dem als beratender Ausschuß ein Kohlenbeirat an die Seite gestellt ist. Der Bundesbeauftragte soll unter Beachtung der allgemeinen Wirtschaftspolitik der Bundesregierung und der Notwendigkeit, den technischen Fortschritt in der Energiewirtschaft nicht zu behindern, darauf hinwirken, „daß unter Berücksichtigung der gesamtwirtschaftlichen Belange sowie der besonderen sozialen und regionalwirtschaftlichen Verhältnisse der Steinkohlenbergbaugebiete 1. die Bergbauunternehmen ihre Produktionskapazität auf die Absatzmöglichkeiten ... ausrichten und 2. die Stein-

---

[1]) Zuletzt geändert durch Gesetz vom 14. 12. 1976.
[2]) Zuletzt geändert durch Gesetz vom 14. 12. 1976.
[3]) Zuletzt geändert durch Gesetz vom 21. 12. 1974.
[4]) Zuletzt geändert durch Gesetz vom 13. 12. 1974.
[5]) Zuletzt geändert durch Gesetz vom 14. 12. 1976.

kohlenbergwerke mit der nachhaltig stärksten Ertragskraft ihre Produktionskapazität ausnutzen können ..." (§ 1). Das Gesetz sieht u. a. vor[1]):

a) Absatz-, Produktions- und Lagervorausschätzungen durch den Bundesbeauftragten sowie eine Meldung der zu erwartenden Einstellungen, Entlassungen und Verlegungen von Arbeitnehmern an den Beauftragten;

b) die Empfehlung von Änderungen der Produktionskapazität und der Produktion sowie von betrieblichen und überbetrieblichen Rationalisierungsmaßnahmen und Beschäftigungsmaßnahmen des Beauftragten an Bergbauunternehmen; wenn Unternehmen solchen Empfehlungen nicht nachkommen, können ihnen Vergünstigungen im Rahmen der Förderung der Unternehmenskonzentration versagt werden (steuerliche Vorteile, Bürgschaften);

c) den Wegfall von Stillegungsprämien, Steuervergünstigungen, Frachthilfen und sonstigen Vergünstigungen, wenn ein Unternehmen den Empfehlungen des Bundesbeauftragten nicht nachkommt oder keine „optimale" Größe aufweist;

d) die Aufstellung eines Gesamtsozialplanes für den Steinkohlenbergbau und die Gewährung von Abfindungsgeld an Bergleute unter bestimmten Voraussetzungen, wenn sie aus Anlaß einer Stillegungsmaßnahme entlassen worden sind;

e) die Gewährung einer Investitionsprämie durch Abzug von 10 % der Anschaffungskosten der Investition von der Einkommen- oder Körperschaftsteuer für Investitionen bis zum 1. 1. 1972, wenn der Bundesbeauftragte die Förderungswürdigkeit der Investition bescheinigt hat.

Bis zum Ausbruch der Erdölkrise 1973 war es das Kernproblem der Energiepolitik, die deutsche Wirtschaft wegen

[1]) Eine kritische Analyse dieses Gesetzes gibt: H. O. Lenel, „Das Kohlenanpassungsgesetz", in: Ordo, Bd. 20, 1969, S. 157 ff.

ihrer starken Exportorientierung aus Konkurrenzgründen mit billiger Energie zu versorgen. Eine Politik der Verlangsamung des Raffinerieausbaues, der Kontingentierung der Heizöleinfuhren und der Erhöhung der Heizölpreise durch Heizölbesteuerung zugunsten des Kohlenbergbaues erschien bis zu diesem Zeitpunkt als verfehlt. Mittlerweile besteht das Hauptproblem der Energiepolitik in der politischen Sicherung der wesentlich auslandsabhängigen Energieversorgung, ohne daß der Gesichtspunkt der Energiekosten vernachlässigt werden darf.

Literatur zu Kapitel IV

A. Literatur zur Wettbewerbstheorie und Wettbewerbspolitik

Abott, L., Qualität und Wettbewerb, München-Berlin 1958

Böhler, E., Die Konkurrenz als Organisationsprinzip der Wirtschaft, in: Schweizerische Zeitschrift für Nationalökonomie, 1950

Eucken, W., Die Wettbewerbsordnung und ihre Verwirklichung, in: Ordo, Bd. 2, 1949

Ders., Grundsätze der Wirtschaftspolitik, 5. Aufl., Tübingen 1975

Görgens, E., Wettbewerb und Wirtschaftswachstum, Freiburg 1969

Hayek, F. A. v., Der Wettbewerb als Entdeckungsverfahren, Kiel 1968

Herdzina, K. (Hrsg.), Wettbewerbstheorie, Köln 1975

Hoppmann, E., Marktmacht und Wettbewerb, Recht und Staat in Geschichte und Gegenwart, Heft 471, Tübingen 1977

Kantzenbach, E., Die Funktionsfähigkeit des Wettbewerbs, Göttingen 1971

Machlup, F., Patentwesen, in: Handwörterbuch der Sozialwissenschaften, Stuttgart-Tübingen-Göttingen 1964

Miksch, L., Wettbewerb als Aufgabe. Die Grundsätze einer Wettbewerbsordnung, 2. Aufl., Bad Godesberg 1947

Schneider, H. K. (Hrsg.), Grundlagen der Wettbewerbspolitik, Berlin 1968 (Schriften des Vereins für Socialpolitik, N.F. Bd. 48)

Schriften der Akademie für deutsches Recht, Der Wettbewerb als Mittel volkswirtschaftlicher Leistungssteigerung und Leistungsauslese, Berlin 1942

Wettbewerb als Aufgabe. Nach 10 Jahren Gesetz gegen Wettbewerbsbeschränkungen, Bad Homburg v. d. H.-Berlin-Zürich 1968 (Wirtschaftsrecht und Wirtschaftspolitik, Bd. 7)

B. Spezielle Literatur zur Konzentrationsproblematik

Arndt, H. (Hrsg.), Die Konzentration in der Wirtschaft, 2 Bde., 2. Aufl., Berlin 1971 (Schriften des Vereins für Socialpolitik, N.F. Bd. 20)

Ders., Wirtschaftliche Macht-Tatsachen und Theorien, München 1977

Grosser, D. (Hrsg.), Konzentration ohne Kontrolle, 2. Aufl., Köln-Opladen 1970

Lenel, H. O., Ursachen der Konzentration, 2. Aufl., Tübingen 1968

Monopolkommission, Hauptgutachten I: Mehr Wettbewerb ist möglich, Baden-Baden 1976

Salin, E. (Hrsg.), Notwendigkeit und Gefahr der wirtschaftlichen Konzentration in nationaler und internationaler Sicht, Tübingen 1969

C. Wettbewerbsrechtliche Literatur

Baumbach-Hefermehl, Wettbewerbs- und Warenzeichenrecht, Bd. 1, 11. Aufl., München 1974, Bd. 2, 10. Aufl., München 1969

Fikentscher, W., Die Preisunterbietung nach neuem Wettbewerbsrecht, Heidelberg 1958

Ders., Wettbewerb und gewerblicher Rechtsschutz, München-Berlin 1958

Langen-Schmidt-Niederleithinger, Gesetz gegen Wettbewerbsbeschränkungen, 5. Aufl., Neuwied-Berlin-Darmstadt 1976

Zehn Jahre Bundeskartellamt, Beiträge zu Fragen und Entwicklungen auf dem Gebiet des Kartellrechts, Köln-Berlin-Bonn-München 1968

D. Literatur zur Ordnung einzelner Wirtschaftsbereiche

Beckerath, H. v., Großindustrie und Gesellschaftsordnung, Tübingen-Zürich 1954

Burgbacher, F. (Hrsg.), Ordnungsprobleme und Entwicklungstendenzen in der deutschen Energiewirtschaft, Essen 1967

Forster, K., Allgemeine Energiewirtschaft, 2. Aufl., Berlin 1973

Friedrich-Ebert-Stiftung (Hrsg.), Die Energiewirtschaft — Struktur, Organisation und Tendenzen, Hannover 1960

Guttmann, V., Gewerbe- und Industriepolitik, Wien 1960

Hamm, W., Schiene und Straße. Das Ordnungsproblem im Güterverkehr zu Lande, Heidelberg 1954

Hoppmann, E., Binnenhandel und Binnenhandelspolitik, Berlin-Frankfurt 1959

Immenga, U., Wettbewerbsbeschränkungen auf staatlich gelenkten Märkten. Eine Untersuchung zur rechtlichen Stellung der Verkehrs-, Bank- und Versorgungswirtschaft in der Wettbewerbsordnung, Tübingen 1967

Linden, W., Grundzüge der Verkehrspolitik, Wiesbaden 1961

Nieschlag, R., Binnenhandel und Binnenhandelspolitik, 2. Aufl., Berlin 1972

Predöhl, A., Verkehrspolitik, 2. Aufl., Göttingen 1964

Schmitt, A., Verkehrsordnung durch Wettbewerb oder Zwang, in: Ordo, Bd. 3, 1950

Wernet, W., Handwerk im Wettbewerb — Voraussetzungen, Verwirklichungen und Ergebnisse des Wettbewerbs im Handwerk, Münster 1967

Ders., Handwerkspolitik, Göttingen 1952

Ders., Handwerkspolitik, in: Handwörterbuch der Sozialwissenschaften, Stuttgart-Tübingen-Göttingen 1956

Wessels, Th., Art. Gewerbepolitik, in: Handwörterbuch der Sozialwissenschaften, Stuttgart-Tübingen-Göttingen 1964

Wolf, M., Die öffentliche Energiewirtschaft im Spannungsfeld ökonomischer und politischer Machteinflüsse, Düsseldorf 1968

V. Die Außenwirtschaftsordnung

A. DAS AUSSENWIRTSCHAFTSGESETZ

Die für die Soziale Marktwirtschaft charakteristische Wirtschaftsfreiheit gilt nicht nur für die Binnenwirtschaft, sondern auch für die Gestaltung der Außenwirtschaftsbeziehungen der Bundesrepublik. Vier Gründe lassen sich für diese freiheitliche Ordnung der Außenwirtschaft anführen:

1. Die Erkenntnis, daß nach Erreichung einer höheren Stufe wirtschaftlicher Entwicklung das Freihandelsprinzip die Wohlfahrt des eigenen Landes und die Wohlfahrt der Handelspartner mehr erhöht als jedes andere Prinzip der Gestaltung der Außenwirtschaftsbeziehungen.

2. Die Interdependenz zwischen Binnen- und Außenwirtschaft. Eine im Inneren freie Wirtschaft verlangt konsequenterweise eine freie Außenwirtschaft. Die Freiheit im Innern ist abhängig von der Freiheit nach außen.

3. Die Außenhandelsabhängigkeit der Bundesrepublik bedingt, daß die Bundesrepublik für eine Ausweitung des Welthandels eintritt.

4. Die wettbewerbspolitischen Ziele der Bundesrepublik lassen sich umso leichter erreichen, je offener die Märkte auch für ausländische Konkurrenten sind.

Seit die Gesetzgebung wieder in deutschen Händen liegt, haben Bundestag und Bundesregierung auf eine Liberalisierung des Außenwirtschaftsverkehrs hingearbeitet. Ihren vorläufigen Höhepunkt haben diese Bemühungen im Außenwirtschaftsgesetz vom 28. 4. 1961 gefunden[1]). Es bestimmt in seinem § 1 Abs. 1:

> „(1) Der Waren-, Dienstleistungs-, Kapital-, Zahlungs- und sonstige Wirtschaftsverkehr mit fremden Wirtschaftsgebieten sowie der Verkehr mit Auslandswerten und Gold zwischen Gebietsansässigen (Außenwirtschaftsverkehr) ist grundsätzlich frei. Er unterliegt den Einschränkungen, die dieses Gesetz enthält oder die durch Rechtsverordnung auf Grund dieses Gesetzes vorschrieben werden."

Dieser Grundsatz der Außenhandelsfreiheit wird noch einmal betont, wenn es in § 2, der die Art und das Ausmaß der Beschränkungen regelt, u. a. heißt:

> „Beschränkungen sind nach Art und Umfang auf das Maß zu begrenzen, das notwendig ist, um den in der Ermächtigung angegebenen Zweck zu erreichen. Sie sind so zu gestalten, daß

[1]) Zuletzt geändert durch Gesetz vom 23. 6. 1976.

in die Freiheit der wirtschaftlichen Betätigung so wenig wie
möglich eingegriffen wird. Beschränkungen dürfen abgeschlos-
sene Verträge nur berühren, wenn der angestrebte Zweck erheblich gefährdet wird."

Beschränkungsmöglichkeiten sind vorgesehen:

1. soweit sie erforderlich sind, um die Erfüllung von Verpflichtungen aus zwischenstaatlichen Vereinbarungen zu
gewährleisten, wie etwa die Verpflichtungen aus dem
EWG-Vertrag, aus der GATT-Mitgliedschaft der Bundesrepublik und aus der Mitgliedschaft beim Internationalen Währungsfonds (§ 5);

2. um schädlichen Folgen für die Wirtschaft oder für einzelne Wirtschaftszweige im Wirtschaftsgebiet vorzubeu-
gen oder entgegenzuwirken, soweit solche Folgen durch
Maßnahmen in fremden Wirtschaftsgebieten drohen.
Wenn z. B. ein Land für Waren aus der Bundesrepublik
Einfuhrsperren verhängt oder eine hochschutzzöllneri-
sche Politik betreibt, kann die Bundesregierung Gegen-
maßnahmen ergreifen (§ 6);

3. wenn die Sicherheit der Bundesrepublik und ihre aus-
wärtigen Interessen auf dem Spiele stehen. In diesem
Fall müssen die wirtschaftlichen Interessen der Staats-
bürger hinter den Interessen der staatlichen Gemeinschaft zurücktreten (§ 7);

4. für eine Reihe ganz spezieller Fälle, die in den §§ 8
bis 24 aufgeführt sind und vor allem der Sicherung
branchenkonjunktureller, kapitalmarkt-, währungs- und
sozialpolitischer Ziele dienen.

Zu den derzeit Einfuhrbeschränkungen unterliegenden
Gütern gehören aus bereits dargelegten Gründen insbeson-
dere Güter der Land- und Ernährungswirtschaft sowie eine
Reihe von Textilprodukten.

Seit Juli 1958 ist die Wareneinfuhr aus OECD-Ländern
und aus Dollarländern zu einem so hohen Prozentsatz
liberalisiert (mehr als 95 %), daß seitdem der Liberali-
sierungssatz gar nicht mehr errechnet wird. Der Dienst-
leistungsverkehr war in allen seinen Arten, also hinsichtlich

der Dienstleistungen aus dem Warenverkehr, aus der Versicherung, aus dem Reiseverkehr, hinsichtlich der Zahlungen der verschiedensten Art in das Ausland — bis auf geringe Ausnahmen im Bereich der Sachversicherungen — frei. Die Freiheit des Kapitalverkehrs hat jedoch aufgrund der sich auch nach Abschluß der Washingtoner Vereinbarungen vom 18. 12. 1971 als krisenanfällig erweisenden internationalen Währungssituation eine Einschränkung erfahren.

Zum Zwecke der außenwirtschaftlichen Absicherung hatte die Bundesregierung zusätzlich zu dem seit 9. 5. 1971 bestehenden Verzinsungsverbot für ausländische Guthaben durch Beschlüsse vom 29. 6. 1972 bzw. vom 14. 6. 1973 zu folgenden, in der wirtschaftswissenschaftlichen Diskussion sehr umstrittenen Maßnahmen gegriffen:

1. verstärkte Anwendung der Bardepotregelung nach § 6 a des Außenwirtschaftsgesetzes, durch die die Kreditaufnahme im Ausland aufgrund der zinslosen Anlage eines bestimmten Anteils der eingegangenen Verbindlichkeiten bei der Bundesbank erschwert wird;

2. Einführung der Genehmigungspflicht nach § 23 des Außenwirtschaftsgesetzes sowohl für die entgeltliche Abtretung von inländischen DM-Forderungen (z. B. Schatzwechsel, unverzinsliche Schatzanweisungen, Vorratsstellenwechsel, bankgirierte Wechsel) an Ausländer als auch für den entgeltlichen Erwerb inländischer Wertpapiere durch Gebietsfremde von Gebietsansässigen und für die unmittelbare oder mittelbare Aufnahme von Darlehen und sonstigen Krediten bei Ausländern[1]).

Durch diese Maßnahmen wurde eine Eindämmung des Kapitalzuflusses in die Bundesrepublik angestrebt. Die weitere Entwicklung im Geld- und Kapitalverkehr zwischen der Bundesrepublik und dem Ausland gestattete es, die Kapitalverkehrsbeschränkungen abzubauen und die Bardepotpflicht aufzuheben[2]).

---

[1]) Siebenundzwanzigste Verordnung zur Änderung der Außenwirtschaftsverordnung vom 14. 6. 1973.
[2]) Vgl. Zweiunddreißigste Verordnung zur Änderung der Außenwirtschaftsverordnung vom 12. 9. 1974.

B. DIE BUNDESREPUBLIK ALS MITGLIED WELTWIRT-
SCHAFTLICHER ORGANISATIONEN

1. Das General Agreement on Tariffs and Trade (GATT)

Das am 30. 10. 1947 getroffene „Allgemeine Abkommen über Zölle und die Handelspolitik" verpflichtet als ein multilaterales Abkommen die Mitgliedsländer zu einer internationalen wirtschaftlichen Zusammenarbeit. Auf eine Wiedergabe der Funktionen des GATT muß hier verzichtet werden. Im Rahmen unserer Überlegungen genügt die Erwähnung der Tatsache, daß das GATT von seinen Mitgliedern die Befolgung des Prinzips der Meistbegünstigung im Außenhandel verlangt und eine möglichst weitgehende Außenhandelsliberalisierung auf dem Wege über Zollsenkungen und über die Aufhebung von mengenmäßigen Einfuhrbeschränkungen anstrebt und damit seine Mitglieder außenhandelspolitisch bindet. In der Präambel zum GATT heißt es: „Die Regierungen ... haben in der Erkenntnis, daß ihre Handels- und Wirtschaftsbeziehungen auf die Erhöhung des Lebensstandards, auf die Verwirklichung der Vollbeschäftigung, auf ein hohes und ständig steigendes Niveau des Realeinkommens und der wirksamen Nachfrage, auf die volle Erschließung der Hilfsquellen der Welt, auf die Steigerung der Produktion und des Austausches von Waren gerichtet sein sollen, und in dem Wunsche, zur Verwirklichung dieser Ziele durch den Abschluß von Vereinbarungen beizutragen, die auf der Grundlage der Gegenseitigkeit und zum gemeinsamen Nutzen auf einem wesentlichen Abbau der Zölle und anderer Handelsschranken sowie auf die Beseitigung der Diskriminierung im internationalen Handel abzielen ... folgendes vereinbart" (es folgen die Vertragsvorschriften im einzelnen).

2. Der Internationale Währungsfonds (IWF)

Die Bundesrepublik ist dem IWF — er wurde 1944 in Bretton Woods gegründet — 1952 beigetreten. Die Mitgliedsstaaten haben sich zu einer engen währungspolitischen Zusammenarbeit verpflichtet, um ein ausgeglichenes und störungsfreies Wachstum des internationalen Handels zu sichern.

Die Hauptziele des Fonds sind:

1. Förderung der internationalen Zusammenarbeit auf dem Gebiet der Währungspolitik durch eine ständige Einrichtung, die als Apparat für Beratungen und für die Zusammenarbeit bei internationalen Währungsproblemen zur Verfügung steht;

2. Erleichterung der Ausweitung und eines ausgeglichenen Wachstums des Welthandels und dadurch Förderung und Aufrechterhaltung eines hohen Beschäftigtenstandes und des Realeinkommens aller Mitglieder;

3. Förderung der Währungsstabilität und Aufrechterhaltung geordneter Währungsbeziehungen zwischen den Mitgliedern;

4. Mitwirkung bei der Beseitigung von Devisenverkehrsbeschränkungen und bei der Einrichtung eines multilateralen Zahlungssystems für die laufenden Geschäftsbeziehungen zwischen den Mitgliedern;

5. Mitwirkung bei der Bereinigung von Unausgeglichenheiten der Zahlungsbilanzen durch Kredite.

Bis 1971 hat der IWF — alles in allem sehr erfolgreich — versucht, seine Ziele mit Hilfe erstens fester Wechselkurse, zweitens der freien Austauschbarkeit der Währungen der Mitgliedsländer (Währungskonvertibilität) und drittens multilateraler Kredithilfen zu erreichen. Der IWF funktionierte, solange der sog. Gold-Devisen-Standard funktionierte. Dieser internationale Währungsstandard bedeutete, daß sowohl das Gold als auch bestimmte, als stabil und vertrauenswürdig geltende nationale Währungen, die sog. Leitwährungen, z. B. der US-Dollar, als internationale Währungsreserve galten. Ein solcher Gold-Devisen-Standard funktioniert, solange die Leitwährungen in einer festen Bindung zum Gold stehen und die Leitwährungsländer verpflichtet sind, ihre Währung auch in Gold einzulösen oder — wenn die Leitwährung keine feste Goldbindung hat — solange die Leitwährung als stabiles und vertrauenswürdiges internationales Zahlungsmittel akzeptiert wird. Da seit einigen Jahren zuerst das englische Pfund und dann auch der US-Dollar, dessen Konvertierbarkeit in Gold am 15. 8. 1971 aufgehoben wurde, aus hier nicht darstellbaren Gründen, ihre Leitwährungsfunktionen nicht mehr erfüllen können, ist auch der IWF, besser: ist eines seiner tragenden Elemente, nämlich das System fester Wechselkurse, d. h. das System der festen internationalen Währungsparitäten, nicht mehr funktionsfähig.

Derzeit sind die Wechselkurse innerhalb der IWF-Mitgliedsländer flexibel, d. h. daß sich die Preise der Währungen im wesentlichen nach Angebot und Nachfrage an Devisen richten. Die Währungen der Mitglieder der Europäischen Gemeinschaft sind untereinander nach wie vor fixiert und schwanken untereinander nur innerhalb einer Bandbreite von 2,25 % um die fixierten Paritäten, sind aber gegenüber anderen Währungen flexibel (sog. Blockfloaten). Die notwendige Reform des IWF, bei der auch die Stellung der Entwicklungsländer wegen der Außenhandelsdefizite dieser Länder eine große Rolle spielt, ist in Gang gesetzt.

Wie immer eine Reform des Weltwährungssystems aussehen mag, sie wird folgenden Bedingungen genügen müssen: das System muß erstens so beschaffen sein, daß größere und anhaltende, sog. „fundamentale" Zahlungsbilanzungleichgewichte durch Wechselkursänderungen oder internationale Wirtschaftshilfen korrigiert werden können. Denn bei laufenden Zahlungsbilanzüberschüssen verkauft ein Land mehr an die Welt als es von ihr kauft, erhält also nicht den vollen, seinen Exporten entsprechenden Gegenwert. Laufende Zahlungsbilanzdefizite bedeuten, daß ein Land mehr von der Welt kauft als an sie liefert, also sozusagen auf Kosten anderer lebt. Zweitens muß sichergestellt weren, daß die Schaffung nationaler Kaufkraft nicht zur Schaffung internationaler Liquidität wird, wie das bei einem Leitwährungssystem der Fall ist, wo die Vermehrung der Leitwährung gleichzeitig eine Vermehrung internationaler Kaufkraft bedeutet. Drittens kann in Zukunft keinem Land mehr zugemutet werden, als Leitwährungsland allein oder überwiegend die Last der Sicherung des Weltwährungssystems zu tragen, weil dies bedeutet, daß das Leitwährungsland seine Binnen- und seine Außenwirtschaftspolitik den weltwährungspolitischen Aufgaben unterordnen muß.

Die Probleme der Reform des IWF sind so komplex, daß sie hier nicht näher behandelt werden können[1]).

C. Die Bundesrepublik als Mitglied der Europäischen Gemeinschaft

Bei der Behandlung der Zielsetzungen, die die Wirtschaftsordnung der Bundesrepublik charakterisieren, wurde als eines der Ziele die Liberalisierung der Außenhandelsbeziehungen und die Mitarbeit am Aufbau einer leistungsfähigen internationalen Ordnung des Güter-, Dienstleistungs- und Kapitalverkehrs genannt. An der Erreichung dieser Zielsetzungen arbeitet die Bundesrepublik seit Jahren mit großem Erfolg. Dabei ist sie — wie auch andere Staaten — so weit gegangen, nationalstaatliche Souveränitätsrechte freiwillig an supranationale Organisationen abzutreten. Diese Abtretung von Souveränitätsrechten wurde zwar durch den Druck der weltpolitischen Ereignisse — insbesondere durch die Ost-West-Auseinandersetzung — beschleunigt. Sicher ist die Abtretung von Souveränitätsrechten auch eine Folge des Willens zur Selbstbehauptung, die — langfristig gesehen — in Mitteleuropa nur noch innerhalb großer überstaatlicher politischer, wirtschaftlicher und militärischer Gebilde möglich ist. Nichtsdestoweniger

---

[1]) Vgl. dazu H. Möller, „Das Ende einer Weltwährungsordnung?", München 1972, H. W. Hankel, „Währungspolitik", 2. Aufl., Stuttgart-Berlin-Köln-Mainz 1972, F. A. Lutz (Hrsg.), „Internationales Währungssystem und Inflation", Zürich 1973, P. Bernholz, „Währungskrisen und Währungsordnung", Hamburg 1974 sowie H. Berg, „Internationale Wirtschaftspolitik", Göttingen 1976, S. 84 ff.

würde man der ablaufenden eindrucksvollen staatlichen, politischen, militärischen und nicht zuletzt wirtschaftlichen Integration nicht gerecht, wollte man behaupten, die westlichen Nationen würden nur durch die weltpolitische Entwicklung gegen ihren Willen dazu getrieben. Europa geht nach Überwindung der nationalstaatlichen Phase und der Periode der Gegnerschaft und Selbstzerstörung einer Einigung entgegen und ist gleichzeitig bemüht, in diese supranationalen weltwirtschaftlichen Integrationsprozesse die außereuropäischen, an einer arbeitsteiligen, möglichst freien Weltwirtschaftsordnung interessierten Nationen einzubeziehen.

Die Ordnungsformen der internationalen Arbeitsteilung sind — jedenfalls in Europa — soweit gediehen, daß die internationalen Verträge, in denen die außenwirtschaftlichen Ordnungsgrundsätze ihren Niederschlag gefunden haben, die Wirtschaftsverfassung der an dieser Ordnung beteiligten Volkswirtschaften beeinflussen und ihre Wirtschaftssysteme notwendig zu offenen, d. h. weltzugewandten, überregional und übernational orientierten Wirtschaftssystemen machen, deren wirtschaftspolitische Zielsetzungen zum Teil interdependent geworden sind. Diese Interdependenz der Zielsetzungen der Wirtschaftssysteme einer Reihe westlicher Länder ist teils Voraussetzung, teils Folge des Bestehens gemeinsamer Märkte und der Konvertibilität der Währungen.

Auf die außenwirtschaftlichen Zielsetzungen müssen auch *die* Zielsetzungen, die primär binnenwirtschaftlicher Natur zu sein scheinen, abgestimmt werden, wie z. B. die Geld- und Kreditpolitik — die ja immer auch den Außenwert der Währung und die Austauschverhältnisse berührt —, die Haushaltspolitik, die Konjunktur- und die Wettbewerbspolitik. Mit anderen Worten: die an übernationalen Integrationsprozessen beteiligten Volkswirtschaften sind in der Wahl der Ziele wie auch der Mittel ihrer Wirtschaftspolitik nicht mehr ganz frei.

Der notwendige, gleichwohl bewußt vollzogene Verzicht auf nationalstaatliche Souveränitätsrechte, die Einordnung der nationalen Wohlfahrt in die internationale Wohlfahrt, die Überwindung jahrhundertealter Denkvorstellungen und politischer Maximen, der Durchbruch Europas und der Welt zu neuen politischen und wirtschaftlichen Dimensionen, zu neuen Ordnungsvorstellungen, ist eine der eindrucksvollsten Zeitströmungen. Das wird bei der Skizzierung der folgenden internationalen Verträge noch deutlicher.

1. Die Europäische Gemeinschaft für Kohle und Stahl (EGKS)

Die EGKS wurde durch den Montanunionvertrag vom 18. 4. 1951 gegründet[1]. Sie ist ein völkerrechtliches Gebilde und hat die Aufgabe, zur Ausweitung der Wirtschaft, zur Steigerung der Beschäftigung und zur Hebung der Lebenshaltung in den Mitgliedsstaaten der Gemeinschaft beizutragen. Sie stellt den Versuch dar, zwischen den Produzenten und Verbrauchern von Kohle und Stahl innerhalb der Mitgliedsstaaten binnenmarktähnliche Verhältnisse zu schaffen. Ursprüngliche Mitglieder waren Belgien, die Bundesrepublik, Frankreich, Italien, Luxemburg und die Niederlande. Zum 1. 1. 1973 traten Dänemark, Irland und das Vereinigte Königreich von Großbritannien und Nordirland bei.

Für die Dauer des Vertrages (50 Jahre) wurde im Bereich der Kohle- und Stahlmärkte der Mitgliedsländer den nationalstaatlichen Regierungen verboten:

1. die Erhebung von Zöllen und gleichartigen Abgaben sowie eine mengenmäßige Beschränkung des Warenverkehrs,
2. Maßnahmen oder Praktiken mit diskriminierendem Charakter,
3. die Zahlung von Subventionen und Beihilfen oder die Auferlegung von Sonderlasten ohne Genehmigung der Hohen Behörde der EGKS,

[1] Zuletzt geändert durch Gesetz zum Vertrag vom 14. 12. 1970.

4. Praktiken, die auf eine Aufteilung oder Ausbeutung des Marktes abzielen.

Von den Organen der Gemeinschaft, nämlich der Hohen Behörde, der Versammlung, dem Rat und dem Gerichtshof kommen der Hohen Behörde und dem Gerichtshof eine Sonderstellung zu. Die Hohe Behörde wurde mit dem Recht ausgestattet, Entscheidungen zu erlassen, die gegenüber den Wirtschaftssubjekten der Montanwirtschaft unmittelbar verbindlich sind. Von der Hohen Behörde sind die Wirtschafts- und Sozialbestimmungen des Vertrages über die Erzeugung, die Preise, die Wettbewerbspolitik, die Verkehrs- und Handelspolitik sowie über die Investitionen und ihre Finanzierung durchzuführen. Gegenüber den Handlungen und Entscheidungen der Hohen Behörde können keine nationalen Gerichte angerufen werden. Vielmehr ist die Behörde der Rechtssprechung des Gerichtshofes der EGKS unterworfen. Dem Gerichtshof sind auch unterstellt die Staaten und die privaten Wirtschaftssubjekte, die im Montanbereich aktiv sind. Mit anderen Worten: die Staaten der Gemeinschaft sind bereit, sich selbst und ihre Bürger in diesem speziellen Teilbereich der Rechtssprechung einer supranationalen Behörde zu unterwerfen.

2. Die Europäische Gemeinschaft, insbesondere der gemeinsame Agrarmarkt

a. Der Vertrag über die Gründung der Europäischen Wirtschaftsgemeinschaft (EWG)

Mehr noch als der Montanunionvertrag beeinflußt der EWG-Vertrag vom 25. 3. 1957 die wirtschaftspolitischen Ziele, die Mittel der Wirtschaftspolitik, die Verfassung von Wirtschaftsbereichen und damit die Wirtschaftsordnung der Bundesrepublik. Die Einflüsse des Vertrages macht die Präambel des Vertrages sowie Art. 3 deutlich.

In der Präambel heißt es:

„Seine Majestät der König der Belgier, der Präsident der Bundesrepublik Deutschland, der Präsident der Französischen Republik, der Präsident der Italienischen Republik, Ihre Königliche Hoheit die Großherzogin von Luxemburg, Ihre Majestät die Königin der Niederlande — in dem festen Willen, die Grundlagen für einen immer engeren Zusammenschluß der europäischen Völker zu schaffen, entschlossen, durch gemeinsames Handeln den wirtschaftlichen und sozialen Fortschritt ihrer Länder zu sichern ..., in dem Vorsatz, die stetige Besserung der Lebens- und Beschäftigungsbedingungen ihrer Völker als wesentliches Ziel anzustreben ..., in dem Bestreben, ihre Volkswirtschaften zu einigen ..., in dem Wunsch, durch eine gemeinsame Handelspolitik zur fortschreitenden Beseitigung der Beschränkungen im zwischenstaatlichen Wirtschaftsverkehr beizutragen ..., haben beschlossen, eine Europäische Wirtschaftsgemeinschaft zu gründen; ..."

Die Gemeinschaft ist durch den „Vertrag über den Beitritt des Königreichs Dänemark, Irlands, des Königreichs Norwegen und des Vereinigten Königreichs Großbritannien und Nordirland zur Europäischen Wirtschaftsgemeinschaft und zur Europäischen Atomgemeinschaft vom 22. 1. 1972" zum 1. 1. 1973 wesentlich erweitert worden[1]).

Die Mittel zur Erreichung der in der Präambel genannten Ziele sind in Art. 3 des Vertrages angeführt:

„Die Tätigkeit der Gemeinschaft im Sinne des Artikels 2 umfaßt nach Maßgabe dieses Vertrages und der darin vorgesehenen Zeitfolge

a) die Abschaffung der Zölle und mengenmäßigen Beschränkungen bei der Ein- und Ausfuhr von Waren sowie aller sonstigen Maßnahmen gleicher Wirkung zwischen den Mitgliedsstaaten;

[1]) Norwegen wurde jedoch nicht Mitglied der Gemeinschaft, da der Vertrag nicht ratifiziert werden konnte. In der Volksabstimmung vom 24./25. 9. 1972 hatten 53,5 v. H. der Stimmberechtigten den Beitritt Norwegens zu den Europäischen Gemeinschaften abgelehnt.

219

b) die Einführung eines gemeinsamen Zolltarifs und einer gemeinsamen Handelspolitik gegenüber dritten Ländern;

c) die Beseitigung der Hindernisse für den freien Personen-, Dienstleistungs- und Kapitalverkehr zwischen den Mitgliedstaaten;

d) die Einführung einer gemeinsamen Politik auf dem Gebiet der Landwirtschaft;

e) die Einführung einer gemeinsamen Politik auf dem Gebiet des Verkehrs;

f) die Errichtung eines Systems, das den Wettbewerb innerhalb des Gemeinsamen Marktes vor Verfälschungen schützt;

g) die Anwendung von Verfahren, welche die Koordinierung der Wirtschaftspolitik der Mitgliedsstaaten und die Behebung von Störungen im Gleichgewicht ihrer Zahlungsbilanzen ermöglichen;

h) die Angleichung der innerstaatlichen Rechtsvorschriften, soweit dies für das ordnungsgemäße Funktionieren des Gemeinsamen Marktes erforderlich ist;

i) die Schaffung eines Europäischen Sozialfonds, um die Beschäftigungsmöglichkeiten der Arbeitnehmer zu verbessern und zur Hebung ihrer Lebenshaltung beizutragen;

j) die Errichtung einer Europäischen Investitionsbank, um durch Erschließung neuer Hilfsquellen die wirtschaftliche Ausweitung in der Gemeinschaft zu erleichtern;

k) die Assoziierung der überseeischen Länder und Hoheitsgebiete, um den Handelsverkehr zu steigern und die wirtschaftliche und soziale Entwicklung durch gemeinsame Bemühungen zu fördern."

Die EG ist eine Wirtschaftsunion, d. h. sie will die Volkswirtschaft ihrer Mitgliedsländer unter Schaffung binnenmarktähnlicher Verhältnisse zu einem Wirtschaftsgebiet zusammenfassen, innerhalb dessen der Wirtschaftsablauf nach einheitlichen Gesichtspunkten gestaltet wird. Im Innenverhältnis läuft die charakteristische Funktion der Wirtschaftsunion nach einer Formulierung von Hans Möller darauf hinaus, die Prinzipien und Spielregeln der Weltwirtschaftsordnung in den Beziehungen zwischen den Mitgliedsländern aufzuheben und durch die entsprechenden Regeln einer überstaatlichen Wirtschaftsordnung zu ersetzen. Damit wird deutlich, daß innerhalb einer Wirtschaftsunion auf die Dauer keine wirtschaftsordnungspolitischen Gegensätze und Unvereinbarkeiten bestehen können, wenn die Union ein funktionsfähiges Gebilde werden soll. Es ist außerdem leicht einzusehen, daß eine Wirtschaftsunion zwangsläufig auf eine politische Union hinausläuft, weil die Mitgliedsländer bereits während der Verfolgung der Vertragsziele, erst recht aber mit ihrer Erreichung eine Vielzahl von wirtschaftspolitischen und damit auch von politischen Befugnissen an die Organe der EG abtreten, z. B. im Bereich der Außenhandelspolitik, die Teil der Außenpolitik ist.

b. Der gemeinsame Agrarmarkt der EG

ba. Die Begründung der Notwendigkeit einer speziellen landwirtschaftlichen Marktordnung

Gegenüber den Erzeugungs-, Angebots- und Nachfragebedingungen im Bereich der industriellen Güter und der Dienstleistungen sind die Erzeugung, das Angebot und die Nachfrage nach landwirtschaftlichen Produkten durch Besonderheiten gekennzeichnet, die es notwendig erscheinen lassen, die landwirtschaftlichen Märkte gegenüber den Märkten für industrielle Produkte und für Dienstleistungen in besonderer Weise zu ordnen.

Funktionierende freie Märkte mit freier Preisbildung setzen eine Anpassungsfähigkeit von beiden Marktseiten voraus. Diese Anpassungsfähigkeit fehlt dem landwirtschaftlichen Angebot und der Nachfrage nach Agrarprodukten. Die natürlichen Produktionsgrundlagen der Landwirtschaft, nämlich Boden, Klima und die organischen, Zeit beanspruchenden Wachstumsprozesse von Pflanze und Tier, sind durch die Produzenten nur begrenzt beeinflußbar. Daraus ergibt sich eine quantitativ, qualitativ und zeitlich mangelhafte, jedenfalls eine erschwerte Anpassungsfähigkeit vieler landwirtschaftlicher Produktionen an Preis- und Nachfrageänderungen. Diese hohe Unelastizität des landwirtschaftlichen Angebots unterscheidet die meisten Agrarmärkte grundsätzlich von den meisten Märkten gewerblicher Produkte. Der relativen Unelastizität des landwirtschaftlichen Angebots steht eine in ihrer Struktur und Größe zwar beeinflußbare, aber im großen und ganzen doch begrenzte Nachfrage nach landwirtschaftlichen Produkten gegenüber.

Die Mehrzahl der Agrarpolitiker vertritt die Auffassung, daß die geringe Anpassungsfähigkeit der Produktion in der Landwirtschaft und die natürliche Begrenztheit der Nachfrage nach Agrarprodukten die Stellung der Landwirtschaft gegenüber den anderen Wirtschaftszweigen schwächen und Sonderregelungen im Agrarsektor rechtfertigen. Auch Wilhelm Röpke vertrat die Auffassung, daß im Agrarsektor ein hohes Maß von schützenden, lenkenden, regulierenden und ausgleichenden Eingriffen zu fordern sei[1]), und daß überdies die Bedeutung einer lebensfähigen und bäuerlichen Landwirtschaft es nötigenfalls rechtfertigen könne, daß die Gesamtheit der Bevölkerung vorübergehend oder dauernd Opfer auf sich nimmt.

Gegenüber dieser im Kern berechtigten Argumentation muß auf folgendes hingewiesen werden:

1. Das Argument von den Produktions-, Anpassungs- und Absatzschwierigkeiten der Landwirtschaft darf nicht überbewertet werden. Die mangelnde Anpassungsfähigkeit der deutschen Landwirtschaft im Vergleich etwa zur niederländischen oder dänischen erklärt sich zum Teil aus einer jahrzehntelang betriebenen Schutzpolitik zugunsten der Landwirtschaft. Diese basierte zum Teil auf Autarkieträumen, auf der These vom hohen Wert bäuerlicher Kultur sowie auf der These von der hohen biologischen Substanz des Bauernstandes und seinem staatstragenden Wert, auf Thesen also, die in der „Blut- und Bodenideologie" des Nationalsozialismus kulminierten. Die durch Protektionismus jahrzehntelang vor dem Auslandswettbewerb geschützte Landwirtschaft verlor dadurch an unternehmerischer Anpassungsfähigkeit und

---

[1]) W. Röpke, „Die Gesellschaftskrisis der Gegenwart", a. a. O., S. 329.

wohl auch Anpassungswilligkeit, obwohl auch die Landwirtschaft im Bereich der Anbau-, der Ernte-, der Lager- und Absatzmethoden, der Produktionsveredelung und Absatzförderung potentiell anpassungsfähig ist.

2. Es muß darauf geachtet werden, daß der Schutz der Landwirtschaft durch Marktordnungen mit einem Maximum an Maßnahmen gekoppelt wird, die wettbewerbsanreizende Wirkungen haben. Nur eine ökonomisch leistungsfähige und leistungsbereite Landwirtschaft verdient Schutz vor Wettbewerbsnachteilen gegenüber dem Ausland.

bb. Gesetzliche Grundlagen und Maßnahmen der Agrarwirtschaftsordnung in der EG

Der gemeinsame Agrarmarkt der EG wurde 1962 bis 1972 schrittweise geschaffen. Gesetzliche Grundlagen dieses gemeinsamen Marktes sind der EWG-Vertrag und eine Vielzahl von Verordnungen des Ministerrates der EG, die sich auf zahlreiche Agrarprodukte (Getreide, Fleisch, Eier, Geflügel, Obst, Gemüse, Wein, Milchprodukte, Reis, Zukker, Hopfen, Tabak usw.) beziehen. Trotz der kaum mehr übersehbaren Zahl der Regelungen — jährlich werden mehr als 2000 (!) Agrarverordnungen erlassen — soll versucht werden, das Wesentliche der landwirtschaftlichen Marktordnung herauszuheben.

Durch die Einführung gemeinsamer Marktorganisationen sind im Verkehr mit landwirtschaftlichen Produkten innerhalb der EG-Länder Zölle entfallen. An die Stelle fester Zölle im Verkehr mit Drittländern, d. h. Nichtmitgliedern der EG, sind sogenannte *Abschöpfungen* getreten. Die Höhe dieser Abschöpfungen entspricht der Differenz zwischen dem von der EG für ein Produkt festgesetzten Richtpreis, dem sogenannten Schwellenpreis, und dem niedrigsten repräsentativen Weltmarktpreis. Dadurch werden die Preise von Agrarprodukten, die aus Drittländern stammen, auf das Niveau der Preise in der Gemeinschaft hochgeschleust, die EG-Landwirtschaft also vor ausländischem Preiswettbewerb geschützt.

Mit der Einführung des Abschöpfungssystems wurden die vorher praktizierten mengenmäßigen Einfuhrbeschränkungen aufgehoben, die Ein- und Ausfuhr bestimmter Produkte (z. B. Getreide, Reis, Milch, Rindfleisch) wurde aber lizenzpflichtig gemacht. Zwar werden solche Lizenzen „grundsätzlich" erteilt; wenn aber die EG-Märkte „ernstlichen" Störungen ausgesetzt werden oder davon bedroht sind, kann die Genehmigung von Einfuhren aus Drittländern versagt werden.

Mit dem Preisschutz der EG-Landwirtschaft vor ausländischem Wettbewerb und der Lizenzpflicht für Ein- und Ausfuhren aus bzw. in Drittländer ist das Ziel der Stabilisierung der Agrarmärkte in der EG nicht sicher erreichbar. Um sicherzustellen, daß die tatsächlichen Agrarpreise in der Gemeinschaft nicht erheblich von den vom Ministerrat festgesetzten Richtpreisen abweichen, werden sogenannte Interventionspreise festgelegt. Sie liegen um 5 bis 10 % unter dem Richtpreis. Da die staatlichen Interventionsstellen (Einfuhr- und Vorratsstellen) zu den Interventionspreisen jede angebotene Menge aufkaufen müssen (Stützungskäufe), sind die Interventionspreise garantierte Mindestpreise, die es der EG-Landwirtschaft erlauben, ohne Rücksicht auf den Bedarf beliebige Produktmengen zu erzeugen und zu garantierten Preisen abzusetzen.

Nach Meinung von Agrarexperten, wie z. B. Hermann Priebe, ist das geschaffene Agrarsystem unhaltbar. Da bei der Festlegung gemeinsamer Preise in der EG das hohe deutsche Agrarpreisniveau mitbestimmend war, Preis- und Absatzgarantien bestehen und eine unbegrenzte Verpflichtung zur Finanzierung der durch die Marktordnungen entstehenden Lasten besteht, kam es zu Überproduktionen (Butterberg, Zuckerberg, Überproduktion von Milch). Die Problematik der EG-Agrarmarktordnungen wurde seit 1969 verschärft. Die seit 1969 durchgeführten Abwertungen, Aufwertungen und eingetretenen Kursänderungen nationaler Währungen beeinflussen nämlich die landwirtschaftlichen Erlöse: Verbesserungen des Kurses einer Währung gegenüber dem sogenannten „grünen Dollar", der Rechnungseinheit in der EG, oder gegenüber einer Drittländerwährung führen zu Erlösrückgängen und zu einer Verschlechterung der Wettbewerbslage des Landes mit der im Kurs steigenden Währung. Zum Ausgleich solcher Erlösrückgänge in der Landwirtschaft wird daher ein Währungsausgleich durchgeführt, d. h. die Landwirtschaft wird für solche Verluste, die aus Wechselkursänderungen resultieren, „entschädigt". Für das Jahr 1976 waren im Bundeshaushaltsplan für den Währungsausgleich 475 Mill. DM vorgesehen.

Die europäische Agrarwirtschaftsordnung ist wesentlich gekennzeichnet durch das Dominieren von Preisregulierungen und durch eine Regulierung der auf die Märkte gelangenden Angebotsmengen bei den bedeutendsten landwirtschaftlichen Produkten.

Die Erzeuger genießen vielfach

1. Preisgarantien,

2. in vielen Fällen Absatzgarantien und

3. einen Schutz vor der Konkurrenz der ausländischen Landwirtschaft.

Die immer kostspieliger werdende Agrarpolitik der Gemeinschaft, die zwangsläufig zu Überschußproduktionen führt, wird sich in der bestehenden Form nicht mehr lange aufrechterhalten lassen.

bc. Die Agrarpolitik in der Bundesrepublik

Grundlage der westdeutschen Landwirtschaftspolitik ist das Landwirtschaftsgesetz vom 5. 9. 1955, zuletzt geändert durch Gesetz vom 14. 12. 1976. Es heißt in seinem § 1: „Um der Landwirtschaft die Teilnahme an der fortschreitenden Entwicklung der deutschen Volkswirtschaft und um der Bevölkerung die bestmögliche Versorgung mit Ernährungsgütern zu sichern, ist die Landwirtschaft mit den Mitteln der allgemeinen Wirtschafts- und Agrarpolitik — insbesondere der Handels-, Steuer-, Kredit- und Preispolitik — in den Stand zu setzen, die für sie bestehenden naturbedingten und wirtschaftlichen Nachteile gegenüber anderen Wirtschaftsbereichen auszugleichen und ihre Produktivität zu steigern. Damit soll gleichzeitig die soziale Lage der in der Landwirtschaft tätigen Menschen an die vergleichbarer Berufsgruppen angeglichen werden."

Nach dem Landwirtschaftsgesetz werden finanzielle Mittel für folgende Maßnahmen bereitgestellt:

1. Verbesserung der Agrarstruktur und der landwirtschaftlichen Arbeits- und Lebensverhältnisse durch Flurbereinigung, Aufstockung und Aussiedlung von Höfen, Bau von Wirtschaftswegen, Verbesserung der Wasser- und Elektrizitätsversorgung.

2. Verbesserung der Einkommenslage der landwirtschaftlichen Bevölkerung durch rationellere Gestaltung der Erzeugung, durch qualitätsfördernde Maßnahmen, Kreditverbilligung, Verbilligung des Handelsdüngers, durch Einkaufsbeihilfen für landwirtschaftliche Maschinen, für Lager-, Sortier- und Arbeitseinrichtungen u. ä.

Der Landwirtschaft fließen auf der Grundlage des Landwirtschaftsgesetzes und aufgrund der Agrarpolitik in der EG Milliardenbeträge zu.

Nach den Bundeshaushaltsplänen waren zur Förderung der Landwirtschaft folgende Beträge veranschlagt:

1966	3,1 Mrd. DM
1967	2,5 Mrd. DM
1968	3,8 Mrd. DM
1969	3,4 Mrd. DM
1970	4,0 Mrd. DM
1971	4,0 Mrd. DM
1972	4,1 Mrd. DM
1973	5,0 Mrd. DM
1974	5,0 Mrd. DM
1975	5,1 Mrd. DM
1976	5,1 Mrd. DM

In diesen Beträgen sind die *unsichtbaren Begünstigungen* im Rahmen des Steuerrechts nicht enthalten.

bd. Die Lage in der deutschen Landwirtschaft[1])

Die Bemühungen der Agrarpolitik um Strukturverbesserungen und Hebung der Leistungsfähigkeit der deutschen Landwirtschaft blieben nicht ohne Erfolg.

Die Wertschöpfung der Landwirtschaft — das heißt ihr Produktionswert abzüglich der Vorleistungen, Abschreibungen und indirekten Steuern, zuzüglich der gewährten Subventionen — stieg in jeweiligen Preisen von 100 (= 8,11 Mrd. DM) im Jahre 1950 auf 268 (= 21,75 Mrd. DM) im Jahre 1976. Sie hat sich also weit mehr als verdoppelt, obwohl sich die Zahl der pro 100 ha landwirtschaftlicher Nutzfläche eingesetzten Arbeitskräfte nach 1950 ständig verringert hat; von 11,17 im Wirtschaftsjahr 1963/64 ging sie auf 6,14 im Wirtschaftsjahr 1975/76 zurück. Insgesamt ist die Zahl der Vollarbeitskräfte von 1950/51 (= 3 885 000) bis 1975/76 (= 1 197 000) um 2,7 Millionen oder 69 % zurückgegangen.

Freilich ist die Wertschöpfung in den nichtlandwirtschaftlichen Bereichen von 100 für das Jahr 1950 auf 1006 im Jahre 1974, also gegenüber der landwirtschaftlichen Wertschöpfung erheblich stärker gestiegen. Angesichts der landwirtschaftlichen Produktionsbedingungen aber ist das Ergebnis der „Grünen Pläne" beachtlich. Die Betriebserträge pro Hektar landwirtschaftlicher Nutzfläche sind von 1433 DM im Wirtschaftsjahr 1954/55 auf 4344 DM im Wirtschaftsjahr 1975/76 gestiegen, die Betriebserträge pro Vollarbeitskraft in der gleichen Zeit von 6923 DM auf 70 749 DM.

Verantwortlich für diese erfreuliche Entwicklung sind:

1. Die Stabilisierung der Preise landwirtschaftlicher Erzeugnisse durch die Landwirtschafts- und Außenhandelspolitik.

---

[1]) Alle folgenden Zahlenangaben nach Bundestagsdrucksachen IV/180, V/1400, V/2540, V/3810, VIII/80 und VIII/81 sowie Statistisches Jahrbuch für die Bundesrepublik Deutschland, 1976.

2. Die Verbesserung der Kapitalausrüstung. Die Landwirtschaft hat vom Wirtschaftsjahr 1950/51 bis 1975/76 in neue Maschinen etwa 71,5 Mrd. DM investiert.

3. Die Verbesserung der Agrarstruktur. Von 1945 bis 1974 wurden 6 156 668 ha Flur bereinigt, das sind 46,1 % der 1974 landwirtschaftlich genutzten Fläche des Bundesgebietes.

4. Die Verbesserung der Betriebsgrößenstruktur. Von 1949 bis 1975 hat sich die Zahl der landwirtschaftlichen Betriebe um 897 586 oder 46,3 % des Ausgangsbestandes verringert. Der Rückgang erstreckte sich vor allem auf die Nebenerwerbsbetriebe und die Kleinbetriebe in einer Größenordnung von 0,5—10 ha.

5. Bodenmeliorationen, der Bau von Wirtschaftswegen, die Verbesserung der Wasser- und Energieversorgung, Maßnahmen zur Hebung der Qualität landwirtschaftlicher Produkte, Verbesserung der Lagerhaltung, der Absatzorganisation u. ä. Maßnahmen.

In der Landwirtschaft hat sich in den drei letzten Jahrzehnten eine ökonomische Revolution vollzogen, die unaufhaltsam weiterlaufen wird. Angesichts dieser Entwicklung ist auch nicht daran zu zweifeln, daß sich der Wettbewerb innerhalb der Landwirtschaft verstärken wird. Dennoch wird die Landwirtschaftpolitik der „Grünen Pläne" im Grundsatz für lange Zeit unverändert bleiben müssen, denn:

„Angesichts der unter allen Aspekten tiefgreifenden agrarstrukturellen Wandlungen sowie der beruflichen und sozialen Umschichtungen als unvermeidliche Begleiterscheinungen wirtschaftlichen Wachstums wird eine zielbewußte Strukturpolitik neben der Preis- und Marktpolitik noch lange Zeit das Kernstück jeder Agrar- und Sozialpolitik bilden müssen ... Wenn als wirtschaftspolitisches Ziel gilt, daß die Zunahme der Einkommen je Kopf der in der Landwirtschaft Tätigen mit der in anderen Wirtschaftsbereichen Schritt halten soll, erfordert die Verwirklichung dieses Ziels, daß bei unveränderten Preisrelationen zwischen Agrarprodukten und Produktionsmitteln die Arbeitsproduktivität in der Landwirtschaft in gleichem Maße steigt wie im volkswirtschaftlichen Durchschnitt. Die notwendige Steigerung der Arbeitsproduktivität setzt aber voraus, daß die Zahl der in der Landwirtschaft Tätigen durch Verminderung des Einsatzes menschlicher Arbeit abnimmt.

Im ganzen ist zu sagen: es bestehen zwar noch beträchtliche Möglichkeiten zur Steigerung der Arbeitsproduktivität in der Landwirtschaft, jedoch setzen weitere Produktivitätsfortschritte leistungsfähige Betriebsgrößen sowie zunehmend höhere unternehmerische Leistungen der Betriebsinhaber, vielfach auch die Mitwirkung von Fachkräften voraus. Schließlich ist die Entwicklung rationeller Absatz- und Vertriebssysteme in Anpassung an die umwälzenden Veränderungen in der Art der Vermarktung der Nahrungsgüter, die teilweise noch in den Anfängen steckt, in Betracht zu ziehen ... Ein Teil der älteren Generation der Landwirte (und auch der Landarbeiter) wird den hohen Anforderungen, welche die veränderten wirtschaftlichen Bedingungen an die Betriebsführung stellen, schwerlich zu entsprechen vermögen. Man wird daher über einen Zeitraum, der mit etwa 15 Jahren — also einer halben Generation — nicht zu reichlich bemessen sein dürfte, mit besonderen Anpassungsschwierigkeiten rechnen müssen."[1]

Literatur zu Kapitel V

A. Zur Außenwirtschaftsordnung, Außenwirtschaftspolitik und internationalen Währungsordnung

Berg, H., Internationale Wirtschaftspolitik, Göttingen 1976
Bernholz, P., Währungskrisen und Währungsordnung, Hamburg 1974

[1] „Wirkungen einer Senkung der Agrarpreise im Rahmen einer gemeinsamen Agrarpolitik der Europäischen Wirtschaftsgemeinschaft auf die Einkommensverhältnisse der Landwirtschaft in der Bundesrepublik", gemeinsames Gutachten von Mitgliedern des Wissenschaftlichen Beirats beim Bundesministerium für Ernährung, Landwirtschaft und Forsten und von wirtschaftswissenschaftlichen Beratern der Kommission EWG, Brüssel 1962.

Gerhard, H. W., Internationaler Währungsfonds, in: Handwörterbuch der Wirtschaftswissenschaft, Stuttgart-Tübingen-Göttingen 1977

Kruse, A., Außenwirtschaft, 3. Aufl., Berlin 1972

Liebich, F. K., Grundriß des Allgemeinen Zoll- und Handelsabkommens (GATT), 2. Aufl., Baden-Baden 1967

Lutz, F. A., Internationales Währungssystem und Inflation, Zürich 1973

Möller, H., Außenwirtschaftspolitik, Wiesbaden 1961

Ders., Internationale Wirtschaftsorganisationen, Wiesbaden 1960

B. Zur Europäischen Gemeinschaft

Hallstein, W., Die Europäische Gemeinschaft, 2. Aufl., Düsseldorf-Wien 1974

Köhler, K., Scharrer, H.-E. (Hrsg.), Die Europäische Gemeinschaft in der Krise, Hamburg 1974

Krämer, H. R., Die Europäische Gemeinschaft, Stuttgart 1974

Lutz, F. A. (Hrsg.), Das Ringen um die Zukunft Europas, Zürich 1974

C. Zur Agrarwirtschaftsordnung und Agrarpolitik

Abel, W., Agrarpolitik, 3. Aufl., Göttingen 1967

Agrarpolitik in der EWG, Heinrich Niehaus zum 70. Geburtstag, hrsg. von Th. Dams u. a., München-Basel-Wien 1968

Buchholz, H. E., Agrarmarkt: EWG-Marktordnungen, in: Handwörterbuch der Wirtschaftswissenschaft, Stuttgart-Tübingen-Göttingen 1976

Dietze, C. v., Grundzüge der Agrarpolitik, Hamburg-Berlin 1967

Gieseke, W., Die Landwirtschaft in der EWG, 2. Aufl., Stuttgart 1969

Herlemann, H., Grundlagen der Agrarpolitik, Berlin-Frankfurt 1961

Niehaus, H., Priebe, H., Agrarpolitik in der Sozialen Marktwirtschaft, Ludwigsburg 1956

VI. Die Arbeits- und Sozialordnung[1])

Die Darstellung der Aufgaben der Wirtschafts- und Sozialordnung, des Zusammenhangs zwischen Grundgesetz und Wirtschaftsordnung und der Zielsetzungen der Wettbewerbsordnung haben schon gezeigt, welche Rolle überwirtschaftliche Zielsetzungen für die Wirtschaftsordnung spielen. Aber der Mensch, dessen Zielen die Wirtschaft dienen soll, ist als Träger des Wirtschaftsprozesses, als Träger von Arbeitsleistungen, auch „Mittel" der Wirtschaft.

Eine der wesentlichen Aufgaben der Arbeits- und Sozialordnung ist es, sicherzustellen, daß der Mensch in seiner Eigenschaft als „Mittel", als Produktionsfaktor der Wirtschaft, nicht zum Instrument herabgemindert wird, sondern *daß bei der Ausübung wirtschaftlicher Tätigkeiten die Persönlichkeitsrechte gewahrt und gefördert werden;* z. B. ist es Aufgabe der Arbeits- und Sozialordnung, die Gesundheit, die Menschenwürde und das Recht auf Persönlichkeitsentfaltung zu schützen und zu fördern. Die folgenden Ausführungen werden zeigen, wie vielfältig diese Ziele des Schutzes der Arbeitskraft sind und mit welchen Mitteln sie erreicht werden.

Soweit die Arbeits- und Sozialordnung sicherzustellen sucht, daß der Mensch nur in dem durch die Notwendigkeit des Wirtschaftens und in dem nach dem Entwicklungsstand der Gesellschaft unabdingbaren Maß „Mittel" der Wirtschaft wird, setzt die Arbeits- und Sozialordnung der Wirtschaft Normen im Sinne von Daten, von — meist in Gesetzen niedergelegten — Grenzen.

Außerdem aber enthalten die Arbeits- und die Sozialordnung auch Normen im Sinne von Zielsetzungen, die sich aus den sozialen Wertvorstellungen einer Gesellschaft ergeben, wie etwa die Ziele sozialer Sicherheit, sozialer Gerechtigkeit und sozialen Friedens.

Diese Normen und Einrichtungen zur Einhaltung bzw. Verwirklichung der Normen, die für die soziale Stellung

---

[1]) In der Darstellung werden jene Teile der Sozialordnung nicht aufgenommen, die kriegsbedingt sind, wie z. B. die Kriegsopferversorgung, Wiedergutmachungsleistungen usw.

von Individuen und Gruppen in der Sozialen Marktwirtschaft der Bundesrepublik gelten, sind nun darzustellen.

A. Normen des Arbeitnehmerschutzes

Die Normen des Arbeitnehmerschutzes richten sich auf drei Bereiche, nämlich

1. auf den Gefahren- oder „Betriebs"schutz[1]);
2. auf den Arbeitszeitschutz;
3. auf den öffentlich-rechtlichen Vertragsschutz.

1. Der Gefahren- oder „Betriebs"schutz

Der Gefahrenschutz hat seine allgemeine gesetzliche Grundlage in § 618 BGB, seine spezielle in § 120 a und b der Gewerbeordnung.

§ 120 a Abs. 1—3 lautet:

„(1) Die Gewerbeunternehmer sind verpflichtet, die Arbeitsräume, Betriebsvorrichtungen, Maschinen und Gerätschaften so einzurichten und zu unterhalten und den Betrieb so zu regeln, daß die Arbeiter gegen Gefahren für Leben und Gesundheit soweit geschützt sind, wie es die Natur des Betriebs gestattet.

(2) Insbesondere ist für genügendes Licht, ausreichenden Luftraum und Luftwechsel, Beseitigung des bei dem Betrieb entstehenden Staubes, der dabei entwickelten Dünste und Gase sowie der dabei entstehenden Abfälle Sorge zu tragen.

(3) Ebenso sind diejenigen Vorrichtungen herzustellen, welche zum Schutze der Arbeiter gegen gefährliche Berührungen mit Maschinen oder Maschinenteilen oder gegen andere in der Natur der Betriebsstätte oder des Betriebs liegende Gefahren, namentlich auch gegen die Gefahren, welche aus Fabrikbränden erwachsen können, erforderlich sind."

[1]) Mit diesem üblichen, aber irreführenden Begriff ist gemeint: der Schutz der Arbeitnehmer im Betrieb vor Gefahren der Arbeit.

§ 120 b Abs. 1 der Gewerbeordnung schreibt vor:

> „Die Gewerbeunternehmer sind verpflichtet, diejenigen Einrichtungen zu treffen und zu unterhalten und diejenigen Vorschriften über das Verhalten der Arbeiter im Betriebe zu erlassen, welche erforderlich sind, um die Aufrechterhaltung der guten Sitten und des Anstandes zu sichern."

Ein besonderer Betriebsschutz für einzelne Betriebe und Betriebsarten, wie z. B. Bergwerke oder Betriebe der chemischen Industrie, und für besonders schutzbedürftige Personengruppen, wie Jugendliche und Frauen, wird durch § 120 e der Gewerbeordnung geschaffen, der es der Bundesregierung mit Zustimmung des Bundesrates bzw. mit Zustimmung der obersten Landesbehörden ermöglicht, durch Rechtsverordnungen spezifischen, betrieblichen oder personellen Eigenheiten Rechnung zu tragen. So gelten z. B. Sonderregelungen für Bergleute, für die Schiffahrt, für Bauarbeiter, für Arbeiten mit gesundheitsschädlichen und feuergefährlichen Stoffen und ähnliches.

Die Berufsgenossenschaften haben als Träger der Unfallversicherung die Aufgabe, für ihre Gewerbezweige entsprechende Unfallverhütungsvorschriften zu erlassen.

2. Der Arbeitszeitschutz

Der Arbeitszeitschutz läßt Arbeit gegen Entgelt nur in bestimmtem Umfang und zu bestimmten Zeiten zu, erstens, um die Gesundheit der Arbeitnehmer zu schützen, und zweitens, um durch Sicherung der Freizeit eine der Voraussetzungen für die Entfaltung der Persönlichkeit zu schaffen. Über die Tatsache, daß die Freizeit Voraussetzung für die Teilnahme am kulturellen, politischen und geistigen Leben der Gesellschaft, für die Feiertags- und Sonntagsruhe, für die Selbstbesinnung und die Entfaltung der Persönlichkeitswerte ist, sollte man aber nicht übersehen, daß die Arbeit selbst zur Persönlichkeitsentfaltung beiträgt. (Wir leben weder, um nur zu arbeiten, noch arbeiten wir, nur um den Lebensunterhalt zu verdienen.)

Die wesentlichen Rechtsquellen des Arbeitszeitschutzes sind die Arbeitszeitordnung aus dem Jahre 1938[1]) und die Gewerbeordnung, das „Gesetz zum Schutze der arbeitenden Jugend" (1976), das „Gesetz zum Schutze der erwerbstätigen Mutter" (in der Fassung vom 18. 4. 1968)[2]) und das Bundesurlaubsgesetz (1963)[3]). Hervorhebenswert sind folgende Regelungen:

1. Kinderarbeit ist von wenigen Ausnahmen abgesehen (Musik-, Theater- und ähnliche Veranstaltungen) verboten. Für Jugendliche sind Nacht-, Sonn- und Feiertagsarbeit generell verboten. Ihnen steht ein Mindesturlaub zu, der nach Lebensalter gestaffelt ist und 30 Werktage für noch nicht 16jährige, 27 Werktage für noch nicht 17jährige und 25 Werktage für noch nicht 18jährige beträgt. Verboten ist die Beschäftigung Jugendlicher mit Arbeiten, die

   a) ihre Leistungsfähigkeit übersteigen;

   b) sie sittlichen Gefahren aussetzen;

   c) mit Unfallgefahren verbunden sind, die Jugendliche wahrscheinlich nicht erkennen oder nicht abwenden können;

   d) ihre Gesundheit durch außergewöhnliche Hitze, Kälte oder Nässe gefährden;

   e) sie schädlichen Einwirkungen von Lärm, Erschütterungen, Strahlen oder von giftigen, ätzenden oder reizenden Stoffen aussetzen.

   Verboten sind ferner die Akkordarbeit Jugendlicher und ihre Beschäftigung unter Tage.

2. Werdende Mütter dürfen nicht beschäftigt werden, wenn das Leben oder die Gesundheit von Mutter oder Kind gefährdet ist. Nacht-, Sonn- und Feiertagsarbeit werdender Mütter ist unzulässig. Allgemein ist die Arbeit werdender Mütter gegen Entgelt sechs Wochen vor und

---

[1]) Zuletzt geändert durch Gesetz vom 10. 3. 1975.
[2]) Zuletzt geändert durch Gesetz vom 2. 3. 1974.
[3]) Zuletzt geändert durch Gesetz vom 29. 10. 1974.

acht Wochen nach der Niederkunft verboten bzw. zwölf Wochen nach Früh- oder Mehrlingsgeburten.

3. An Sonn- und Feiertagen darf im allgemeinen nicht gearbeitet werden (§ 105 b Gewerbeordnung). Zahlreiche wirtschaftlich begründete Ausnahmen (Arbeiten im öffentlichen Interesse, Überwachung von Betriebsanlagen, technisch notwendige kontinuierliche Produktion) sind zugelassen.

4. Die regelmäßige tägliche Arbeitszeit ist auf 8 Stunden begrenzt (§ 3 AZO). Gesetzliche Ausnahmen sind aus wirtschaftlichen Gründen möglich, bedürfen aber der Zustimmung des Gewerbeaufsichtsamtes.

5. Die Arbeitszeitschutzgesetze enthalten besondere Vorschriften über die Ruhezeiten (= Zeit, die zwischen zwei Arbeitsschichten liegt) und über die Ruhepausen während der Arbeitszeit. Sonderregelungen gelten für den Einzelhandel, für das Bäckerei- und Konditoreigewerbe, für Krankenpflegeanstalten, Apotheken, die Schiffahrt, die Landwirtschaft und ähnliche Zweige.

6. Der jährliche Mindesturlaub beträgt 18 Werktage.

3. Der Schutz des Arbeitsverhältnisses

Der Schutz des Arbeitsverhältnisses (öffentlich-rechtlicher Vertragsschutz) besteht in zwingenden Rechtsnormen, die generell beim Abschluß freier Arbeitsverträge eingehalten werden müssen. Er dient dazu, die Abhängigkeit des Arbeitnehmers vom Arbeitgeber zu vermindern und ihn vor Willkür, Übervorteilung und Überforderung zu schützen.

Ein besonderer Schutz des Arbeitsverhältnisses wird bestimmten Arbeitnehmerkategorien zuteil, wie etwa Wehrpflichtigen. Das Arbeitsverhältnis Wehrpflichtiger wird durch das Arbeitsplatzschutzgesetz von 1957 (in der Fassung vom 21. 5. 1968)[1] geschützt. Es stellt sicher, daß den Wehrpflichtigen keine beruflichen oder betrieblichen Nach-

---

[1] Zuletzt geändert durch Gesetz vom 2. 5. 1975.

teile erwachsen können und daß während des Wehrdienstes das Arbeitsverhältnis nicht gekündigt werden kann.

Im Mittelpunkt des Schutzes des Arbeitsverhältnisses steht das Kündigungsschutzgesetz aus dem Jahre 1951 in der Fassung vom 25. 8. 1969[1]). Ihm liegt der Gedanke des allgemeinen Bestandschutzes des Arbeitsverhältnisses zugrunde. Die Kündigungsschutzbestimmungen schränken nur das Kündigungsrecht des Arbeitgebers, nicht aber das des Arbeitnehmes ein. Die wichtigsten Rechtsvorschriften sind:

1. Das Kündigungsschutzgesetz gilt für alle Arbeitnehmer, die das 18. Lebensjahr vollendet haben und länger als 6 Monate ohne Unterbrechung in demselben Betrieb oder Unternehmen beschäftigt waren.

2. Sozial ungerechtfertigte Kündigungen sind rechtsunwirksam. Als sozial ungerechtfertigt gelten Kündigungen, die nicht bedingt sind entweder durch Gründe, die in der Person oder dem Verhalten des Arbeitnehmers liegen, oder durch dringende betriebliche Erfordernisse. Hält ein Arbeitnehmer die Kündigung seines Arbeitsverhältnisses für sozial ungerechtfertigt, so kann er entweder beim Betriebsrat Einspruch einlegen oder das Arbeitsgericht anrufen. Diese Vorschriften gelten nicht für Angestellte in leitender Stellung im Sinne von § 14 des Kündigungsschutzgesetzes.

3. Einem Betriebsratsmitglied kann nur gekündigt werden, wenn ein Grund vorliegt, der den Arbeitgeber nach dem Gesetz zu einer Kündigung des Arbeitsverhältnisses ohne Einhaltung einer Kündigungsfrist berechtigt. Grund für diesen besonderen Kündigungsschutz ist die Notwendigkeit, den Betriebsräten die für die Ausübung ihres Amtes nötige Unabhängigkeit zu sichern und auszuschließen, daß der Arbeitgeber ihm unbequeme Betriebsratsmitglieder entläßt.

4. Der Arbeitgeber muß geplante Kündigungen dem Arbeitsamt unter Beifügung der Stellungnahme des Betriebsrates schriftlich in folgenden Fällen anzeigen:

[1]) Zuletzt geändert durch Gesetz vom 5. 7. 1976.

a) wenn in Betrieben mit 21 bis 49 Arbeitnehmern mehr als 5 Arbeitnehmer innerhalb von 4 Wochen entlassen werden sollen;

b) wenn in Betrieben mit 50 bis 499 Arbeitnehmern mehr als 25 Arbeiter oder 10 % der Belegschaft innerhalb von 4 Wochen entlassen werden sollen;

c) wenn in Betrieben mit 500 und mehr Beschäftigten 50 Arbeitnehmer oder mehr innerhalb von 4 Wochen entlassen werden sollen.

Derartige „Massenkündigungen" werden vor Ablauf eines Monats nach Eingang der Anzeige nur mit Zustimmung des Landesarbeitsamtes rechtswirksam. Das Landesarbeitsamt kann bestimmen, daß die Entlassungen nicht vor Ablauf von 2 Monaten wirksam werden.

5. Die Kündigung ist an bestimmte Kündigungsfristen gebunden. Fristlose Kündigung ist nur in bestimmten Fällen erlaubt, z. B. dann, wenn einer Vertragspartei nach Lage der Umstände und nach Treu und Glauben die Fortsetzung des Arbeitsverhältnisses bis zum nächsten ordentlichen Kündigungstermin nicht zugemutet werden kann.

6. Nach dem Mutterschutzgesetz unterliegen werdende Mütter, nach dem Schwerbehindertengesetz in der Fassung vom 29. 4. 1974[1]) Schwerbehinderte, nach dem Arbeitsplatzschutzgesetz Wehrpflichtige, nach dem Kündigungsschutzgesetz Betriebsräte einem besonderen, verstärkten Kündigungsschutz. Einen besonderen Schutz des Beschäftigungsverhältnisses genießen nach dem durch Gesetz vom 18. 1. 1974 erweiterten Betriebsverfassungsgesetz in Ausbildung befindliche Mitglieder von Betriebsverfassungsorganen.

Zum Arbeitnehmerschutz gehört auch der sogenannte Lohnschutz, der die rechtzeitige und ordnungsgemäße Lohnzahlung sicherstellen soll. Dieser Lohnschutz wurde durch das „Gesetz über Konkursausfallgeld (Drittes Gesetz zur Änderung des Arbeitsförderungsgesetzes)" vom 17. 7.

---

[1]) Zuletzt geändert durch Gesetz vom 14. 6. 1976.

1974 erweitert. Das Gesetz sichert dem Arbeitnehmer einen Anspruch auf einen Ausgleich seines ausgefallenen Arbeitsentgeltes (Konkursausfallgeld), wenn der Arbeitnehmer bei Eröffnung des Konkursverfahrens über das Vermögen seines Arbeitgebers für die letzten drei Monate vor Eröffnung des Konkursverfahrens noch Ansprüche auf Arbeitsentgelt hat. Das Konkursausfallgeld wird in Höhe des rückständigen Nettolohnes vom örtlichen Arbeitsamt auf Antrag gewährt. Das Arbeitsamt entrichtet auch die rückständigen Beiträge zur Sozialversicherung.

B. Normen zur Ausgestaltung der Betriebs- und Unternehmensverfassung

Industrielle Technik und Produktionsorganisation haben „natürliche" Arbeitsgemeinschaften, das heißt solche, die gleichzeitig Lebensgemeinschaften sind, verdrängt und an ihre Stelle einen vertraglich begründeten, wirtschaftlich bestimmten und unpersönlichen Zweckverband gesetzt. Es ist ein Charakteristikum dieses Zweckverbandes, daß er eine Unterordnung unter den Werkvollzug, Disziplin und eine Einordnung in die Betriebshierarchie notwendig macht. Die damit gegebenen Gefahren der Entpersönlichung und Versachlichung des Arbeitsverhältnisses, der Vernachlässigung von Arbeitnehmerinteressen und der Fremdbestimmung der Arbeit machen eine Normierung der betrieblichen Rechte und Pflichten der Arbeitgeber und Arbeitnehmer erforderlich. Als geeigneter Weg dazu erwies sich die Einführung eines Mitspracherechts der Arbeitnehmer.

1. Das Betriebsverfassungsgesetz

Das Betriebsverfassungsgesetz vom 15. 1. 1972[1]) gilt für alle Privatbetriebe mit 5 und mehr Arbeitnehmern über 18 Jahre in abhängiger Stellung. In diesen Betrieben sind in geheimer und unmittelbarer Wahl Betriebsräte zu wählen.

[1]) Zuletzt geändert durch Gesetz vom 2. 3. 1974.

Die Zahl der Betriebsräte richtet sich nach der Zahl der wahlberechtigten Arbeitnehmer im Betrieb und variiert von 1 (bei 5 bis 20 wahlberechtigten Arbeitnehmern) bis 31 (bei 7001 bis 9000 Arbeitnehmern). In Betrieben mit mehr als 9000 Arbeitnehmern erhöht sich die Zahl der Mitglieder des Betriebsrats für je angefangene weitere 3000 Arbeitnehmer um 2 Mitglieder. In Betrieben mit mindestens 5 Jugendlichen werden von den Arbeitnehmern unter 18 Jahren Jugendvertreter gewählt. Auch hier kommt also der Gedanke der besonderen Schutzbedürftigkeit der Jugend zum Ausdruck.

Die Mitglieder des Betriebsrats arbeiten ehrenamtlich, aber während der betrieblichen Arbeitszeit ohne Minderung des Arbeitsentgelts. Sie müssen, soweit erforderlich, von ihrer beruflichen Tätigkeit freigestellt werden. Dies gilt auch für die Teilnahme an Schulungs- und Bildungsveranstaltungen, soweit diese Kenntnisse vermitteln, die für die Arbeit des Betriebsrats erforderlich sind. Darüber hinaus hat jedes Mitglied des Betriebsrats während seiner regelmäßigen Amtszeit Anspruch auf bezahlte Freistellung für insgesamt drei Wochen zur Teilnahme an Schulungs- und Bildungsveranstaltungen. Die Kosten der Tätigkeit des Betriebsrats trägt der Arbeitgeber. Die Betriebsräte genießen — wie erwähnt — einen besonderen Kündigungsschutz. Diese Vorschriften zeigen, daß der Betriebsrat als Institution des Betriebes rechtlich fest verankert ist.

Zu Sitzungen des Betriebsrats kann auf Antrag von einem Viertel der Mitglieder oder der Mehrheit einer Gruppe des Betriebsrats ein Beauftragter einer im Betriebsrat vertretenen Gewerkschaft mit beratender Stimme zugezogen werden. Der Arbeitgeber darf an Sitzungen, die auf sein Verlangen anberaumt sind, und an Sitzungen, zu denen er ausdrücklich eingeladen ist, teilnehmen. Er darf einen Vertreter seiner Arbeitgebervereinigung zuziehen. Zu Betriebsversammlungen, denen der Betriebsrat einen Tätigkeitsbericht erstatten muß, ist der Arbeitgeber unter Mitteilung der Tagesordnung einzuladen. Er ist berechtigt, in den Versammlungen zu sprechen. Nimmt der Arbeitgeber an Betriebs- oder Abteilungsversammlungen teil, so kann er einen Vertreter seiner Arbeitgebervereinigung hinzuziehen. Beauftragte der im Betrieb vertretenen Gewerkschaften können an den Versammlungen beratend teilnehmen. Diese Regelung zeigt, daß der Gesetzgeber Funktionäre der im Betrieb vertretenen Gewerkschaften bzw. der Arbeitgebervereinigung nur auf Wunsch des Betriebsrats bzw. des Arbeitgebers und nur mit beratender Stimme zuläßt und somit den Einfluß betriebsexterner Verbandsfunktionäre zu beschränken versucht, um die Betriebe nicht zum Austragungsort außerbetrieblicher sozialer und sozialpolitischer Spannungen werden zu lassen. Andererseits trägt der Gesetzgeber der Tatsache Rechnung, daß der betriebliche Ordnungsbereich nicht völlig von den überbetrieblichen sozialpolitischen Problemen isoliert werden kann. Das Betriebsverfassungsgesetz von 1972 hat die Stellung der Gewerkschaften im Betrieb wesentlich verändert und ist nicht mehr durch das im Gesetz von 1952 erkennbare Bestreben gekennzeichnet, den betrieblichen Bereich betriebsexternen Verbandsvertretern und Organisationen möglichst zu verschließen. Die neue Stellung der Gewerkschaften und Vereinigungen der Arbeitgeber im Betrieb ist in § 2 (vor allem in Abs. 2) geregelt:

„(1) Arbeitgeber und Betriebsrat arbeiten unter Beachtung der geltenden Tarifverträge vertrauensvoll und im Zusammenwirken mit den im Betrieb vertretenen Gewerkschaften und Arbeitgebervereinigungen zum Wohl der Arbeitnehmer und des Betriebs zusammen.

(2) Zur Wahrnehmung der in diesem Gesetz genannten Aufgaben und Befugnisse der im Betrieb vertretenen Gewerkschaften ist deren Beauftragten nach Unterrichtung des Arbeitgebers oder seines Vertreters Zugang zum Betrieb zu gewähren, soweit dem nicht unumgängliche Notwendigkeiten des Betriebsablaufs, zwingende Sicherheitsvorschriften oder der Schutz von Betriebsgeheimnissen entgegenstehen.

(3) Die Aufgaben der Gewerkschaften und der Vereinigungen der Arbeitgeber, insbesondere die Wahrnehmung der Interessen ihrer Mitglieder, werden durch dieses Gesetz nicht berührt."

Die Grundsätze der Zusammenarbeit von Arbeitgeber und Betriebsrat sind in § 74 niedergelegt:

> „(1) Arbeitgeber und Betriebsrat sollen mindestens einmal im Monat zu einer Besprechung zusammentreten. Sie haben über strittige Fragen mit dem ernsten Willen zur Einigung zu verhandeln und Vorschläge für die Beilegung von Meinungsverschiedenheiten zu machen.
>
> (2) Maßnahmen des Arbeitskampfes zwischen Arbeitgeber und Betriebsrat sind unzulässig; Arbeitskämpfe tariffähiger Parteien werden hierdurch nicht berührt. Arbeitgeber und Betriebsrat haben Betätigungen zu unterlassen, durch die der Arbeitsablauf oder der Frieden des Betriebs beeinträchtigt werden. Sie haben jede parteipolitische Betätigung im Betrieb zu unterlassen; die Behandlung von Angelegenheiten tarifpolitischer, sozialpolitischer und wirtschaftlicher Art, die den Betrieb oder seine Arbeitnehmer unmittelbar betreffen, wird hierdurch nicht berührt.
>
> (3) Arbeitnehmer, die im Rahmen dieses Gesetzes Aufgaben übernehmen, werden hierdurch in der Betätigung für ihre Gewerkschaft auch im Betrieb nicht beschränkt."

Die Forderung nach dem ernsten Willen zur Einigung bei strittigen Fragen sowie die Forderung nach Vermeidung der Beeinträchtigung des Arbeitsablaufs und des Betriebsfriedens verdeutlichen, daß es Ziel des Gesetzes ist, unter Wahrung der Kontinuität der betrieblichen Produktionsprozesse einen Ausgleich von Interessengegensätzen durch die vertrauensvolle Zusammenarbeit von Betriebsrat und Arbeitgeber zu erreichen.

Die Möglichkeiten der Arbeitnehmer zur Mitwirkung und Mitbestimmung sind im neuen Gesetz wesentlich erweitert worden und erstrecken sich

1. auf ein Mitwirkungs- und Beschwerderecht,
2. auf soziale Angelegenheiten,
3. auf die Gestaltung von Arbeitsplatz, Arbeitsablauf und Arbeitsumgebung,
4. auf personelle Angelegenheiten und
5. auf wirtschaftliche Angelegenheiten.

Das Mitwirkungs- und Beschwerderecht gibt dem Arbeitnehmer das Recht, in betrieblichen Angelegenheiten, die seine Person betreffen, gehört zu werden. Er ist berechtigt, Vorschläge für die Gestaltung des Arbeitsplatzes und des Arbeitsablaufs zu machen. Weiterhin hat der Arbeitnehmer das Recht, in die über ihn geführten Personalakten Einsicht zu nehmen und sich bei den zuständigen Stellen des Betriebs zu beschweren, wenn er sich vom Arbeitgeber oder von Arbeitnehmern des Betriebs benachteiligt oder ungerecht behandelt fühlt.

Das Mitbestimmungsrecht des Betriebsrats in sozialen Angelegenheiten umfaßt im einzelnen:

a) Fragen der Ordnung des Betriebs und des Verhaltens der Arbeitnehmer;

b) Festlegung der täglichen Arbeitszeit und der Pausen;

c) vorübergehende Abänderung der betriebsüblichen Arbeitszeit;

d) Zeit, Ort und Art der Auszahlung der Arbeitsentgelte;

e) Aufstellung allgemeiner Urlaubsgrundsätze und des Urlaubsplans;

f) Einführung und Anwendung von technischen Einrichtungen, die das Verhalten oder die Leistung der Arbeitnehmer überwachen;

g) Regelungen über die Verhütung von Arbeitsunfällen und Berufskrankheiten;

h) Form, Ausgestaltung und Verwaltung von Sozialeinrichtungen;

i) Zuweisung und Kündigung von Wohnräumen, die den Arbeitnehmern mit Rücksicht auf das Bestehen eines Arbeitsverhältnisses vermietet werden;

k) Fragen der betrieblichen Lohngestaltung;

l) Festsetzung der Akkord- und Prämiensätze;

m) Grundsätze über das betriebliche Vorschlagswesen.

Für den Fall, daß zwischen Betriebsrat und Arbeitgeber eine Einigung nicht erzielt wird, entscheidet die Einigungsstelle, die aus einer gleichen Anzahl von Beisitzern, die vom

Arbeitgeber und Betriebsrat bestellt werden, und einem unparteiischen Vorsitzenden besteht.

Die Mitwirkung des Betriebsrats bei der Gestaltung von Arbeitsplatz, Arbeitsablauf und Arbeitsumgebung wird gesichert durch ein Unterrichtungs- und Beratungsrecht gegenüber dem Arbeitgeber, und zwar über die Planung

a) von Neu-, Um- und Erweiterungsbauten von Fabrikations-, Verwaltungs- und sonstigen betrieblichen Räumen,

b) von technischen Anlagen,

c) von Arbeitsverfahren und Arbeitsabläufen oder

d) der Arbeitsplätze.

Bei besonderen Belastungen der Arbeitnehmer durch Änderungen der Arbeitsplätze, des Arbeitsablaufs oder der Arbeitsumgebung kann der Betriebsrat angemessene Maßnahmen zur Abwendung, Milderung oder zum Ausgleich der Belastung verlangen.

Die Mitwirkungsmöglichkeiten des Betriebsrats bei personellen Angelegenheiten erstrecken sich auf allgemeine personelle Angelegenheiten, die Berufsbildung und personelle Einzelmaßnahmen.

Der Arbeitgeber hat den Betriebsrat über die Personalplanung und Maßnahmen der Berufsbildung rechtzeitig und umfassend zu unterrichten. Personalfragebogen und Richtlinien über die personelle Auswahl bei Einstellungen, Versetzungen, Umgruppierungen und Kündigungen bedürfen der Zustimmung des Betriebsrats.

Der Betriebsrat hat ein Beratungsrecht bei der Errichtung und Ausstattung betrieblicher Einrichtungen zur Berufsbildung, der Einführung betrieblicher Berufsbildungsmaßnahmen sowie in bezug auf die Teilnahme an außerbetrieblichen Berufsbildungsmaßnahmen. Bei der Durchführung von Maßnahmen der betrieblichen Berufsbildung besitzt er ein Mitbestimmungsrecht. In Betrieben mit mehr als zwanzig wahlberechtigten Arbeitnehmern hat der Arbeitgeber den Betriebsrat vor jeder Einstellung, Eingruppierung, Umgruppierung und Versetzung zu unterrichten. Bei Vorliegen einer der im Gesetz aufgeführten Bedingungen kann der Betriebsrat seine Zustimmung zu einer solchen Maßnahme verweigern. Dem Arbeitgeber bleibt in diesem Fall die Möglichkeit der Anrufung des Arbeitsgerichts.

Eine ohne vorherige Anhörung des Betriebsrats ausgesprochene Kündigung ist unwirksam. Das Gesetz führt darüber hinaus die Möglichkeiten auf, unter denen der Betriebsrat einer Kündigung widersprechen kann. Der Betriebsrat kann vom Arbeitgeber auch die Entlassung oder Versetzung eines Arbeitnehmers verlangen, wenn dieser den Betriebsfrieden wiederholt ernstlich gestört hat. Falls der Arbeitgeber dem Verlangen des Betriebsrats nicht stattgibt, bleibt auch hier die Möglichkeit der Anrufung des Arbeitsgerichts.

In Betrieben mit mehr als 100 ständigen Arbeitnehmern stehen einem „Wirtschaftsausschuß" umfassende Informations- und Beratungsrechte über wirtschaftliche Angelegenheiten des Unternehmens zu. Der Katalog der wirtschaftlichen Angelegenheiten im Sinne des Gesetzes ist erweitert worden und umfaßt insbesondere:

1. die wirtschaftliche und finanzielle Lage des Unternehmens;

2. die Produktions- und Absatzlage;

3. das Produktions- und Investitionsprogramm;

4. Rationalisierungsvorhaben;

5. Fabrikations- und Arbeitsmethoden, insbesondere die Einführung neuer Arbeitsmethoden;

6. die Einschränkung oder Stillegung von Betrieben oder von Betriebsteilen;

7. die Verlegung von Betrieben oder Betriebsteilen;

8. den Zusammenschluß von Betrieben;

9. die Änderung der Betriebsorganisation oder des Betriebszwecks sowie

10. sonstige Vorgänge und Vorhaben, welche die Interessen der Arbeitnehmer des Unternehmens wesentlich berühren können.

An den monatlichen Sitzungen des Wirtschaftsausschusses hat der Unternehmer oder sein Vertreter teilzunehmen.

Wird eine Auskunft über wirtschaftliche Angelegenheiten entgegen dem Verlangen des Wirtschaftsausschusses nicht, nicht rechtzeitig oder nur ungenügend erteilt und kommt hierüber zwischen Unternehmer und Betriebsrat eine Einigung nicht zustande, so entscheidet die Einigungsstelle.

Bei geplanten Betriebsänderungen — dazu zählen nach dem Gesetz: die Einschränkung und Stillegung des ganzen Betriebs oder wesentlicher Betriebsteile, die Betriebsverlegung oder der Zusammenschluß mit anderen Betrieben, die grundlegende Änderung der Betriebsorganisation, des Betriebszwecks oder der Betriebsanlagen sowie die Einführung grundlegend neuer Arbeitsmethoden und Fertigungsverfahren — hat der Unternehmer in Betrieben mit mehr als 20 wahlberechtigten Arbeitnehmern den Betriebsrat rechtzeitig und umfassend zu unterrichten und die geplanten Änderungen mit ihm zu beraten. Kommt ein Sozialplan im Sinne eines Interessenausgleichs über die Betriebsänderungen oder eine Einigung über den Ausgleich oder die Milderung der wirtschaftlichen Nachteile, die den Arbeitnehmern infolge der geplanten Betriebsänderung entstehen, nicht zustande, kann der Präsident des Landesarbeitsamtes um Vermittlung ersucht werden. Geschieht dies nicht oder bleibt der Vermittlungsversuch ergebnislos, so kann die Einigungsstelle angerufen werden, die bei Ausbleiben einer Einigung über die Aufstellung eines Sozialplanes entscheidet. Weicht der Unternehmer von einem solchen Interessenausgleich ohne zwingenden Grund ab und spricht er infolge dieser Abweichung Kündigungen aus, so haben die betroffenen Arbeitnehmer auf dem Klageweg einen Anspruch auf Abfindung.

Die Rechte der Betriebsräte reichen also vom Informationsrecht über das Beratungsrecht und das Mitbestimmungsrecht zum Initiativrecht. Das Informationsrecht verschafft dem Betriebsrat die Voraussetzung, um Einwendungen erheben zu können. Das Beratungsrecht zwingt den Arbeitgeber, von sich aus den Betriebsrat zur Beratung zuzuziehen. Das Mitbestimmungsrecht macht Entscheidungen vom Einverständnis des Betriebsrats abhängig. Es macht den Betriebsrat zum Partner des Arbeitgebers. Das

Initiativrecht schließlich berechtigt den Betriebsrat, vom Arbeitgeber bestimmte Maßnahmen zu verlangen. Ausgeschlossen aber ist ein selbständiger Eingriff des Betriebsrats in die Betriebsleitung.

Dem Betriebsverfassungsgesetz entspricht im Bereich des öffentlichen Dienstes das ähnliche Normen enthaltende Bundespersonalvertretungsgesetz vom 15. 3. 1974[1]).

2. *Das „Gesetz über die Mitbestimmung der Arbeitnehmer in den Aufsichtsräten und Vorständen der Unternehmen des Bergbaus und der Eisen und Stahl erzeugenden Industrie"*

Das am 21. 5. 1951 verabschiedete Montan-Mitbestimmungsgesetz, das zuletzt durch das „Einführungsgesetz zum Aktiengesetz" vom 6. 9. 1965 geändert wurde, sieht eine paritätische Besetzung der Aufsichtsräte in den Kapitalgesellschaften des Bergbaues sowie der Eisen und Stahl erzeugenden Industrie mit über 1000 Arbeitnehmern vor. Von den in der Regel 11 Aufsichtsratsmitgliedern müssen 5 Arbeitnehmervertreter sein, 5 Vertreter der Anteilseigner, ein elftes Mitglied muß von ihrer Mehrheit oder bei Nichteinigung vom Oberlandesgerichtspräsidenten bestellt werden. Von den Arbeitnehmervertretern werden zwei von den Betriebsräten des Unternehmens, die anderen drei von den Gewerkschaften vorgeschlagen. Damit ist den Gewerkschaften ein — wenn auch begrenzter — Einfluß auf die Besetzung der Aufsichtsräte möglich. In den Vorstand, der vom Aufsichtsrat bestellt wird und aus drei Mitgliedern besteht, ist ein Arbeitsdirektor zu entsenden. Der Arbeitsdirektor darf vom Aufsichtsrat nicht gegen die Mehrheit der im Aufsichtsrat sitzenden Arbeitnehmervertreter bestellt oder abberufen werden[2]). Er ist Vertrauensmann der

[1]) Zuletzt geändert durch Gesetz vom 25. 4. 1975.
[2]) Eine Ausnahme läßt das „Gesetz zur Ergänzung des Gesetzes über die Mitbestimmung der Arbeitnehmer in den Aufsichtsräten und Vorständen der Unternehmen des Bergbaus und der Eisen und Stahl erzeugenden Industrie" (Mitbestimmungs-Ergänzungs-

Arbeitnehmer im Vorstand, hat aber Arbeitgeberfunktionen zu erfüllen. Meist werden ihm Aufgaben der Personalführung sowie der betrieblichen Lohn- und Sozialpolitik übertragen.

Durch das Mitbestimmungsrecht wird den Arbeitnehmern in den davon betroffenen Unternehmen nicht nur ein Mitentscheidungs- und Mitbestimmungs-, sondern ein Mitdirektionsrecht eingeräumt, das ihnen Einfluß auf die Unternehmensführung sichert.

Zu beachten ist, daß das Mitbestimmungsrecht der Arbeitnehmervertreter im Aufsichtsrat von Kapitalgesellschaften eine Teilnahme an der Unternehmensleitung ist, also über das Mitbestimmungsrecht des Betriebsrats weit hinausgeht. Daneben gilt aber auch für Betriebe von Unternehmen, die dem Montan-Mitbestimmungsgesetz unterliegen, das Bestriebsverfassungsgesetz in vollem Umfang.

3. Das „Gesetz über die Mitbestimmung der Arbeitnehmer"

Nach kontroverser Debatte in Regierung, Parlament und Öffentlichkeit, die sich auf betriebswirtschaftliche Probleme der Mitbestimmung, auf das Problem des Einflusses der Gewerkschaften, auf die Stellung der leitenden Angestellten und auf verfassungsrechtliche Bedenken, insbesondere im Zusammenhang mit der Eigentumsgarantie von Art. 14 des Grundgesetzes konzentrierte, wurde die Mitbestimmung auf Unternehmensebene durch das Mitbestimmungsgesetz vom 4. 5. 1976 erheblich ausgeweitet.

gesetz) vom 7. 8. 1956, zuletzt geändert durch Gesetz vom 27. 4. 1967 zu. Dieses Gesetz sieht eine Mitbestimmung auch für sog. „herrschende" Unternehmen vor deren Betriebszweck nicht die Kohlen-, Eisen- oder Stahlerzeugung ist. Herrschende Unternehmen sind die Obergesellschaften von Konzernen. Wenn Konzernunternehmer unter die Montanmitbestimmung fallen, gilt das Mitbestimmungsgesetz auch für das herrschende Unternehmen. In dieser Holding-Gesellschaft kann der Arbeitsdirektor auch gegen die Mehrheit der Arbeitnehmerstimmen im Aufsichtsrat bestellt werden.

Erfaßt werden ca. 650 Unternehmen mit eigener Rechtspersönlichkeit (d. s. Aktiengesellschaften, Kommanditgesellschaften auf Aktien, Gesellschaften mit beschränkter Haftung und Genossenschaften), die in der Regel mehr als 2000 Arbeitnehmer beschäftigen, sowie kleinere Unternehmen mit eigener Rechtspersönlichkeit dann, wenn sie herrschende Unternehmen eines Konzern oder Teilkonzerns sind und wenn die inländischen Unternehmen dieses Konzerns insgesamt die Größenordnung von mindestens 2000 Arbeitnehmern erreichen. Tendenzunternehmen im Sinne von § 118 des Betriebsverfassungsgesetzes von 1972, das sind Unternehmen, die politischen, konfessionellen, karikativen, erzieherischen, wissenschaftlichen oder künstlerischen Bestimmungen oder Zwecken der Berichterstattung oder Meinungsäußerung dienen, sind ausgeschlossen. In den vom Gesetz erfaßten Unternehmen sind etwa 4—5 Millionen Arbeitnehmer beschäftigt. Die mit dem Betriebsverfassungsgesetz von 1952 und § 76 eingeführte Ein-Drittel-Beteiligung der Arbeitnehmer in den Aufsichtsräten gilt nach dem Betriebsverfassungsgesetz von 1972 in Unternehmen und Konzernen mit weniger als 2000 Arbeitnehmern fort. Die Mitbestimmung im Montanbereich bleibt unverändert erhalten.

Die Aufsichtsräte werden mit der gleichen Zahl von Aufsichtsratsmitgliedern der Anteilseigner und der Arbeitnehmer besetzt. Ein Teil der Aufsichtsratssitze der Arbeitnehmer ist für die im Unternehmen bzw. im Konzern vertretenen Gewerkschaften bestimmt, und zwar 2 Sitze in Unternehmen mit einem 12- oder 16köpfigen Aufsichtsrat, 3 Sitze in Unternehmen mit einem 20köpfigen Aufsichtsrat. Alle Aufsichtsratsmitglieder der Arbeitnehmer — also sowohl die der unternehmensangehörigen Arbeitnehmer als auch die Vertreter der Gewerkschaften — werden in Urwahl (Unternehmen mit bis zu 8000 Arbeitnehmern) oder durch Wahlmänner gewählt. Dabei sind die Sitze der unternehmensangehörigen Arbeitnehmer auf die Arbeiter, auf die Angestellten und auf die leitenden Angestellten, wie sie in § 5 Abs. 3 des Betriebsverfassungsgesetzes definiert sind, entsprechend ihrem zahlenmäßigen Anteil an der Gesamt-belegschaft zu verteilen.

Der Aufsichtsrat wählt mit einer Mehrheit von zwei Dritteln aus seiner Mitte einen Aufsichtsratsvorsitzenden und einen Stellvertreter. Wenn diese Mehrheit für einen der beiden zu Wählenden nicht erreicht wird, so wählen die Aufsichtsratsmitglieder der Anteilseigner den Aufsichtsrats-vorsitzenden aus ihrer Mitte. Der Stellvertreter des Vor-sitzenden wird von den Aufsichtsratsmitgliedern der Arbeitnehmer aus deren Reihen gewählt.

Ergibt eine Abstimmung im Aufsichtsrat Stimmengleich-heit, so hat der Aufsichtsratsvorsitzende bei Wiederholung der Abstimmung einen Stichentscheid in der Weise, daß er bei erneuter Stimmengleichheit eine zweite Stimme erhält.

Als gleichberechtigtes Mitglied des vom Aufsichtsrat mit Zwei-Drittel-Mehrheit zu wählenden Vorstandes wird ein Arbeitsdirektor bestellt, der wesentlich mit Personal- und Sozialangelegenheiten befaßt sein muß und der Absicht des Gesetzgebers nach im Interesse der Arbeitnehmer auf die Unternehmenspolitik Einfluß nehmen soll. Der Arbeits-direktor kann auch gegen die Mehrheit der Arbeitnehmer-stimmen im Aufsichtsrat eingesetzt werden. Die mit dem Mitbestimmungs-Ergänzungsgesetz von 1956 gemachten Erfahrungen lassen jedoch erwarten, daß der Arbeits-direktor in der Regel nicht gegen den Willen der Arbeit-nehmerseite gewählt wird.

C. DIE ORDNUNG DES ARBEITSMARKTES

Die Notwendigkeit einer besonderen Ordnung des Ar-beitsmarktes ergibt sich aus der Tatsache, daß die vorherr-schende wirtschaftliche Existenzgrundlage Unselbständiger ihre Arbeitskraft ist. Ihre wirtschaftliche Existenz hängt daher von den Möglichkeiten der Verwertung ihrer Arbeits-kraft sowie von den Bedingungen ab, zu denen sie Beschäf-tigung finden. Da die Sicherung auskömmlicher wirtschaft-licher Existenzbedingungen eine Aufgabe der Sozialpolitik ist, gehört es auch zu ihren Aufgaben, Beschäftigungsmöglichkeiten und bestimmte Beschäftigungsbedingungen zu sichern. Über Beschäftigungsmöglichkeiten und Beschäftigungsbedingungen entscheiden die Arbeitsmarktverhältnisse. Die Beeinflussung der Arbeitsmarktverhältnisse ist daher eine der wichtigsten, wenn nicht die wichtigste Aufgabe der Sozialpolitik, weil die Beschäftigungsmöglichkeiten und -bedingungen nicht nur über das Einkommen der Arbeitnehmer und damit über die Möglichkeit entscheiden, durch eigene Leistungen für die Risiken der Krankheit, des Unfalls, der Invalidität, des Alters und der Arbeitslosigkeit vorzusorgen. Vielmehr hängt vom Beschäftigungsgrad auch die Höhe des Sozialproduktes ab. Mit der Vorentscheidung über die Höhe des Sozialproduktes fällt aber eine Entscheidung über die Höhe der aus dem Sozialprodukt für sozialpolitische Maßnahmen abzweigbaren Mittel.

Oberstes Ziel der Arbeitsmarktpolitik ist die Sicherung ununterbrochener, den individuellen Neigungen und Fähigkeiten entsprechender Beschäftigung aller Arbeitsfähigen und Arbeitswilligen zu bestmöglichen Beschäftigungsbedingungen. Diese Zielsetzung schließt folgende Einzelaufgaben in sich:

a) Bei gegebener Zahl der Arbeitsplätze und der Arbeitskräfte müssen die vorhandenen Arbeitsplätze den ihre Arbeitskraft Anbietenden zugänglich gemacht und mit den geeignetsten Kräften besetzt werden. Diesem Ziel dienen Arbeitsvermittlung und Berufsberatung.

b) Es muß Sorge getragen werden, daß die Arbeitswilligen die Fähigkeiten erwerben können, die erforderlich sind, um eine ihren Neigungen und dem Recht auf freie Wahl des Berufes und des Arbeitsplatzes entsprechende Tätigkeit ausüben zu können.

c) Es muß Sorge getragen werden, daß alle Arbeitsfähigen und Arbeitswilligen Arbeitsplätze erhalten. Diesem Ziel dient die Vollbeschäftigungspolitik.

d) Die Beschäftigungsbedingungen sollen die bestmöglichen sein. Diese Aufgabe wird durch das Tarifvertragswesen zu lösen versucht.

e) Wenn vorübergehend oder längere Zeit Arbeitnehmer keine Beschäftigungsmöglichkeit finden, muß ein Mindesteinkommen anderweitig gesichert werden. Diese Aufgabe obliegt der Arbeitslosenversicherung.

1. Arbeitsvermittlung, Berufsberatung und Arbeitsförderung

Der sogenannte Gesamtarbeitsmarkt zerfällt in eine Vielzahl fachlicher und beruflicher Arbeitsmärkte, nämlich in die Märkte ungelernter, angelernter und gelernter Arbeitnehmer verschiedener Berufe, verschiedenen Geschlechts sowie in räumliche Teilmärkte. Die mangelhafte Markttransparenz und die relative Schwerbeweglichkeit der Arbeitskräfte verhindern bzw. erschweren die Zusammenführung von Angebot und Nachfrage, den Marktausgleich und die Erreichung des Gleichgewichts auf einzelnen Arbeitsmärkten. Mit anderen Worten: der Arbeitsmarkt ist durch qualitative und quantitative Umsatzhindernisse belastet. Der Beseitigung bzw. Abschwächung dieser Umsatzfriktionen durch Erhöhung der Markttransparenz und durch Vergrößerung der Beweglichkeit der Arbeitskräfte aufgrund von Arbeitsvermittlung und Berufsberatung dient das Arbeitsvermittlungswesen, das 1927 in die Hände der Reichsanstalt für Arbeitsvermittlung und Arbeitslosenversicherung gelegt wurde und heute der Bundesanstalt für Arbeit in Nürnberg anvertraut ist.

Neue Rechtsgrundlage für die Arbeitsvermittlung ist — ebenso wie Rechtsgrundlage für die Berufsberatung, die Arbeitsförderung, die Beschäftigungspolitik, die Arbeitslosenversicherung und die Arbeitslosenhilfe — das Arbeitsförderungsgesetz (AFG) vom 25. 6. 1969, zuletzt geändert durch Gesetz vom 28. 12. 1976.

Nach diesem Gesetz hat die Bundesanstalt „im Rahmen der Sozial- und Wirtschaftspolitik der Bundesregierung" darauf hinzuwirken, „daß ein hoher Beschäftigungsstand erzielt und aufrechterhalten, die Beschäftigungsstruktur ständig verbessert und damit das Wachstum der Wirtschaft gefördert wird" (§ 1). Diese Zielsetzung impliziert als Unterziele, daß

1. weder Arbeitslosigkeit und unterwertige Beschäftigung noch ein Mangel an Arbeitskräften eintreten oder fortdauern,

2. die berufliche Beweglichkeit der Erwerbstätigen gesichert und verbessert wird,

3. nachteilige Folgen, die sich für die Erwerbstätigen aus der technischen Entwicklung oder aus wirtschaftlichen Strukturwandlungen ergeben können, vermieden, ausgeglichen oder beseitigt werden,

4. die berufliche Eingliederung körperlich, geistig oder seelisch Behinderter gefördert wird,

5. Frauen, deren Unterbringung unter den üblichen Bedingungen des Arbeitsmarktes erschwert ist, weil sie verheiratet oder aus anderen Gründen durch häusliche Pflichten gebunden sind oder waren, beruflich eingegliedert werden,

6. ältere und andere Erwerbstätige, deren Unterbringung unter den üblichen Bedingungen des Arbeitsmarktes erschwert ist, beruflich eingegliedert werden,

7. die Struktur der Beschäftigung nach Gebieten und Wirtschaftszweigen verbessert wird (§ 2).

Als Mittel zur Erreichung dieser Ziele stehen der Bundesanstalt zur Verfügung:

1. die Begründung von Arbeitsverhältnissen durch Zusammenführung Arbeitssuchender mit Arbeitgebern, also die Arbeitsvermittlung (§ 13 f.);

2. die Beratung von Arbeitgebern und Arbeitnehmern über die Arbeitsmarktlage, die Entwicklung der Berufe, die Notwendigkeit und Möglichkeit der beruflichen Bildung und deren Förderung, also die Arbeits- und Berufsbildungsberatung (§ 15);

3. die Erteilung von Rat und Auskunft in Fragen der Berufswahl und des Berufswechsels, die Unterrichtung

über die mögliche Förderung der beruflichen Bildung und die Aufklärung über beruflich bedeutsame Entwicklungen auf dem Arbeitsmarkt, also die Berufsberatung (§ 25 ff.);

4. die Förderung der beruflichen Ausbildung, Fortbildung und Umschulung (§ 33 ff.) durch
   a) die Gewährung von Zuschüssen und Darlehen (§ 40);
   b) die Gewährung von Unterhaltsgeld (§ 44);
   c) die Übernahme der Lehrgangs-, Lernmittel-, Fahrt-, Unterkunfts- und Verpflegungskosten (§ 45);
   d) Förderung des Aufbaues, der Erweiterung und Ausstattung beruflicher Bildungseinrichtungen durch Darlehen und Zuschüsse (§ 50);

5. Förderung der Arbeitsaufnahme durch Zuschüsse zu den Bewerbungskosten, den Reise- und Umzugskosten, den Kosten der Arbeitsausrüstung und durch die Gewährung von Trennungsbeihilfe (§ 53), durch Beihilfen an Arbeitgeber zur Eingliederung von schwer unterzubringenden Arbeitslosen (§ 54) und durch die finanzielle Förderung der Errichtung von Arbeitnehmer- und Jugendwohnheimen (§ 55);

6. Maßnahmen zur Erhaltung, Besserung und Wiederherstellung der Erwerbsfähigkeit körperlich, geistig oder seelisch Behinderter, wobei vor allem die unter 4. und 5. angeführten Instrumente eingesetzt werden (§ 56 ff.);

7. Leistungen zur Erhaltung und Schaffung von Arbeitsplätzen, wie z. B. die Zahlung von Kurzarbeitergeld (§ 63 ff.), die Förderung der ganzjährigen Beschäftigung in der Bauwirtschaft (§ 74 ff.), die Gewährung von Zuschüssen zu Arbeiten, die im öffentlichen Interesse liegen (§ 91 ff.) und die Gewährung von Zuschüssen zu den Lohnkosten älterer Arbeitnehmer, wenn dadurch Arbeitslosigkeit älterer Arbeitnehmer vermieden werden kann (§ 97 ff.).

Von den Grundsätzen der Arbeitsvermittlung und Berufsberatung sind hervorhebenswert:

1. der Grundsatz der Unentgeltlichkeit der Vermittlung;

2. der Grundsatz der Unparteilichkeit, d. h. daß Religions-, Partei- und Verbandszugehörigkeit bei der Vermittlung außer acht bleiben müssen;

3. der Grundsatz der Berücksichtigung der Eignung und der sozialen Lage, d. h. es soll die geeignetste Kraft vermittelt werden. Bei gleicher Eignung ist die soziale Lage der Arbeitslosen, d. h. u. a. ihr Familienstand und die Dauer ihrer Arbeitslosigkeit zu berücksichtigen;

4. der Grundsatz der lohnpolitischen Neutralität. Der Vermittler hat sich einer Einwirkung auf die Lohnhöhe und die sonstigen Arbeitsbedingungen zu enthalten.

Voraussetzung für eine erfolgreiche Vermittlungstätigkeit ist eine laufende Arbeitsmarktanalyse durch die statistische Erfassung von Arbeitsmarktdaten, durch Konjunktur- und Branchenkonjunkturanalysen und -prognosen. Dazu ist die Bundesanstalt durch die §§ 3 und 6 verpflichtet. § 6 besagt:

> „Die Bundesanstalt hat Umfang und Art der Beschäftigung sowie Lage und Entwicklung des Arbeitsmarktes, der Berufe und der beruflichen Bildungsmöglichkeiten im allgemeinen und in den einzelnen Wirtschaftszweigen und Wirtschaftsgebieten, auch nach der sozialen Struktur, zu beobachten, zu untersuchen und für die Durchführung der Aufgaben der Bundesanstalt auszuwerten ..."

Die quantitative Bedeutung der öffentlichen Arbeitsvermittlung verringerte sich nach dem Krieg aufgrund eines steigenden Beschäftigungsgrades, bei dem sich der Arbeitsmarktausgleich über die Stellenanzeigen in den Tageszeitungen auf der Grundlage eigener Initiativen der Arbeitgeber und Arbeitnehmer vollzieht. Die Arbeitsämter vermitteln vorwiegend schwer zu vermittelnde Arbeitskräfte. Besondere Aufgaben haben die Arbeitsämter noch in wirtschaftlich unterentwickelten Regionen, wie z. B. in den Zonenrandgebieten.

Die Aufgabe der Berufsberatung wird in der sich organisatorisch, strukturell und technisch schnell wandelnden Industriegesellschaft immer bedeutungsvoller, weil sich in dieser Gesellschaft auch die Berufschancen, die Berufserfordernisse, die Aufstiegschancen, die Ausbildungsmöglichkeiten und -notwendigkeiten verändern. Eine bereits in den Schulen einsetzende, systematische Berufsberatung wäre um so erwünschter und notwendiger, als, worauf Achinger hinweist[1]), die moderne Industriewirtschaft eine erschreckende Ratlosigkeit und Unsicherheit von Eltern und Kindern über die einzuschlagende Berufslaufbahn hervorgebracht hat.

2. Tarifvertrags-, Einigungs- und Schlichtungswesen

Oberstes Ziel der Arbeitsmarktpolitik ist — wie festgestellt — die Sicherung bestmöglicher Beschäftigungsbedingungen für alle Arbeitsfähigen und Arbeitswilligen. Die Beschäftigungsbedingungen werden nachhaltig von der Form des Arbeitsmarktes beeinflußt. Diese Marktform wurde durch die staatliche Sozialpolitik zugunsten der Arbeitnehmer verändert.

Die Regelung der Arbeitsbedingungen erfolgte im 19. Jahrhundert entsprechend dem Grundsatz der persönlichen Freiheit und der Gleichheit der Rechtsstellung im Wege des individuellen Arbeitsvertrages. Der Einzelarbeitsvertrag war die bis nach dem Ersten Weltkrieg vorherrschende Form des Arbeitsvertrages. Trotz des damit verbundenen rechtlichen und politischen Fortschritts erlitten die Arbeitnehmer wirtschaftliche Nachteile, weil die wirtschaftlichen Positionen der Vertragskontrahenten höchst ungleich waren. Auf den einzelnen Märkten stand einem oder wenigen Unternehmern, die über die Beschäftigungsmöglichkeiten, nämlich über die Produktionsfaktoren Boden und Kapital, verfügten und die aufgrund dieses Vermögens die stärkere wirtschaftliche Position innehatten, eine Vielzahl miteinander konkurrierender, Beschäftigung suchender Arbeitnehmer ohne Vermögensrückhalt gegenüber. Diese Arbeitsuchenden standen, weil die Verwertung ihrer Ar-

[1]) H. Achinger, a. a. O., S. 93.

beitsleistung die einzige Möglichkeit zur Sicherung ihres Lebensunterhalts war, unter einem Angebotszwang. Für die Unternehmer war dagegen kein unmittelbarer Zwang gegeben, Nachfrage nach Arbeit zu entfalten, wenngleich das vorhandene Vermögen an Boden und Kapital zu wirtschaftlicher Verwertung drängte. Die oligopsonistische bzw. monopsonistische Marktform mußte sich für die Arbeitnehmer umso nachteiliger auf die Höhe der Löhne und auf die sonstigen Beschäftigungsbedingungen auswirken, je stärker das Angebot an Arbeit die Nachfrage nach Arbeit überwog.

Die Marktstellung der Arbeitgeber wurde noch verstärkt durch die anormale Reaktion des Arbeitsangebots, d. h. durch die Tatsache, daß im Gegensatz zu Gütermärkten, auf denen in der Regel bei sinkenden Preisen das Angebot reduziert wird, auf den Arbeitsmärkten bei sinkenden Löhnen das Angebot nicht mit einer Verringerung, sondern mit einer Erhöhung des Angebots durch Überstundenarbeit und durch die Arbeitsaufnahme von Frauen und Kindern reagierte.

Mit der staatlichen Regelung des Tarifvertragswesens wurde die Marktform verändert, der freie wurde in den organisierten Arbeitsmarkt verwandelt. Die Wirkungen der Regelung des Tarifvertragswesens auf die Beschäftigungsbedingungen werden nach einer kurzen Darstellung der Ordnung des Tarifvertragswesens aufzuzeigen sein.

Mit dem Tarifvertragsgesetz vom 9. 4. 1949 in der Neufassung vom 25. 8. 1969 (TVG)[1] stellte die Gesetzgebung der Bundesrepublik zum großen Teil die Ordnung des Tarifvertragswesens wieder her, die schon in der Weimarer Republik praktiziert wurde.

Durch das TVG werden die Gewerkschaften und die Arbeitgeberverbände als die für die Regelung der Arbeitsbedingungen maßgeblichen Institutionen anerkannt. Die Tarifautonomie der Sozialpartner wird noch einmal im „Gesetz über die Festsetzung von Mindestarbeitsbedingun-

---

[1] Zuletzt geändert durch Gesetz vom 29. 10. 1974.

gen" vom 11. 1. 1952 hervorgehoben, dessen § 1 Abs. 1 und 2 lautet:

> „(1) Die Regelung von Entgelten und sonstigen Arbeitsbedingungen erfolgt grundsätzlich in freier Vereinbarung zwischen den Tarifvertragsparteien durch Tarifveträge.
>
> (2) Mindestarbeitsbedingungen können zur Regelung von Entgelten und sonstigen Arbeitsbedingungen festgesetzt werden, wenn
>
> a) Gewerkschaften oder Vereinigungen von Arbeitgebern für den Wirtschaftszweig oder die Beschäftigungsart nicht bestehen oder nur eine Minderheit der Arbeitnehmer oder der Arbeitgeber umfassen und
>
> b) die Festsetzung von Mindestarbeitsbedingungen zur Befriedigung der notwendigen sozialen und wirtschaftlichen Bedürfnisse der Arbeitnehmer erforderlich erscheint und
>
> c) eine Regelung von Entgelten oder sonstigen Arbeitsbedingungen durch Allgemeinverbindlicherklärung eines Tarifvertrages nicht erfolgt ist."

Die staatliche Festlegung von Mindestarbeitsbedingungen ist dadurch praktisch fast ausgeschlossen. Denn die drei genannten Voraussetzungen einer solchen Festlegung müssen kumulativ erfüllt sein und liegen in der Wirklichkeit nur selten vor. Die Gewerkschaften und Arbeitgebervereinigungen in der Bundesrepublik erfassen nahezu alle Wirtschaftszweige und Beschäftigungsarten. Wenn nicht der gesamte Wirtschaftszweig erfaßt ist, wird meist eine Allgemeinverbindlicherklärung beantragt, und schließlich dürfte, wenn beide Voraussetzungen nicht erfüllt sein sollten, in den seltensten Fällen eine Befriedigung der sozialen und wirtschaftlichen Bedürfnisse der Arbeitnehmer erforderlich sein, weil nämlich der Wettbewerb auf dem Arbeitsmarkt eine Angleichung der Arbeitsbedingungen in gewerkschaftlich nicht organisierten Wirtschaftszweigen an die Arbeitsbedingungen in gewerkschaftlich organisierten Wirtschaftszweigen herbeiführt.

Das dominierende Instrument zur Festlegung der Beschäftigungsbedingungen sind also die Tarifverträge. Nach § 1 Abs. 1 TVG regelt der Tarifvertrag „die Rechte und

Pflichten der Tarifvertragsparteien und enthält Rechtsnormen, die den Inhalt, den Abschluß und die Beendigung von Arbeitsverhältnissen sowie betriebliche und betriebsverfassungsrechtliche Fragen ordnen können." Der Tarifvertrag wirkt zwingend und unmittelbar zwischen den Vertragsparteien. Seine Normen gelten als objektives Recht, die Tarifparteien dürfen von ihnen nur zugunsten der Arbeitnehmer abweichen. Die Normen des Tarifvertrages sind also Mindestnormen. Das TVG sieht auch eine Allgemeinverbindlicherklärung von Tarifverträgen vor. Das bedeutet, daß der Bundesminister für Arbeit und Sozialordnung auf Antrag einer tarifschließenden Partei auch solche Arbeitnehmer und Arbeitgeber in den Tarifvertrag einbeziehen kann, die nicht zu den vertragschließenden Parteien gehören, aber unter den räumlichen, fachlichen und betrieblichen Geltungsbereich des Tarifvertrages fallen. Damit kann der Geltungsbereich der Mindestarbeitsnormen auf ganze Branchen ausgedehnt werden.

Die Bedeutung der Tarifverträge als kollektive Vereinbarungen der Arbeitsbedingungen liegt erstens darin, daß Einzeltarifverträge nur auf der Grundlage der in den Tarifverträgen vereinbarten Mindestnormen abgeschlossen werden können, daß also die Freiheit des Abschlusses eines Arbeitsvertrages „nach unten" begrenzt ist. Zweitens aber liegt ihre Bedeutung darin, daß durch sie die Marktform vom Monopson oder Oligopson in ein zweiseitiges Monopol oder Oligopol umgeformt wird und dadurch organisierte Arbeitnehmer günstigere Beschäftigungs- und damit Existenzbedingungen erreichen können: einmal durch die Ausschaltung des Unterbietungswettbewerbs der Arbeitnehmer, zum anderen durch die Schaffung gegengewichtiger Marktmacht und drittens durch Beeinflussung des Arbeitsangebots.

Die Ausschaltung des Unterbietungswettbewerbs bedarf keines Kommentars.

Die Schaffung gegengewichtiger Marktmacht verbessert die Situation der Arbeitnehmer allein schon dadurch, daß die fachlich geschulten Berufsfunktionäre der Gewerkschaften über bessere allgemeine und spezielle wirtschaftliche

Informationen verfügen sowie verhandlungstüchtiger und verhandlungserfahrener sind als einzelne Arbeitnehmer. Sie sind auch zielbewußter und selbstbewußter und können deswegen besser verhandeln. Außerdem sind sie sich der propagandistischen, organisatorischen und finanziellen Rückendeckung durch die Gewerkschaften sicher.

Schließlich üben die Gewerkschaften durch Beeinflussung der Menge der angebotenen Arbeitsleistung Einfluß auf die Beschäftigungsbedingungen aus. Z. B. beschränken sie durch die Politik der Arbeitszeitverkürzung das Arbeitsangebot. Eine Angebotsverringerung muß aber unter sonst gleichen Umständen zu höheren Lohnsätzen führen.

Neben diesen positiv zu beurteilenden Wirkungen der Tarifautonomie ist nicht zu übersehen, daß diese Autonomie auch Gefahren und Nachteile mit sich bringen kann, denen wir im einzelnen hier nicht nachgehen können. Auf einige Probleme soll aber wenigstens hingewiesen werden.

Die gegenwärtige Regelung des Tarifvertragswesens entbehrt eines Regulativs, das sicherstellt, daß sich die Forderungen der Gewerkschaften und die Konzessionen der Arbeitgeber an *die* Grenzen anpassen und sich innerhalb *der* Grenzen bewegen, die einer Verbesserung der Beschäftigungsbedingungen von der wirtschaftlichen Lage her gesetzt sind. Außerdem können Arbeitskämpfe zu Macht- und Prestigekämpfen ausarten und zu hohen volkswirtschaftlichen Verlusten führen. Die auf Tarifautonomie basierende Lohnpolitik kann auch in Widerspruch zur Zielsetzung der Preisniveau- und Geldwertstabilität geraten. Sie beeinflußt die Wettbewerbsfähigkeit der Wirtschaft auf den Auslandsmärkten und wirkt auf das Wachstum des Sozialprodukts. Fragen der Tarifautonomie und ihrer Begrenzung bzw. der Neutralisierung ihrer möglichen schädlichen Wirkungen stehen nach wie vor im Mittelpunkt der Diskussion. Zu ihrem Verständnis sollen hier einige Hinweise gegeben werden:

Die Frage, wie hoch die Löhne sein können, ist eine normative Frage, d. h. eine Frage, für deren Beantwortung wir nicht über eindeutige, wissenschaftlich gesicherte Entscheidungskriterien verfügen. Die Antwort auf eine normative Frage hängt immer von den Wert- und Zielsetzungen einzelner bzw. sozialer Gruppen ab. Wegen der gegebenen unterschiedlichen Wert- und Zielvorstellungen bestehen über die Lösungsmöglichkeiten normativer Fragen natürliche Gegensätze. Eine solche Konfliktsituation besteht insbesondere zwischen Arbeitgebern und Arbeitnehmern, da deren Auffassungen über die Frage, welcher Anteil am Produktionsertrag dem Produktionsfaktor Arbeit und welcher Anteil den anderen Produktionsfaktoren zukommt, divergieren.

Um soziale Konflikte auf dem Arbeitsmarkt zu lösen, stehen folgende Möglichkeiten grundsätzlich offen:

1. die Konfliktlösung auf dem Verhandlungswege,
2. die Konfliktregelung durch eine den Betroffenen auferlegte oder von ihnen gewählte neutrale, staatliche oder nichtstaatliche Instanz,
3. die Konfliktlösung durch Kampf.

Die Konfliktlösung durch Verhandlung hat die größte Wahrscheinlichkeit für sich, unter Wahrung der Interessen der Konfliktbeteiligten zu einer friedlichen Lösung zu führen. Die Konfliktlösung durch eine Entscheidungsinstanz schließt die Gefahr in sich, daß die Interessen *einer* Konfliktpartei verletzt werden, weil sie sich möglicherweise nur gegen ihre Überzeugung dem Schiedsspruch beugt. Die Kampflösung ist offensichtlich für eine zivilisierte, aufgeklärte und dem sozialen Frieden verpflichtete Gesellschaft die schlechteste und teuerste Art der Konfliktlösung.

Daher scheinen Verhandlungen die optimale Lösung zu sein, wenn sie nicht zu einer Einigung auf Kosten der Interessen Dritter führen. Solange es der Wirtschaftspolitik gelingt, durch bewußt geschaffene wirtschaftspolitische Rahmenbedingungen und durch die Maßnahmen der Wirtschaftspolitik die Schädigung Dritter gering zu halten oder gänzlich zu vermeiden, sind Verhandlungen der Konfliktlösung durch neutrale Instanzen vorzuziehen.

Eine Konfliktlösung durch Kampf kann nur als „ultima ratio" erscheinen und nur in Kauf genommen werden, wenn der Ausgleich der Interessen und die Befriedigung der Gesellschaft auf die Dauer gesehen dadurch gefördert wird.

Das dürfte der Fall sein, wenn Arbeitskämpfe ihren Charakter als „ultima ratio" behalten, d. h. wenn wenig Arbeitskämpfe stattfinden und vorher *alle* Möglichkeiten einer friedlichen Lösung des Konflikts ausgeschöpft worden sind.

In der Bundesrepublik waren bisher Arbeitskämpfe seltener als in der Weimarer Republik. Der an sich verfassungsgemäße und nicht rechtswidrige Streik wird in der Bundesrepublik als Mittel des Arbeitskampfes immer seltener eingesetzt. Von dem Einsatz des Streiks als verfassungswidriges, politisches Kampfmittel zur Zeit des Kampfes um das Mitbestimmungs- und Betriebsverfassungsgesetz abgesehen, haben Streiks in der Bundesrepublik ihren ultima-ratio-Charakter behalten.

In der Bundesrepublik ist aber — im Gegensatz zur Weimarer Republik und im Gegensatz zur Regelung des Tarifvertragswesens in vielen anderen Ländern — den Sozialpartnern weder eine Zwangsschlichtung noch die Pflicht auferlegt, freiwillige Schlichtungsvereinbarungen zu treffen. Es ist also nicht gewährleistet, daß vor Anwendung des Arbeitskampfes alle friedlichen Mittel zur Konfliktlösung ausgeschöpft werden. Daher scheint die Frage diskussionsbedürftig, ob man nicht den Sozialpartnern für den Fall, daß sie sich nicht selbst auf freiwillige Schlichtungsvereinbarungen einigen, die Auflage zum Abschluß von Schlichtungsvereinbarungen machen sollte, deren Ausgestaltung völlig den Sozialpartnern überlassen bleibt.

Abzulehnen ist aber meines Erachtens eine staatliche Zwangsschlichtung. Sie macht den Arbeitskampf zu einer stumpfen Waffe. In einer freien Gesellschaft ist der Arbeitskampf unentbehrlicher Bestandteil der Tarifautonomie. Letztlich ist ja die Gefahr des Ausbruchs eines Arbeitskampfes die treibende Kraft dafür, daß die Konfliktbeteiligten alle Verhandlungsmöglichkeiten wahrnehmen. Der Verlust oder eine wesentliche Einschränkung der Tarifautonomie würde für eine freie Gesellschaft einen Verlust an demokratischer Selbstverwaltung, an Mitspracherechten, an Selbstbestimmung sowie an Selbstverantwortung bedeuten und den sozialen Frieden gefährden. Man kann die

Tarifautonomie nicht allein unter wirtschaftlichen Gesichtspunkten, d. h. nicht nur danach beurteilen, wie viele Arbeitstage durch Arbeitskämpfe verloren gehen und wieviel Güter weniger erzeugt werden.

3. *Arbeitslosenversicherung und Arbeitslosenhilfe*

Die Forderung der Reichsverfassung von 1919, daß jedem Deutschen die Möglichkeit gegeben werden soll, seinen Unterhalt durch Arbeit zu erwerben, und daß, soweit ihm angemessene Arbeit nicht geboten werden kann, für seinen Unterhalt zu sorgen ist (Artikel 163), fand ihren ersten umfassenden Niederschlag im „Gesetz über Arbeitsvermittlung und Arbeitslosenversicherung" aus dem Jahre 1927. Arbeitsvermittlung und Arbeitslosenversicherung bzw. Arbeitslosenhilfe gehören wesensmäßig zusammen, weil bei der Prüfung des Anspruchs auf Arbeitslosenunterstützung und Arbeitslosenhilfe der Nachweis angemessener Arbeitsgelegenheiten nur durch die Arbeitsämter organisatorisch sinnvoll erfolgen kann. Ziel der Arbeitslosenversicherung und der Arbeitslosenhilfe ist es, beschäftigungslosen Arbeitnehmern den notwendigen Lebensunterhalt zu sichern und die wirtschaftlichen und sozialen Wirkungen der Arbeitslosigkeit auf ein Minimum zu reduzieren.

Die gegenwärtige Regelung der Arbeitslosenversicherung beruht auf dem Arbeitsförderungsgesetz vom 25. 6. 1969. Träger der Arbeitslosenversicherung und der Arbeitslosenhilfe ist die Bundesanstalt für Arbeit. Eine Versicherungspflicht besteht für Arbeiter und Angestellte ohne Rücksicht auf das Einkommen. Je nach der Dauer ihrer Beschäftigung vor Eintritt der Arbeitslosigkeit und je nach der Höhe des bisherigen Arbeitsentgelts und der Kinderzahl erhalten Arbeitslose Unterstützung für 78 Tage, wenn sie innerhalb von 3 Jahren vor der Arbeitslosigkeit mindestens 26 Wochen gearbeitet haben, bis zu höchstens 312 Tagen, wenn sie innerhalb von 3 Jahren vor der Arbeitslosigkeit mindestens 26 Monate beschäftigt waren.

Die Höhe der Unterstützung beträgt 68 % des um die gesetzlichen Abzüge verminderten Arbeitsentgeltes. Seit dem 1. 1. 1977 beträgt der wöchentliche Leistungshöchstsatz für nichtverheiratete Arbeitnehmer ohne Kinder 304,80 DM, für Verheiratete 370,20 DM[1]).

Voraussetzung für den Unterstützungsbezug sind Arbeitsfähigkeit und Arbeitswilligkeit. Deswegen werden dann, wenn ein Arbeitnehmer seinen Arbeitsplatz freiwillig aufgibt, oder wenn sich ein Arbeitsloser nicht an den vorgeschriebenen, regelmäßigen Meldeterminen beim Arbeitsamt um Arbeit bemüht, oder wenn er zumutbare vermittelte Arbeit nicht annimmt, Unterstützungssperren verhängt. Streikende oder ausgesperrte Arbeitnehmer sind von einem Unterstützungsbezug ausgeschlossen, weil erstens Arbeitslosigkeit, die zum Unterstützungsbezug berechtigt, durch Arbeitsmangel verursacht sein muß und weil zweitens die Arbeitslosenversicherung nicht in die lohnpolitischen Auseinandersetzungen eingreifen darf.

Die Mittel der Arbeitslosenversicherung werden durch Beiträge aufgebracht, und zwar zu gleichen Teilen vom Arbeitgeber und vom versicherten Arbeitnehmer. Ein höheres Arbeitsentgelt als DM 3400,— darf der Beitragsbemessung ab 1. 1. 1977 nicht zugrundegelegt werden. Durch die Rückentwicklung der Arbeitslosigkeit nach dem Zweiten Weltkrieg wurde es möglich, den Beitragssatz auf 2 % des Arbeitsentgelts festzusetzen. Wegen der in der Rezession 1974/75 gestiegenen Arbeitslosigkeit und der dadurch verursachten Milliardendefizite der Bundesanstalt für Arbeit bei gleichzeitig bestehendem Milliardendefizit des Bundeshaushalts wurde der Beitragssatz durch Rechtsverordnung der Bundesregierung zum 1. 1. 1976 auf 3 % angehoben.

Arbeitslose, die aus der Arbeitslosenversicherung „ausgesteuert" werden, d. h. die den ihnen zustehenden Unterstützungsanspruch ausgeschöpft haben, beziehen Arbeitslosenhilfe. Voraussetzungen zum Bezug der Arbeitslosenhilfe sind Arbeitslosigkeit, Arbeitsfähigkeit und -willigkeit, vorheriger Bezug von Arbeitslosenunterstützung und Bedürftigkeit. Die Hauptbeträge der Arbeitslosenhilfe liegen unter den entsprechenden Leistungen der Arbeitslosenunter-

---

[1]) Vgl. dazu die AFG-Leistungsverordnung vom 17. 12. 1976.

stützung. Die Finanzierung der Arbeitslosenhilfe erfolgt ausschließlich aus Bundesmitteln. Die Bundesanstalt führt sie nur als Auftragsangelegenheit des Bundes durch.

Da die Arbeitslosenversicherung bzw. die Arbeitslosenhilfe jedem anspruchsberechtigten Arbeitslosen für begrenzte Zeit Unterstützung zahlt, ist der Arbeitslose erstens nicht mehr gezwungen, sofort jede sich bietende Arbeitsgelegenheit anzunehmen, um seinen Lebensunterhalt zu sichern. Die Arbeitslosenversicherung mildert also den Angebotszwang und die Angebotsdringlichkeit. Zweitens ist der Arbeitslose durch die Sicherung eines bestimmten Prozentsatzes seines Einkommens nicht mehr gezwungen, Arbeitsgelegenheiten wahrzunehmen, deren Entgelt unter dem Unterstützungseinkommen liegt. Die Arbeitsentgelte können also, wenn nicht das Arbeitsangebot vom Markt verschwinden soll, nicht unter die Unterstützungssätze der Arbeitslosenversicherung und der Arbeitslosenhilfe fallen. Dadurch wirkt die Versicherung lohnniveaustabilisierend.

4. Vollbeschäftigungspolitik

Da die Arbeitslosigkeit ein unberechenbares Risiko darstellt, kann es keine „Versicherung" gegen die Arbeitslosigkeit geben. Die beste Sicherung gegen das Risiko der Arbeitslosigkeit ist eine Vollbeschäftigungspolitik. Auf ihre Mittel und Erfolgsmöglichkeiten kann hier nicht eingegangen werden. Für uns stellt sich nur die Frage nach den sozialen Wirkungen einer Vollbeschäftigungspolitik. Sie sind nicht schwer abzuleiten.

Eine erfolgreiche Vollbeschäftigungspolitik bedeutet — volkswirtschaftlich gesehen — die Erstellung eines größeren Sozialproduktes, d. h. eine Verbreiterung der Basis, auf der die staatliche Wirtschaftspolitik sozialpolitisch operieren kann. Von den Arbeitnehmern her gesehen bedeutet sie die laufende Sicherung der Einkommen Unselbständiger. Diese Einkommenssicherung hat einen mehrfachen Effekt: erstens verringert sie die Notwendigkeit, Einkommenshilfen zu geben (z. B. in Form von Arbeitslosenunterstützung, Sozialhilfe, Fürsorgeleistungen, Erziehungsbeihilfen usw.); zweitens wird es durch die permanente Sicherung der Arbeitseinkommen den Unselbständigen ermöglicht, für die Lebensrisiken zum Teil selbst Vorsorge zu treffen. Drittens aber tritt eine Wirkung ein, die höher als die finanziellen Wirkungen zu veranschlagen ist, nämlich die entscheidende Minderung der wirtschaftlichen Abhängigkeit der Arbeitnehmer. Dadurch erhöhen sich ihre Lebenssicherheit, ihr Lebensmut und ihre wirtschaftlichen Entwicklungchancen. Das gilt umso mehr, als Arbeitsvermittlung, Arbeitslosenversicherung und Vollbeschäftigungspolitik das Grundrecht der freien Berufswahl und der freien Wahl des Arbeitsplatzes unangetastet lassen. Theoretisch könnte das Ziel der Vollbeschäftigung auch durch Arbeitskräftelenkung und staatlich beeinflußten Arbeitseinsatz erreicht werden. Zwischen beiden Möglichkeiten — Vollbeschäftigung bei freier Arbeitsplatzwahl oder Vollbeschäftigung durch Arbeitseinsatzpolitik und Arbeitskräftelenkung — bestehen wesentliche Unterschiede: im ersten Fall hat der einzelne Wahlmöglichkeiten, er behält sein Selbstbestimmungsrecht; im zweiten Fall ist er unfrei und fremdbestimmt.

Der Arbeitsmarkt und die Beschäftigungsbedingungen werden durch Vollbeschäftigung nachhaltig in folgender Weise beeinflußt:

1. Das Arbeitsangebot wird auf der Mehrzahl der Arbeitsmärkte für die meisten Berufe und Tätigkeiten verknappt, folglich steigen die Arbeitseinkommen.

2. Diese Verbesserung der Marktlage bringt die Gewerkschaften in eine besonders günstige Verhandlungsposition. Daher sind Zeiten der Vollbeschäftigung Zeiten allgemein und beschleunigt steigender Arbeitseinkommen.

3. Die Vollbeschäftigung erhöht die Arbeitsinterdependenzen, weil bei Ausschöpfung der Arbeitskraftreserven auf einem regionalen oder beruflichen Arbeitsmarkt die Arbeitsnachfrage auf andere Arbeitsmärkte zurückgreift und, um von dort Arbeitskräfte anzulocken, die Arbeitsbedingungen verbessert. Der dadurch gegebenen Gefahr

der Abwanderung können die Arbeitgeber nur begegnen, indem sie ebenfalls die Arbeitsbedingungen verbessern. Durch die Verstärkung der Arbeitsmarktinterdependenzen werden Lohnunterschiede verringert.

D. Das gegenwärtige System der sozialen Sicherung

Ein System sozialer Sicherung kann man umschreiben als die Gesamtheit der Einrichtungen, deren Zweck es ist, die wirtschaftliche und soziale Existenz bestimmter sozialer Gruppen gegen allgemeine Lebensrisiken wie Unfall, Krankheit, Invalidität, Alter, Arbeitslosigkeit und Tod des Ernährers zu sichern. Die sozialen Gruppen, die in ein solches System einbezogen werden, sowie der Aufbau des Systems nach einem bestimmten Sicherungsprinzip, nach Leistungen und nach der Finanzierung, werden durch *die* gesellschaftlichen Ziel- und Normvorstellungen bestimmt, die sich im politischen Entscheidungsprozeß durchsetzen konnten.

1. Unfallversicherung

Gesetzliche Grundlage für die Unfallversicherung ist das dritte Buch der Reichsversicherungsordnung vom 19. 7. 1911, zuletzt geändert durch Gesetz vom 27. 6. 1977.

Seine Aufgaben sind:

1. die Verhütung von Arbeitsunfällen;
2. die Entschädigung des Verletzten, seiner Angehörigen oder seiner Hinterbliebenen, und zwar
   a) durch die Wiederherstellung der Erwerbsfähigkeit des Verletzten und durch die Förderung seiner Wiedereingliederung in das Arbeitsleben,
   b) durch Geldleistungen.

Die Rangordnung der Aufgaben lautet: Unfallverhütung — möglichst weitgehende Wiederherstellung des alten Zustandes — Schadenersatz.

Versichert sind im wesentlichen alle Arbeitnehmer mit Ausnahme der Beamten, aber unter Einschluß von Heimarbeitern, Schaustellern, Artisten und Künstlern. Außerdem sind versichert Hausgewerbetreibende, Landwirte und Unternehmer der gewerblichen Kleinbetriebe der Seefischerei. Versichert sind auch Personen, die unter Freiheitsentzug Arbeit verrichten. Eine solche Vorschrift ist typisch für einen sozialen Rechtsstaat, der auch Gesellschaftsmitgliedern, die der Gesellschaft durch Rechtsverstöße Schaden zugefügt haben, ein Minimum sozialen Schutzes nicht versagt. Versichert sind außerdem Lebensretter, Blutspender und Personen, die bei Unglücksfällen, Gefahr und Not Hilfe leisten oder die sich bei der Verfolgung oder Festnahme einer einer strafbaren Handlung verdächtigen Person oder zum Schutze eines widerrechtlich Angegriffenen einsetzen.

Mit dem „Gesetz über Unfallversicherung für Schüler und Studenten sowie Kinder in Kindergärten" vom 18. 3. 1971 ist der Versicherungsschutz auch auf Kinder während des Besuchs von Kindergärten, auf Schüler während des Besuchs von allgemeinbildenden Schulen, auf Lernende während der beruflichen Aus- und Fortbildung, auf ehrenamtlich Lehrende sowie auf Studierende während der Aus- und Fortbildung an Hochschulen ausgeweitet worden.

Die Leistungen der Versicherung erstrecken sich

1. auf die Sorge für die Verhütung von Arbeitsunfällen und auf die Sicherstellung Erster Hilfe,

2. auf Heilbehandlung, Verletztengeld, Berufshilfe, Verletztenrente, Sterbegeld und Hinterbliebenenrente.
   Dabei umfaßt die Heilbehandlung ärztliche Behandlung, Heilmittelversorgung, Krankenhauspflege und Krankengeld. Unter Berufshilfe versteht man Maßnahmen zur Wiederherstellung oder Erhöhung der Erwerbsfähigkeit und Hilfestellung zur Erlangung eines Arbeitsplatzes.

Der Versicherungsschutz erstreckt sich nicht nur auf Unfälle im Betrieb, sondern auch auf Unfälle auf dem sogenannten Betriebsweg, also z. B. auf Wegen zwischen den Werkstätten eines Betriebes, sowie Unfälle, die auf dem

Wege zur Wohnung oder zum Arbeitsplatz passieren. Wenn der Arbeitgeber den Lohn unbar einem Geldinstitut überweist, sind auch Unfälle abgedeckt, die sich auf dem Wege zum Geldinstitut ereignen, soweit der Versicherte erstmalig nach der Lohnzahlung das Geldinstitut aufsucht.

Als Arbeitsunfälle gelten auch Berufskrankheiten, die durch chemische Stoffe oder physikalische Einwirkungen wie Druckluft, Lärm, Röntgenstrahlen, Wärmestrahlen oder Infektionserreger in Laboratorien, Krankenhäusern, Versuchsanstalten usw. entstehen können.

Der Arbeitsunfall darf nicht absichtlich, vorsätzlich oder bei strafbaren Handlungen herbeigeführt werden.

Die Geldleistungen werden in der Regel nach dem Jahresarbeitsverdienst vor Unfalleintritt berechnet und bei Veränderungen der durchschnittlichen Lohn- und Gehaltssumme durch Gesetz an die allgemeine Lohnentwicklung angepaßt. Auch in der Unfallversicherung hat sich, wie in der Rentenversicherung, das Prinzip der Dynamisierung der Geldleistung durchgesetzt. Es sind aber Mindest- und Höchstgrenzen für die Bezüge festgelegt. Die untere Grenze für den der Leistungsberechnung zugrundegelegten Jahresarbeitsverdienst ist das 300fache des Tagesortslohnes für Erwachsene, die Höchstgrenze für den der Berechnung zugrundezulegenden Jahresarbeitsverdienst beträgt in der Regel DM 36 000,—.

Um eine grobe Vorstellung von der Höhe der Geldleistungen zu vermitteln, seien einige Hauptleistungen angeführt. Bei Verlust der Erwerbsfähigkeit beträgt die sogenannte Vollrente zwei Drittel des Jahresarbeitsverdienstes, für jedes Kind werden 10 % der Rente zugeschlagen. Die Witwenrenten sind auf drei Zehntel des Jahresarbeitsverdienstes festgesetzt. Die Witwenrente erhöht sich auf vier Zehntel, wenn die Witwe das 45. Lebensjahr vollendet hat, berufs- oder erwerbsunfähig ist oder ein waisenrentenberechtigtes Kind aufzieht. Jede Halbwaise erhält bis zum 18. Lebensjahr bzw. wenn sie noch in Ausbildung steht bis zum 25. Lebensjahr zwei Zehntel des Jahresverdienstes des tödlich Verunglückten. Das Unfallversicherungsneuregelungsgesetz vom 30. 4. 1963[1]) hat vor allem entscheidende Leistungsverbesserungen gebracht, die sich in einer Erhöhung der oberen Jahresarbeitsverdienstgrenze von 9000,— auf 36 000,— DM und in einer Erhöhung aller Rentenleistungen niederschlugen.

Träger der Versicherung sind die Berufsgenossenschaften, für Arbeitslose die Bundesanstalt für Arbeit sowie der Bund, die Länder und die Gemeinden für die in ihren Unternehmen Tätigen und für bestimmte Personengruppen (z. B. Kindergartenkinder, Schüler und Studenten). Mitglied der sachlich zuständigen Berufsgenossenschaft ist jeder Unternehmer, dessen Unternehmen seinen Sitz im örtlichen Zuständigkeitsbereich der Berufsgenossenschaft hat.

Die Finanzierung erfolgt im wesentlichen durch Beiträge der Arbeitgeber, die bemessen werden

a) nach dem Entgelt, das die Versicherten verdienen,

b) nach Unfallgefahrenklassen.

2. Krankenversicherung

Gesetzliche Grundlagen für die Krankenversicherung sind das zweite Buch der Reichsversicherungsordnung von 1911 sowie eine Reihe von Ergänzungsgesetzen, aus denen das „Gesetz über die Fortzahlung des Arbeitsentgelts im Krankheitsfalle" vom 27. 7. 1969, das zweite Krankenversicherungsgesetz vom 21. 12. 1970 und das „Gesetz über die Krankenversicherung der Studenten" vom 24. 6. 1975 herausragen.

Versicherungspflichtig sind Arbeiter einschließlich Gesellen, Hausgehilfen, Seeleute und Lehrlinge sowie Angestellte, wenn ihr Monatsverdienst 75 % der in der Rentenversicherung für Arbeiter geltenden Beitragsbemessungsgrenze (demnach ab 1. 1. 1977: 2550,— DM, ab 1. 1. 1978: 2775,— DM und ab 1. 1. 1979: 3000,— DM) nicht übersteigt. Ferner unterliegen der Versicherungspflicht einige Kategorien selbständig Tätiger, wie z. B. Hausgewerbetrei-

[1]) Zuletzt geändert durch Gesetz vom 3. 6. 1976.

bende, selbständige Lehrer, Erzieher, Musiker usw., soweit ihr Monatsverdienst die genannte Grenze nicht übersteigt. Seit dem 24. 6. 1975 sind auch eingeschriebene Studenten der staatlichen und der staatlich anerkannten Hochschulen sowie Personen, die eine in Studien- oder Prüfungsordnungen vorgeschriebene berufspraktische Tätigkeit verrichten, versicherungspflichtig.

Bedeutend weiterentwickelt wurde die gesetzliche Krankenversicherung auch durch das Gesetz über die Krankenversicherung der Landwirte vom 10. 8. 1972, das die Versicherungspflicht auf die Gruppe der selbständigen Landwirte, ihrer mitarbeitenden Familienangehörigen und der Altenteiler ausweitete.

Die Leistungen umfassen

1. Maßnahmen zur Früherkennung von Krankheiten, d. h. Gewährung eines Anspruchs auf Vorsorgeuntersuchungen bei Kindern bis zur Vollendung des 4. Lebensjahres sowie auf jährliche Untersuchungen zur Früherkennung von Krebserkrankungen bei Männern und Frauen von bestimmten Altersgrenzen an.

2. Krankenpflege, d. h. insbesondere ärztliche Behandlung und Versorgung mit Medikamenten.

3. Krankengeld in Höhe von 65—75 % des Arbeitsentgeltes je nach Familienstand (für den Personenkreis, auf den die Bestimmungen des Lohnfortzahlungsgesetzes nicht anwendbar sind, z. B. Heimarbeiter) und von der siebenten Woche einer krankheitsbedingten Arbeitsunfähigkeit an 75—85 % des Arbeitsentgeltes je nach Familienstand. In den ersten sechs Wochen haben Arbeiter Anspruch auf volle Lohnfortzahlung durch den Arbeitgeber. Durch diese Regelung der Lohnfortzahlung ist die alte gesellschaftspolitische Forderung nach einer Gleichstellung von Arbeitern und Angestellten im Krankheitsfall verwirklicht worden.

4. Mutterschaftshilfe, d. h. ärztliche und finanzielle Hilfe während und nach der Schwangerschaft.

5. Familienhilfe für Ehegatten und Kinder Versicherter. Sie umfaßt Maßnahmen zur Früherkennung von Krank-

heiten, ärztliche Betreuung, Krankenpflege, Krankenhauspflege, Sterbegeld und Familienmutterschaftshilfe.

Träger der Krankenversicherung sind die Ortskrankenkassen, die Knappschaftskassen, Landkrankenkassen, landwirtschaftliche Krankenkassen, Betriebskrankenkassen und Innungskrankenkassen sowie die sogenannten Ersatzkrankenkassen, wie beispielsweise die Deutsche Angestellten-Krankenkasse, die Barmer Ersatzkasse usw.

Die Krankenkassen finanzieren sich aus Beiträgen, die je zur Hälfte von Arbeitgebern und Arbeitnehmern aufgebracht werden müssen. Die Beiträge für versicherte Rentner haben die Rentenversicherungen der Arbeiter und Angestellten zu leisten. Arbeitslose werden von der Bundesanstalt für Arbeit gegen Krankheit weiterversichert. Studenten haben ihre Beiträge, die 5 % des Förderungsbetrages für auswärts wohnende Studenten nach dem Bundesausbildungsförderungsgesetz betragen, allein aufzubringen. Der durchschnittliche Beitragssatz für Pflichtmitglieder mit Anspruch auf Lohnfortzahlung lag 1977 bei 11 % des versicherungspflichtigen Entgelts. Bei freiwilliger Weiterversicherung liegen die Beiträge je nach Kasse etwas höher.

Im Rahmen des Krankenversicherungs-Kostendämpfungsgesetzes vom 27. 6. 1977 wurde für Versicherte und Rentner — ausgenommen Kinder und Härtefälle — eine Arzneimittelbeteiligung in Höhe von 1,— DM je verordnetem Arzneimittel — an Stelle einer Gebühr von 2,50 DM je Rezeptblatt — eingeführt.

3. Rentenversicherung der Arbeiter und Angestellten

Gesetzliche Grundlage der Rentenversicherung sind das „Gesetz zur Neuregelung des Rechts der Rentenversicherung der Arbeiter" vom 23. 2. 1957 und das „Gesetz zur Neuregelung des Rechts der Rentenversicherung der Angestellten" vom 23. 2. 1957, sowie das „Reichsknappschaftsgesetz in der Fassung des Knappschaftsversicherungsneuregelungsgesetzes" vom 21. 5. 1957, das durch das „Gesetz zur Errichtung der Bundesknappschaft" vom 28. 7. 1969 neu gefaßt wurde[1]).

Diese Neuregelungsgesetze verfolgen drei wesentliche Ziele:

1. Die Invaliden-, Alters- und Hinterbliebenenrenten sollen eine echte Existenzgrundlage sein. Daher wurden die Renten institutionell dynamisiert, d. h. sie werden teils automatisch, teils gesetzlich regelmäßig an die Entwicklung des Lohn- und Preisniveaus angepaßt. Diese Dynamisierung wurde auf zwei Wegen zu erreichen versucht:

   a) Bei der Berechnung der Rente wird die sogenannte „allgemeine" Bemessungsgrundlage, die den jeweiligen Stand der allgemeinen Lohn- und Gehaltsentwicklung kurz vor Eintritt des Rentenfalles mißt, berücksichtigt, so daß die neu festzusetzenden Renten bei steigendem Lohn- und Gehaltsniveau höher sind als vorher festgesetzte Renten unter sonst gleichen Umständen. Die Arbeitsleistung des Versicherten wird dadurch berücksichtigt, daß bei der Rentenberechnung die Dauer der Versicherung und seine „persönliche" Bemessungsgrundlage, d. h. das Verhältnis, in dem das persönliche Arbeitsentgelt des einzelnen Versicherten zum allgemeinen Arbeitsentgelt stand, herangezogen werden.

   b) Die sogenannten Altrenten werden jeweils durch Gesetz an die Entwicklung des Lohn- und Preisniveaus angepaßt.

2. Die Arbeiterrentenversicherung wurde an die Angestelltenversicherung angeglichen.

3. Die Rehabilitationsmaßnahmen, d. h. Maßnahmen zur Wiederherstellung der Gesundheit und Arbeitsfähigkeit und Maßnahmen zur Wiedereingliederung in das Erwerbsleben, sind besonders in den Vordergrund gerückt worden.

---

[1] Alle genannten Gesetze zuletzt geändert durch Gesetz vom 27. 6. 1977.

Aufgaben der Rentenversicherung sind:

1. die Erhaltung, Besserung und Wiederherstellung der Erwerbsfähigkeit der Versicherten,

2. die Gewährung von Renten wegen Berufsunfähigkeit oder Erwerbsunfähigkeit sowie die Gewährung von Altersruhegeld,

3. die Gewährung von Renten an Hinterbliebene verstorbener Versicherter,

4. die Förderung von Maßnahmen zur Hebung der gesundheitlichen Verhältnisse in der versicherten Bevölkerung.

Versicherungspflichtig sind:

1. in der Arbeiterrentenversicherung alle Arbeiter, Auszubildende, Hausgewerbetreibende, Heimarbeiter und einige besonders abgegrenzte Gruppen selbständiger Gewerbetreibender;

2. in der Angestelltenversicherung alle Angestellten, selbständige Lehrer, Musiker, Artisten u. ä.;

3. in der Knappschaftsversicherung alle Personen, die gegen Entgelt in Betrieben beschäftigt sind, in denen Mineralien bergmännisch gewonnen werden.

Die Leistungen aller drei Rentenversicherungen bestehen in:

1. Maßnahmen zur Erhaltung, Besserung und Wiederherstellung der Erwerbsfähigkeit. Darunter fallen Heilbehandlung, Berufsförderungsmaßnahmen, Umschulungsmaßnahmen und Hilfsmaßnahmen zur Erlangung einer Arbeitsstelle.

2. Zahlung von Renten wegen Berufsunfähigkeit, Erwerbsunfähigkeit und Erreichung der Altersgrenze, die durch das Rentenreformgesetz vom 16. 10. 1972 flexibel gestaltet wurde und den Bezug von Altersruhegeld bei Frauen ab dem 60. Lebensjahr, bei Männern ab dem 63. Lebensjahr ermöglicht.

3. Zahlung von Hinterbliebenenrenten an Witwer, Witwen und Waisen. Während Witwen und Waisen in jedem

Fall Renten erhalten, erhalten die Witwer nur dann die Rente, wenn die verstorbene Frau den Unterhalt ihrer Familie überwiegend bestritten hat. Die Witwen- und Witwerrenten betragen sechs Zehntel der Rente, die dem Versicherten zugestanden hätte, wenn er zum Zeitpunkt seines Todes *berufsunfähig* gewesen wäre. Wenn aber der Witwer oder die Witwe das 45. Lebensjahr überschritten hat oder berufs- oder erwerbsunfähig ist oder wenn ein waisenberechtigtes Kind zu erziehen ist, beträgt die Rente sechs Zehntel der Rente, die dem Versicherten zugestanden hätte, wenn er zum Zeitpunkt seines Todes *erwerbsunfähig* gewesen wäre. Die Waisenrente beträgt bei Halbwaisen ein Zehntel, bei Vollwaisen ein Fünftel der Rente, die dem Versicherten zugestanden hätte, wenn er im Zeitpunkt des Todes erwerbsunfähig gewesen wäre.

Die Anpassung der laufenden Renten an Veränderungen der allgemeinen Bemessungsgrundlage erfolgt durch Mitwirkung des sogenannten Sozialbeirats, der aus Vertretern der Versicherten, der Arbeitgeber, der Sozial- und Wirtschaftswissenschaften und einem Vertreter der Deutschen Bundesbank besteht. Er hat die Aufgabe, über die Entwicklung der wirtschaftlichen Leistungsfähigkeit, der Produktivität und über die Veränderungen des Volkseinkommens je Erwerbstätigen jährlich Bericht zu erstatten und der Bundesregierung Vorschläge über die Rentenanpassung zu machen. Die Bundesregierung legt dann den gesetzgebenden Körperschaften bis zum 31. Oktober das Gutachten des Sozialbeirats und einen Rentenanpassungsbericht vor, der über die Finanzlage der Rentenversicherungen und die wirtschaftliche Entwicklung Auskunft gibt. Sie schlägt auch Anpassungsmaßnahmen vor. Aufgrund der Rentenanpassungsberichte und der Vorschläge der Bundesregierung wurden die laufenden Renten gemäß der veränderten Bemessungsgrundlage zwischen 1959 und 1977 jährlich im Durchschnitt im 7,82 % erhöht (Minimum 1962 mit 5,0 %, Maximum 1973 mit 11,35 %).

Die Rentenversicherungen finanzieren sich erstens aus Beiträgen, die je zur Hälfte Arbeitgeber und Arbeitnehmer aufbringen (knappschaftliche Rentenversicherung Arbeitgeber 15 %, Arbeitnehmer 8,5 %), und zweitens durch Bundeszuschüsse. Die Beitragsbemessung erfolgt nach folgendem Verfahren: Die Einnahmen, die Ausgaben, das Rentenniveau und das Vermögen sind nach der Zahl der Pflichtversicherten und der Zahl der Rentner für die künftigen 15 Kalenderjahre vorauszuschätzen und jährlich fortzuschreiben. Es ist eine Rücklage zu bilden, die bei der Arbeiter- und Angestelltenrentenversicherung jeweils am Jahresende die Aufwendungen für eineinhalb Monatsausgaben im voraufgegangenen Kalenderjahr nicht unterschreiten darf. Bei Unterschreiten dieser Grenze ist ein Finanzausgleich zwischen der Arbeiter- und Angestelltenrentenversicherung gesetzlich geregelt. Für den Fall, daß die Beiträge und sonstigen Einnahmen zur Deckung der Ausgaben nicht ausreichen, hat der Bund eine Garantie für die Aufbringung der Mittel übernommen. Wenn die Rücklage zur Arbeiter- und Angestelltenrentenversicherung zusammen jeweils am Ende von mindestens zwei aufeinanderfolgenden Kalenderjahren die Aufwendungen für einen Kalendermonat im jeweils voraufgegangenen Kalenderjahr unterschreitet, so ist bei den Vorausberechnungen für jedes Kalenderjahr der Beitragssatz gemeinsam für die Rentenversicherung der Arbeiter und die Rentenversicherung der Angestellten so zu berechnen, daß die Rücklage mindestens den entsprechenden Aufwendungen für drei Kalendermonate gleichkommt.

Seit 1. 1. 1973 beträgt der Beitragssatz in der Arbeiter- und in der Angestelltenrentenversicherung 18 %. Da die Beitragsbemessungsgrenze zur Zeit auf DM 3400,— monatlich festgesetzt ist, beläuft sich der monatliche Höchstbeitrag auf DM 612,—.

4. Alterssicherung Selbständiger

a. Altersversorgung für das Handwerk

Nach dem Handwerkerversicherungsgesetz vom 8. 9. 1960[1]) sind alle Handwerker, die in der Handwerksrolle

[1]) Zuletzt geändert durch Gesetz vom 3. 6. 1976.

eingetragen sind, ohne Rücksicht auf die Höhe ihres Einkommens versicherungspflichtig. Die Versicherung erstreckt sich auf den Fall der Berufsunfähigkeit, der Erwerbsunfähigkeit, des Alters und des Todes nach den Grundsätzen, die für die Rentenversicherung der Arbeiter gelten.

Die Leistungen entsprechen ebenfalls den Leistungen der Arbeiterrentenversicherung, die auch Träger der Handwerkerversicherung ist. Die Finanzierung erfolgt durch Beiträge der Handwerker sowie durch Bundeszuschüsse. 1977 betrug der Beitrag im Regelfall DM 216,—.

b. Altershilfe für die Landwirte

Gesetzliche Grundlage der Altershilfe, die 1972 760 000 landwirtschaftliche Unternehmer, Witwer und Witwen erfaßte, ist das „Gesetz über eine Altershilfe für Landwirte" vom 27. 7. 1957 in der Fassung vom 14. 9. 1965[1]). Nach diesem Gesetz erhält der ehemalige Landwirt, dessen landwirtschaftliches Unternehmen eine dauerhafte Existenzgrundlage bildete, Altershilfe in Höhe von monatlich DM 398,— (Verheiratete) bzw. DM 265,60 (Unverheiratete), wenn er das 65. Lebensjahr vollendet, mindestens 180 Monatsbeiträge gezahlt und den Hof übergeben hat. Die Altershilfe wird seit dem 1. 1. 1975 entsprechend den Anpassungssätzen der gesetzlichen Rentenversicherung an die veränderten Einkommensverhältnisse angepaßt. Sogenanntes vorzeitiges Altersgeld in gleicher Höhe erhält jeder ehemalige Landwirt, wenn er erwerbsunfähig geworden ist, mindestens 60 Monatsbeiträge gezahlt und den Hof übergeben hat. Ein wesentlicher Beitrag sowohl zur Alterssicherung der Landwirte als auch zur Verbesserung der Agrarstruktur ist die Landabgaberente, die für den verheirateten Berechtigten monatlich um DM 175,— und für den unverheirateten Berechtigten um DM 115,— pro Monat über dem Altersruhegeld liegt. Berechtigt zum Bezug der Landabgaberente ist ein landwirtschaftlicher Unter-

[1]) Zuletzt geändert durch Gesetz vom 27. 6. 1977.

nehmer, wenn er das 60. Lebensjahr vollendet hat oder berufsunfähig ist, mindestens 60 Monatsbeiträge zur Altenhilfe gezahlt hat, während der der Hofabgabe vorausgegangenen 5 Jahre überwiegend landwirtschaftlicher Unternehmer gewesen ist und wenn er seinen Hof zum Zwecke der Strukturverbesserung bis spätestens zum 31. 12. 1982 abgegeben hat. Bei gleichzeitigem Bezug eines Altersgeldes wird die Landabgaberente um diesen Betrag gekürzt. Ähnliche Ansprüche haben Witwen oder Witwer ehemaliger landwirtschaftlicher Unternehmer.

Die Mittel der Altershilfe werden durch Beiträge in Höhe von DM 48,— pro Monat (1975), durch Bundeszuschüsse und durch sonstige Einnahmen aufgebracht. Grundsätzlich ist jeder hauptberufliche landwirtschaftliche Unternehmer beitragspflichtig. Die Bundeszuschüsse erfolgen mit der Begründung, daß die Altershilfe die frühzeitige Hofabgabe fördert und diese wiederum die Agrarstruktur verbessert.

c. Alterssicherung für die freien Berufe

Die Alterssicherung für die freien Berufe schließt das System der sozialen Sicherung gleichsam fugenlos ab. Die überwiegende Mehrzahl aller Unselbständigen ist pflichtversichert. Von den Selbständigen sind pflichtversichert die Handwerker und die Landwirte. Sehr viele Einzelhändler sind in den Rentenversicherungen freiwillig versichert. Für die freiberuflich als Rechts-, Wirtschafts- und Steuerberater, Architekten, Ingenieure, Techniker, Wissenschaftler, Pädagogen, Künstler und in Heilberufen Tätigen wurden durch Ländergesetze Versorgungseinrichtungen geschaffen, in denen rund 40 % der Angehörigen aller freien Berufe pflichtversichert sind. Seit 1972 haben *alle* Angehörigen der freien Berufe die Möglichkeit, als Pflicht- oder als freiwillig Versicherte der Rentenversicherung der Arbeiter oder der Angestellten beizutreten. Die Leistungen und die Finanzierung dieser Einrichtungen sind zu unterschiedlich, um hier behandelt werden zu können.

Gesetzliche Grundlage der Sozialhilfe ist das am 13. 2. 1976 neu gefaßte Bundessozialhilfegesetz vom 30. 6. 1961. Durch dieses zuletzt am 7. 8. 1974 geänderte Gesetz wurde das Recht der öffentlichen Fürsorge neu geordnet.

Die Aufgabe der Sozialhilfe ist in § 1 des BSHG umschrieben.

„(1) Die Sozialhilfe umfaßt Hilfe zum Lebensunterhalt und Hilfe in besonderen Lebenslagen.

(2) Aufgabe der Sozialhilfe ist es, dem Empfänger der Hilfe die Führung eines Lebens zu ermöglichen, das der Würde des Menschen entspricht. Die Hilfe soll ihn soweit wie möglich befähigen, unabhängig von ihr zu leben; hierbei muß er nach seinen Kräften mitwirken."

Hervorzuheben sind folgende Grundsätze:

1. Im Gegensatz zu früheren Regelungen besteht nunmehr ein Rechtsanspruch auf Sozialhilfe.

2. Durch die Sozialhilfe soll der Hilfeempfänger wieder in die Gemeinschaft eingegliedert werden. Er soll durch die Hilfe befähigt werden, baldmöglichst unabhängig von dieser Hilfe zu werden, z. B. durch Beschaffung von Arbeitsgelegenheit, durch Hilfe bei der Gewöhnung an Arbeit im Falle arbeitsungewohnter, arbeitsscheuer Menschen oder durch Wiederherstellung der Arbeitsfähigkeit durch Pflegehilfe und Heilbehandlung.

3. Auch in der Sozialhilfe hat sich der Grundsatz der Prophylaxe durchgesetzt. Sie soll vorbeugend gewährt werden, wenn dadurch eine Notlage ganz oder teilweise abgewendet werden kann.

4. Die Sozialhilfe ist subsidiär, d. h. einmal, daß eine Pflicht des Hilfeempfängers besteht, bei seiner Wiedereingliederung in die Gemeinschaft selbst aktiv mitzuwirken, und zum anderen, daß die Sozialhilfe erst einsetzt, wenn keine andere Möglichkeit einer Hilfeleistung durch gesetzlich, vertraglich oder sittlich zur Hilfe Verpflichtete gegeben ist.

5. Es gilt der Grundsatz der individuellen Bemessung der Hilfeleistung.

Formen der Hilfe sind:

a) persönliche Hilfe, wie z. B. die Beratung in persönlichen Angelegenheiten;

b) Geldleistungen, wie z. B. die Gewährung des notwendigen Lebensunterhalts, die Übernahme von Kranken- oder Altersversicherungsbeiträgen, die Übernahme von Bestattungskosten;

c) Sachleistungen, wie z. B. die Beschaffung von Arbeitsgelegenheiten, Ausbildungshilfe, Pflegehilfe, Heilbehandlung oder Anstaltsaufenthalte.

Träger der Sozialhilfe sind die kreisfreien Städte und Landkreise als örtliche Träger, daneben überörtliche Träger wie z. B. Landeswohlfahrtsverbände.

F. Soziale Wohnungsbau- und Wohnungsmarktpolitik

Motiv für die soziale Wohnungsbau- und Wohnungsmarktpolitik ist die Erkenntnis, daß die Arbeitsfähigkeit und die Arbeitsfreude, aber auch die Möglichkeit der Entfaltung der Persönlichkeit und ein gesundes Familienleben von ausreichendem und gesundem Wohnraum abhängen.

In der Bundesrepublik spielten zunächst wegen der durch Kriegszerstörungen, durch die Zuwanderung von Flüchtlingen und Vertriebenen und durch die Bevölkerungsvermehrung herrschenden Wohnraumknappheit die Wohnraumwirtschaft, die Mietpreisbindung und der Mieterschutz als Instrumente der Wohnungsmarktpolitik eine hervorragende Rolle.

Durch das „Gesetz über den Abbau der Wohnungszwangswirtschaft und über ein soziales Miet- und Wohnrecht" vom 23. 6. 1960 wurde die Sozialpolitik im Bereich der Wohnungspolitik und Wohnungswirtschaft auf eine neue Grundlage gestellt. In den wesentlichen Teilen der Begründung für die Notwendigkeit des Abbaues der Wohnungszwangswirtschaft durch die Bundesregierung wird hervorgehoben:

1. Durch die Wohnungszwangswirtschaft werde das Grundeigentum unter Ausnahme- und Sonderrecht gestellt. Die Wohnungszwangswirtschaft stelle Eingriffe in das Privateigentum und in die Vertragsfreiheit dar. Tatsächlich kommt eine Wohnungszwangswirtschaft, die den Wohnraum der Vermieter und der Mieter kontingentiert und den Wohnraum durch Zuweisungen verteilt, einer so wesentlichen Beschränkung der Verfügungsrechte über das Eigentum gleich, daß eine Wohnungszwangswirtschaft hart an der Grenze einer Enteignung steht, zumal die Wohnungszwangswirtschaft mit einer Mietpreisbindung gekoppelt war.

2. Diese Mietpreisbindung sei die logische Konsequenz der Mengenkontingentierung. Wir haben hier in der Tat ein typisches Beispiel dafür, daß die Bewirtschaftung knapper Güter ohne Preisfixierung nicht zum Ziele führt. Denn wenn bei der gegebenen kurz- und mittelfristig nicht zu beseitigenden Angebotsverknappung und der Zuteilung des knappen Angebots auf die Nachfrage die Preise freigegeben worden wären, wären die Preise derart in die Höhe geschnellt, daß die weniger Bemittelten aus dem Markt gedrängt worden wären und der knappe Wohnraum vorwiegend den Beziehern höchster und hoher Einkommen zur Verfügung gestanden hätte. Gerade die Mietpreisfestsetzung und vor allem die Spaltung des Wohnungsmarktes in Märkte für Sozialwohnungen, Altbauwohnungen und freifinanzierte Wohnungen führte in großem Umfang zu sozialen Mißständen. Die durch die staatliche Preisfestsetzung entstandene Preisdifferenzierung zwischen Altbauwohnungen, Wohnungen des Sozialwohnungsbaues und teueren Neubauwohnungen verschaffte allen, die in billigen Wohnungen leben konnten, Differentialrenten auf Kosten der Hauseigentümer.

3. Der Mietenstop habe zu einem erheblichen Substanzverzehr von Volksvermögen geführt, da die Altwohnungsmieten nicht einmal ausreichten, um Ersatzinvestitionen zu finanzieren, geschweige denn, um eine Modernisie-

rung des Althausbesitzes zu ermöglichen. Während z. B. im öffentlich geförderten Sozialwohnungsbau nach dem Zweiten Weltkrieg mehr als 90 % der Wohnungen mit Bad ausgestattet wurden, sind die Altbauwohnungen aus der Zeit vor dem Ersten Weltkrieg nur zu etwa 8 % mit Bädern versehen.

4. Der Mieterschutz macht es zudem unmöglich, den den Sozialbedürftigen zugeteilten Wohnraum dann freizumachen oder die Miete anzuheben, wenn keine finanzielle Hilfsbedürftigkeit der Mieter mehr vorliegt. Genausowenig war es durch den Mieterschutz möglich, preisgebundene Altbauwohnungen von Mietern durch Kündigung freizumachen, die über sehr hohe Einkommen verfügten.

Das „Gesetz über den Abbau der Wohnungszwangswirtschaft und über ein soziales Miet- und Wohnrecht" in der Fassung vom 29. 7. 1963 sah vor:

1. den stufenweisen Abbau der Wohnraumbewirtschaftung bis zum 31. 12. 1967;

2. eine Anhebung des Preisniveaus der nach wie vor gebundenen Mieten bis zum Abbau der Mietpreisbindungen am 31. 12. 1967;

3. eine Auflockerung des bisherigen Mieterschutzes;

4. sozial bevorzugt zu behandelnde Kategorien (Vertriebene, Flüchtlinge, Kriegsbeschädigte und kinderreiche Familien), die auf Kosten des Vermieters durch die Mietpreisbindung subventioniert wurden, sollen nun nach dem Wohngeldgesetz in der Fassung vom 1. 4. 1965 durch die Allgemeinheit in der Weise unterstützt werden, daß sowohl in der Übergangszeit bis zur marktwirtschaftlichen Gestaltung des Wohnungsmarktes wie auch danach Mietbeihilfen gezahlt werden, wenn die Mietanhebung zu untragbaren Belastungen für die Mieter führt. Die Möglichkeit des Bezugs von Wohngeld, das für Mieter als Mietzuschuß und für Eigentümer als Lastenzuschuß gewährt wird, wurde besonders nach der Verabschiedung des Zweiten Wohngeldgesetzes vom 14.

12. 1970, das am 14. 12. 1973 neu gefaßt wurde, von den Anspruchsberechtigten verstärkt wahrgenommen, was aus der Steigerung der aufgewandten öffentlichen Mittel in Höhe von 175 Mill. DM im Jahre 1965 auf rund 800 Mill. DM im Jahre 1976 deutlich zu ersehen ist.

5. Maßnahmen zur Förderung des Wohnungsbaues, wie z. B. der Einsatz öffentlicher Mittel, die Gewährung von Steuerbegünstigungen, die Bereitstellung von Bauland, die Förderung von Bausparkassen und Baugenossenschaften, bleiben nach wie vor in Kraft.

Die derzeit geltenden Grundsätze, der Geltungsbereich der öffentlichen Wohnungsbauförderung, die Bestimmungen über die Bereitstellung von Bundesmitteln und die Übernahme von Bundesbürgschaften, die Vorschriften für die öffentliche Förderung des sozialen Wohnungsbaues sowie die Bestimmungen über den steuerbegünstigten Wohnungsbau und besondere Förderungsmaßnahmen und Vergünstigungen (z. B. Aufwendungszuschüsse und -darlehen) sind ausgeführt im Zweiten Wohnungsbaugesetz vom 27. 6. 1956 in der Fassung vom 1. 9. 1976.

Um sicherzustellen, daß die mit öffentlichen Mitteln geförderten Wohnungen auch tatsächlich von den einkommensschwächeren Bevölkerungsschichten belegt werden, sind im „Gesetz zur Sicherung der Zweckbestimmung von Sozialwohnungen" (Wohnungsbindungsgesetz) in der Neufassung vom 31. 1. 1974 detaillierte Regelungen u. a. über die Erteilung von Wohnberechtigungen, die Ermittlung und die Höhe der Mieten (Kostenmiete) sowie das Kündigungsrecht des Mieters bei einseitigen Mieterhöhungen enthalten.

G. FAMILIENFÖRDERUNG

Nach Artikel 6 Abs. 1 des Grundgesetzes stehen Ehe und Familie unter dem besonderen Schutz der staatlichen Ordnung.

Diesem Ziel des Schutzes der Familie trägt teilweise die Ausgestaltung des Einkommensteuertarifs Rechnung — unbeschadet der Tatsache, daß die Steuerstaffelung nach Familienstand und Kinderzahl primär durch die herrschenden Normen über Steuergerechtigkeit und durch den Grundsatz der Besteuerung nach der Leistungsfähigkeit bedingt ist. Eine mittelbare Förderung von Familien mit Kindern ist auch durch bestimmte steuerliche Vorteile für die Steuerpflichtigen gegeben, die Kinder zu unterhalten haben.

Stärkeres familienpolitisches Gewicht als die Steuerpolitik hat die staatliche Ausgabenpolitik im Bereich der Wohnungspolitik, im Bereich der Einkommenshilfe für Familien mit Kindern in Form von Kindergeld und im Bereich der Ausbildungsbeihilfen.

Gesetzliche Grundlage für die Familienförderung in Form von Kindergeld ist das Bundeskindergeldgesetz in der Fassung vom 31. 1. 1975, zuletzt geändert durch Gesetz vom 14. 12. 1976. Danach sind Empfänger von Kindergeld Personen, die ihren Wohnsitz oder ihren gewöhnlichen Aufenthalt in der Bundesrepublik haben, also nicht nur Arbeit*nehmer* und nicht nur Inländer. Das Kindergeld wird unabhängig von den Einkommens- und Vermögensverhältnissen auf Antrag gewährt. Es beträgt ab 1. 1. 1978 für das erste Kind DM 50,—, für das zweite DM 80,— und für jedes weitere Kind DM 150,— monatlich. Kindergeld wird in der Regel für Kinder bis zur Vollendung des 18. Lebensjahres gezahlt, jedoch darüber hinaus bis höchstens zur Vollendung des 27. Lebensjahres u. a. auch dann, wenn sich ein Kind in der Schul- oder Berufsausbildung befindet.

Die Durchführung des Kindergeldgesetzes obliegt der Bundesanstalt für Arbeit. Die Aufwendungen trägt der Bund.

H. Ausbildungsförderung

Von weittragender Bedeutung für die Durchsetzung der Forderung nach sozialer Gerechtigkeit und für die wirtschaftliche Entwicklung eines Volkes ist die Förderung der Ausbildung insbesondere von Jugendlichen. Ziel der Ausbildungsförderung ist es, allen Jugendlichen, eine ihren Begabungen und Talenten entsprechende Ausbildung ohne Rücksicht auf Herkunft und Einkommen zu ermöglichen. Durch eine derartige Ausbildungsförderung werden die Begabungsreserven eines Volkes dem Leistungspotential der Volkswirtschaft auf zwei Wegen nutzbar gemacht: erstens durch die allgemeine Hebung des Ausbildungsstandes aller Arbeitenden und zweitens durch eine Erhöhung des Anteils qualifizierter Kräfte an der Gesamtbevölkerung. Die Wirkungen für den wissenschaftlichen, technischen, kulturellen und damit auch den wirtschaftlichen Fortschritt liegen auf der Hand. Außerdem werden durch eine solche Ausbildungsförderung für gleich Begabte gleiche materielle Startchancen geschaffen. Bildungs-, Standes-, Berufs- und Einkommensprivilegien werden abgebaut. Die Gesellschaft wird zu einer „offenen" Gesellschaft, d. h. zu einer Gesellschaft, in der der berufliche und der soziale Status nicht mehr an Stand und Geburt gebunden sind, sondern an die von den einzelnen erbrachten und von der Gesellschaft bewerteten Leistungen.

Die Bedeutung der beruflichen Aus- und Fortbildung unterstrich der fünfte Deutsche Bundestag durch die Verabschiedung des Arbeitsförderungsgesetzes (siehe S. 244 ff.), des „Gesetzes über individuelle Förderung der Ausbildung" (Ausbildungsförderungsgesetz) vom 19. 9. 1969, das durch das „Bundesgesetz über individuelle Förderung der Ausbildung" (Bundesausbildungsförderungsgesetz) vom 26. 8. 1971[1]) abgelöst worden ist, und des Berufsbildungsgesetzes vom 14. 8. 1969, zuletzt geändert durch Gesetz vom 7. 3. 1976.

Das Bundesausbildungsförderungsgesetz ermöglicht die Gewährung von Beihilfen für den Lebensunterhalt, für auswärtige Unterbringung, für Fahrten zur Ausbildungsstätte und für den Ausbildungsbedarf zum Besuch von

1. weiterführenden allgemeinbildenden Schulen und Fachoberschulen,

---

[1]) Zuletzt geändert durch Gesetz vom 31. 7. 1974.

2. Abendhauptschulen, Berufsaufbauschulen, Abendrealschulen, Abendgymnasien, Kollegs und vergleichbaren Einrichtungen,

3. Berufsfachschulen und Fachschulen,

4. Höheren Fachschulen und Akademien und

5. Hochschulen.

Damit ist die Ausbildungsförderung für den Gesamtbereich des Bildungswesens vom Besuch allgemeinbildender Schulen bis zum Hochschulbesuch erstmalig in einem Bundesgesetz geregelt. Bei der Beihilfefestsetzung werden Einkommen und Vermögen des Auszubildenden, seines Ehegatten und seiner Eltern berücksichtigt. Begabungsnachweise und/oder eine entsprechende Qualifizierung im Beruf sind Voraussetzung der Förderung.

Das Berufsbildungsgesetz lehnt sich in der Grundkonzeption dem Arbeitsförderungsgesetz an.

Neben den genannten drei Gesetzen sind Grundlagen für die Gewährung von Ausbildungsbeihilfen:

a) das Bundesversorgungsgesetz (§ 26 und § 27),

b) das Lastenausgleichsgesetz (§ 302),

c) das Bundesevakuiertengesetz (§ 16),

d) das Heimkehrergesetz (§ 10),

e) das Häftlingsgesetz (§ 9 a),

f) das Sozialhilfegesetz (§ 31),

g) das Graduiertenförderungsgesetz.

Ausbildungsbeihilfen nach diesen Gesetzen und Plänen werden gewährt zum Besuch von höheren Schulen, von Fach- und Berufsschulen und zum Hochschulbesuch. Die Hilfen bestehen in der Übernahme der Ausbildungskosten und in Beihilfen zum notwendigen Lebensunterhalt. In der Mehrzahl der Fälle hängt die Gewährung von Ausbildungsbeihilfen und die Höhe der Beihilfe von der Höhe des Einkommens der unterhaltsverpflichteten Person ab. Voraussetzung ist in den meisten Fällen ein Begabungsnachweis.

I. Eigentumspoltik

Die Forderung nach Eigentumsbildung in Arbeitnehmer-
hand ist so alt wie die soziale Frage, weil sich ja die
Elendslage des Industrieproletariats vor allem auch aus der
Vermögenslosigkeit der Arbeitnehmer ergeben hatte. Für
die praktische Sozialpolitik konnte die Eigentumsbildung
der Arbeitnehmer aber erst an Bedeutung gewinnen, als die
dringendsten sozialen Probleme, nämlich das Problem der
Sicherung eines minimalen Lebensstandards und das der
Absicherung gegen die Risiken des Lebens gelöst waren.
Dieser Zeitpunkt ist seit dem wirtschaftlichen Aufschwung
der Bundesrepublik erreicht. Nach dem Zweiten Weltkrieg
trat die Notwendigkeit einer aktiven Eigentumspolitik besonders dadurch zutage, daß sich in der Bundesrepublik ein
Prozeß kumulativer Vermögenskonzentration abspielte. Er
beruhte einmal auf der Tatsache, daß diejenigen, die ihr
Vermögen über den Krieg gebracht hatten, die durch den
Wiederaufstieg gegebenen Chancen der ertragswirksamen
Vermögensanlage nutzen konnten, zum anderen aber auf
den Steuer- und Abschreibungsvergünstigungen, die gesetzlich geschaffen wurden, um den wirtschaftlichen Wiederaufbau und den Wachstumsprozeß überhaupt in Gang zu
bringen.

Durch eine Vermögenskonzentration aber und durch die
Vermögenslosigkeit breiter Schichten wird eine freiheitliche
Wirtschafts- und Gesellschaftsordnung in Frage gestellt,
weil erstens eine demokratische Lebensordnung nur dauer-
haft ist, wenn sie sich auf die Zustimmung breiter Schichten
stützen kann, und weil zweitens Freiheit und Eigentum auf
das engste zusammenhängen.

Zwar waren die Arbeitnehmer im letzten Jahrzehnt an
der Bildung langlebigen Gebrauchsvermögens in Form von
Kühlschränken, elektrischen Geräten, Autos usw. stark beteiligt. Sie wurden auch zur Zwangsvermögensbildung verpflichtet, die ihnen Rechtsansprüche gegen die Sozialversicherung, also eine Art „Eigentumsersatz" brachte. Sie
haben Vermögen in Form von Versicherungen auf freiwilliger Basis gebildet und zum Teil Hauseigentum erworben.

Aber ihr Anteil an der Bildung von Vermögen in Form von Eigentum an Grund und Boden und in Form erwerbswirtschaftlich genutzten Sach- und Geldvermögens ist gering. Die Forderung nach einer Teilnahme der Arbeitnehmer an der Neuvermögensbildung wurde von allen im Bundestag vertretenen Parteien, von den Gewerkschaften, den Kirchen und von Einzelpersönlichkeiten erhoben und wurde schließlich Bestandteil der Regierungsprogramme.

Die bisherige Eigentumspolitik war auf eine Vergrößerung der Sparfähigkeit sowie auf eine Anhebung der Sparwilligkeit durch die Schaffung von Sparanreizen und durch die Subventionierung von Sparleistungen gerichtet. Es handelt sich um folgende Maßnahmen:

1. Das Kontensparen, die häufigste Form der Geldvermögensbildung breiter Bevölkerungskreise, wurde durch die Schaffung neuer Sparformen, z. B. durch das sogenannte Versicherungssparen gefördert, das ein Ratensparen mit einer Risikolebensversicherung kombiniert. Von stärkerem Gewicht als die Schaffung neuer Sparformen aber ist die Begünstigung des Kontensparens durch das in seiner ersten Fassung 1959 erlassene und am 28. 8. 1975 neu gefaßte Sparprämiengesetz[1]). Aufgrund dieses Gesetzes werden für allgemeine Sparverträge, die einer Festlegungsfrist von 6 Jahren unterliegen, für Sparverträge mit festgelegten Sparraten und für Sparverträge über vermögenswirksame Leistungen nach dem 3. Vermögensbildungsgesetz, deren Festlegungsfrist nach Ablauf von 7 Jahren endet, Prämien in Höhe von 14 % der im Kalenderjahr geleisteten Sparbeiträge gezahlt. Der Prämiensatz erhöht sich für jedes Kind um 2 %. Die Sparbeiträge sind je Kalenderjahr bis zu einem Höchstbetrag von DM 800,—, bei Ehegatten zusammen bis DM 1600,—, prämienbegünstigt. Nach dem Sparprämiengesetz wird auch der Erwerb von Wertpapieren gefördert, wenn die Aufwendungen nach der Art von Sparverträgen erbracht werden (Wertpapier-Sparverträge).

[1]) Zuletzt geändert durch Gesetz vom 14. 12. 1976.

2. Versicherungen auf den Todes- oder Erlebensfall werden gemäß § 10 Einkommensteuergesetz begünstigt.

3. Nach dem „Dritten Gesetz zur Förderung der Vermögensbildung der Arbeitnehmer" in der Neufassung vom 15. 1. 1975[1]) wird die Vermögensbildung der Arbeitnehmer in folgender Weise gefördert:

   Arbeitnehmer erhalten eine Arbeitnehmer-Sparzulage, wenn das zu versteuernde Einkommen im Jahr 24 000,— DM (bzw. 48 000,— DM bei Verheirateten zuzüglich 1800,— DM pro Kind) nicht übersteigt. Die Sparzulage beträgt 30 % der vermögenswirksamen Leistung (bzw. 40 % bei Familien mit mehr als zwei Kindern), soweit die vermögenswirksame Leistung DM 624,— im Jahr nicht übersteigt. Die Sparzulage gilt weder als steuer- noch als sozialversicherungspflichtiges Einkommen. Als vermögenswirksame Leistungen, die in Verträgen der Arbeitgeber mit den Arbeitnehmern, in Betriebsvereinbarungen oder in Tarifverträgen vereinbart werden können, gelten Leistungen, die der Arbeitgeber für den Arbeitnehmer nach dessen freier Wahl erbringt:

   a) als Sparbeiträge nach dem Sparprämiengesetz;

   b) als Aufwendungen nach dem Wohnungsbauprämiengesetz;

   c) als Aufwendungen zum Bau, Erwerb oder zur Erweiterung von Wohnungseigentum oder zum Erwerb eines Grundstückes für Zwecke des Wohnungsbaues;

   d) als Aufwendungen für den Erwerb eigener Aktien des Arbeitgebers zu einem Vorzugskurs unter Vereinbarung einer fünfjährigen Sperrfrist;

   e) als Beiträge zu Kapitalversicherungen auf den Erlebens- oder Todesfall auf Grund von Verträgen, die nach dem 30. 9. 1970 abgeschlossen sind, unter bestimmten zusätzlichen Bedingungen.

4. Eine breitere Streuung des Vermögens wurde gefördert durch die Reprivatisierung bzw. Privatisierung der bun-

[1]) Zuletzt geändert durch Gesetz vom 14. 12. 1976.

deseigenen Preussag, des Volkswagenwerkes und der bundeseigenen VEBA im Wege der Emission sogenannter Volksaktien. Diese Volksaktien wurden pro Person in beschränkter Zahl erstens zu einem Vorzugskurs, zweitens nur an Bezieher von Jahreseinkommen bis zu DM 8000,— und drittens mit einem nach Einkommen und Kinderzahl gestaffelten Sozialrabatt ausgegeben (bei den VEBA-Aktien wurde kein Sozialrabatt gewährt).

5. Die Bildung von Wohnungseigentum wird gefördert durch das Wohnungsbauprämiengesetz, und zwar

   a) im Wege der Bereitstellung verbilligter Finanzierungsmittel für bestimmte Personengruppen,

   b) im Wege der Steuerbegünstigung nach § 10 Einkommensteuergesetz,

   c) durch die Zahlung von Prämien an Bausparer.

6. Schließlich wurde und wird die Vermögensbildung über das Lastenausgleichsgesetz gefördert. Es ermöglicht eine vorzeitige Auszahlung der sogenannten Hauptentschädigung an Lastenausgleichsberechtigte, wenn die Ausgleichsleistungen vermögenswirksam angelegt werden, d. h. z. B. für die Durchführung von Wohnungsbauvorhaben, für den Erwerb von Wohngrundstücken, für den Abschluß von Bauspar- oder Lebensversicherungsverträgen u. ä. m. verwendet werden.

Zweifellos hat dieses Maßnahmenbündel die Vermögensbildung in Arbeitnehmerhand gefördert. Das zeigt sich in einer Zunahme der Spareinlagen, der Bausparverträge, der Versicherungsverträge und in der Zunahme des Wohnungseigentums bei Arbeitnehmern[1]). Andererseits haben die ergriffenen Maßnahmen nicht ausgereicht, um das Ziel einer gleichmäßigeren Vermögensverteilung auch nur annähernd zu erreichen.

[1]) Vgl. dazu W. Kaiser, A. Zerwas, „Die Struktur des Sparens in der Bundesrepublik Deutschland von 1950—1967", Berlin 1970, Bundesminister für Arbeit und Sozialordnung (Hrsg.), „Die Einkommens- und Vermögensverteilung in der Bundesrepublik Deutschland", Bonn 1976.

J. Die Arbeits- und Sozialgerichtsbarkeit

Soziale Entwicklung und rechtsstaatliche Entwicklung sind eng miteinander verbunden. Diese enge Verbindung zeigt sich allein darin, daß die Durchsetzung der Grundrechte des Grundgesetzes auch die Verwirklichung sozialer Grundrechte bedeutet. Aus dieser engen Verbindung zwischen Sozialstaatlichkeit und Rechtsstaatlichkeit ergibt sich die Bedeutung der Arbeits- und Sozialgerichtsbarkeit für die Sozialordnung. Tatsächlich war die soziale Entwicklung im Deutschen Reich und nicht zuletzt in der Bundesrepublik durch die Weiterentwicklung der Arbeits- und Sozialgerichtsbarkeit gekennzeichnet.

1. Die Arbeitsgerichtsbarkeit

Die Arbeitsgerichtsbarkeit in der Bundesrepublik hat ihre Basis im Arbeitsgerichtsgesetz vom 3. 9. 1953[1]). Nach ihm sind die Arbeitsgerichte, die Landesarbeitsgerichte und das Bundesarbeitsgericht als Instanzen für folgende Angelegenheiten zuständig:

1. für bürgerliche Rechtsstreitigkeiten zwischen Tarifvertragsparteien über die Auslegung von Tarifverträgen und für Rechtsstreitigkeiten aus unerlaubten Handlungen, soweit es sich um Maßnahmen zum Zweck des Arbeitskampfes oder um Fragen der Koalitionsfreiheit handelt;
2. für Rechtsstreitigkeiten zwischen Arbeitgeber und Arbeitnehmern aus dem Arbeitsverhältnis;
3. für Rechtsstreitigkeiten aus Ansprüchen von Arbeitnehmern oder ihren Hinterbliebenen auf Leistungen der Insolvenzsicherung nach dem „Gesetz zur Verbesserung der betrieblichen Altersversorgung" vom 19. 12. 1974;
4. für die Klärung von Streitfragen, die sich aus dem Betriebsverfassungsgesetz u. a. in folgenden Fällen ergeben:

[1]) Zuletzt geändert durch Gesetz vom 20. 12. 1974.

a) Wahl des Betriebsrates,

b) Durchführung von Betriebsvereinbarungen,

c) Verweigerung der Zustimmung des Betriebsrates zu Maßnahmen der Unternehmensleitung,

d) Verlangen des Betriebsrates an die Unternehmensleitung, bestimmte Maßnahmen durchzuführen u. ä.;

5. für die Entscheidung über die Tariffähigkeit einer Vereinigung.

2. Die Sozialgerichtsbarkeit

Die Sozialgerichtsbarkeit ist im Sozialgerichtsgesetz in der Fassung vom 23. 9. 1975[1]) verankert. Ihre Aufgabe ist die Entscheidung öffentlich-rechtlicher Streitigkeiten in Angelegenheiten der gesamten Sozialversicherung, der Kriegsopferversorgung, des Kindergeldgesetzes und ähnlicher sozialpolitischer Gesetze.

Das Neue des Sozialgerichtsgesetzes liegt darin, daß nunmehr Rechtsstreitigkeiten über Leistungsansprüche Versicherter gegen die Sozialversicherung durch eine unabhängige, mit Berufsrichtern, Sozialrichtern und ehrenamtlichen Beisitzern arbeitende, eigene Verwaltungsgerichtsbarkeit entschieden werden, während früher solche Entscheidungen durch die Versicherungsbehörden getroffen wurden, obwohl sie selbst beklagte Partei waren.

K. ZIELE UND INSTRUMENTE DER ARBEITS- UND SOZIALORDNUNG IM ÜBERBLICK

Die Darstellung der Arbeits- und Sozialordnung hat uns mit einer Vielzahl von sozialen Zielen bekannt gemacht. Als Ziele der Arbeits- und Sozialordnung haben wir kennengelernt:

1. den Schutz der Gesundheit und Leistungsfähigkeit der Bevölkerung;

[1]) Zuletzt geändert durch Gesetz vom 23. 12. 1976.

2. die Sicherung ausreichender Freizeit zur Regeneration und Persönlichkeitsentfaltung;

3. die Ordnung der Betriebsgemeinschaft;

4. die Sicherung ununterbrochener, den individuellen Neigungen und Fähigkeiten entsprechender Beschäftigung aller Arbeitsfähigen und Arbeitswilligen zu bestmöglichen Beschäftigungsbedingungen;

5. die Sicherung der Existenz Arbeitsloser und vorübergehend oder dauernd nicht mehr Arbeitsfähiger im Wege der Umverteilung von Einkommen durch das System sozialer Sicherung und durch die Sozialhilfe;

6. die Sicherung ausreichenden, gesunden Wohnraumes, insbesondere für Familien;

7. Schutz und Förderung der Familie;

8. Egalisierung der Bildungschancen für alle gleich Begabten, um dem Gleichheitsgrundsatz, dem Ziel der Mobilisierung aller Leistungsreserven und dem Grundrecht der Persönlichkeitsentfaltung Rechnung zu tragen;

9. Förderung der Vermögensbildung breiter Schichten.

Zur Erreichung dieser Ziele werden als Instrumente eingesetzt:

1. die Arbeits- und Sozialgesetzgebung; durch sie wurden wirtschaftlich relevante Rechtspositionen so ausgebaut, daß formale verfassungsmäßig verankerte Grundrechte, z. B. das Recht auf persönliche Freiheit, auf freie Entfaltung der Persönlichkeit, auf Wahrung der Menschenwürde, auf Freiheit der Berufs- und Arbeitsplatzwahl, auf Koalitionsfreiheit und das Recht zu demokratischer Selbstverwaltung sozialer Angelegenheiten, auch materiell im Wirtschafts- und Sozialleben wirksam wurden;

2. die Arbeits- und Sozialgerichtsbarkeit; sie überwacht die Wahrung sozialer Rechte und die Einhaltung sozialer Verpflichtungen;

3. die Mittel der Arbeitsmarkt-, insbesondere der Vollbeschäftigungspolitik, die dem einzelnen eine selbstver-

antwortliche Existenzsicherung nach freier Wahl ermöglichen sollen;

4. die Mittel des intertemporären und interpersonellen Einkommens- und Vermögensausgleichs zur Milderung von Einkommens- und Vermögensunterschieden und zur Milderung der Wirkungen von Einkommens- und Vermögensunterschieden.

Die Bundesrepublik mußte auf einem wirtschaftlichen und sozialen Scherbenhaufen beginnen, den das Dritte Reich hinterlassen hatte. Sie hatte Millionen von Flüchtlingen, Heimkehrern und politisch Geschädigten sozial zu betreuen. Sie hatte sich der Kriegshinterbliebenen, der Kriegsbeschädigten und Kriegsgeschädigten anzunehmen, um die unmittelbarsten Kriegsfolgen zu lindern. Sie mußte darüber hinaus eine neue Arbeits- und Sozialordnung aufbauen, die der neuen Gesellschaft ein tragfähiges, dauerhaftes Fundament gab. Vergleicht man mit diesem Aufgabenbündel die erbrachten sozialen Leistungen, dann wird man der sozialen Aufbauleistung des Parlaments, der Regierung und der Bevölkerung Anerkennung nicht versagen können — selbst dann nicht, wenn man zu bedenken gibt, daß das soziale Bild Trübungen aufweist: etwa in Gestalt von Ungereimtheiten in der Einkommensverteilung, in Gestalt der Vermögenskonzentration und eines von vielen als unzureichend empfundenen Ausgleichs der Kriegs- und Kriegsfolgelasten[1]).

Diese Anerkennung wird auch nicht geschmälert durch die Tatsache, daß die notwendige und immer wieder angekündigte Sozialreform bisher Stückwerk geblieben ist[2]), wenngleich seit kurzem wenigstens Ansätze zu einer Vereinheitlichung und Vereinfachung des vielfach kompliziert und unübersichtlich gestalteten Sozialrechts mit Hilfe eines

---

[1]) Vgl. dazu A. Reithinger, „Soziale Marktwirtschaft auf dem Prüfstand", Frankfurt 1958 und C. Mötteli, a. a. O., S. 220 f.

[2]) Vgl. dazu E Boettcher, „Sozialpolitik und Sozialreform", Tübingen 1957 sowie G. Kleinhenz, H. Lampert, „Zwei Jahrzehnte Sozialpolitik in der BRD, Eine kritische Analyse", in: ORDO, 22. Bd., 1971, S. 103 ff.

Sozialgesetzbuches zu konstatieren sind. Der erste „Allgemeine Teil" eines Sozialgesetzbuches ist 1975, ein zweiter Teil — „Gemeinsame Vorschriften für die Sozialversicherung" — ist 1976 erschienen.

Literatur zu Kapitel VI

Achinger, H., Sozialpolitik als Gesellschaftspolitik, 2. Aufl., Stuttgart 1971

Albers, W., Sozialpolitik, IV: In der Bundesrepublik Deutschland, in: Handwörterbuch der Wirtschaftswissenschaft, Stuttgart-Tübingen-Göttingen 1977

Albrecht, G., Sozialpolitik, Göttingen 1955

Becker, E., Von der Sozialpolitik zur Sozialreform, Recklinghausen 1968

Bericht der Sozialenquete-Kommission: Soziale Sicherung in der Bundesrepublik Deutschland, Stuttgart 1966

Bethusy-Huc, V. v., Das Sozialleistungssystem der Bundesrepublik Deutschland, 2. Aufl., Tübingen 1976

Blind, A., Ferber, Chr. v., Krupp, H. J. (Hrsg.), Sozialpolitik und persönliche Existenz, Festschrift für Hans Achinger, Berlin 1969

Boettcher, E. (Hrsg.), Sozialpolitik und Sozialreform, Tübingen 1957

Brück, G. W., Allgemeine Sozialpolitik, Grundlagen — Zusammenhänge — Leistungen, Köln 1976

Bundesministerium für Arbeit und Sozialordnung (Hrsg.), Sozialpolitik in Deutschland — Ein Überblick in Einzeldarstellungen, Stuttgart 1961 ff.

Dass., Übersicht über die Soziale Sicherung, 10. Aufl., Bonn 1977

Deutscher Bundestag, Drucksache VI/334, Bericht der Biedenkopf-Kommission zur Mitbestimmungsfrage

Fitting, K., Die Entwicklung der Mitbestimmung, in: Bartholomäi, R. u. a. (Hrsg.), Sozialpolitik nach 1945, Bonn-Bad Godesberg 1977

Himmelmann, G., Lohnbildung durch Kollektivverhandlungen, Berlin 1971

Hueck, A., Nipperdey, H. C., Grundriß des Arbeitsrechts, 6. Aufl., Berlin-Frankfurt 1976

Kleinhenz, G., Lampert, H., Zwei Jahrzehnte Sozialpolitik in der BRD, Eine kritische Analyse, in: Ordo, 22. Bd., 1971

Lampert, H., Sozialpolitik, in: Kunst, H., Herzog, R., Schnee-melcher, W. (Hrsg.), Evangelisches Staatslexikon, 2. Aufl., Stuttgart-Berlin 1975

Ders., Sozialpolitik, I: staatliche, in: Handwörterbuch der Wirtschaftswissenschaft, Stuttgart-Tübingen-Göttingen 1977

Ders., Schönwitz, D., Lohnpolitik, in: Kunst, H., Herzog, R., Schneemelcher, W. (Hrsg.), Evangelisches Staatslexikon, 2. Aufl., Stuttgart-Berlin 1975

Liefmann-Keil, E., Ökonomische Theorie der Sozialpolitik, Berlin-Göttingen-Heidelberg 1961

Markmann, H., Tarifverträge, II: Tarifvertragspolitik, in: Handwörterbuch der Wirtschaftswissenschaft, Stuttgart-Tübingen-Göttingen 1977

Mertens, D., Kühl, J., Arbeitsmarkt, I: Arbeitsmarktpolitik, in: Handwörterbuch der Wirtschaftswissenschaft, Stuttgart-Tübingen-Göttingen 1976

Michel, H., Eigentumspolitik, Tübingen 1962

Nell-Breuning, O. v., Aktuelle Fragen der Gesellschaftspolitik, Köln 1970

Preller, L., Sozialpolitik, Theoretische Ortung, Tübingen-Zürich 1962

Weger, H.-D., Sozialpolitische Analyse der Konjunkturpolitik, Berlin 1973

Winterstein, H., Arbeitsschutz, I: Arbeitsschutzpolitik, in: Handwörterbuch der Wirtschaftswissenschaft, Stuttgart-Tübingen-Göttingen 1976

VII. Die Träger der Wirtschafts- und Sozialpolitik

A. BUNDESTAG UND BUNDESRAT

Oberster Träger der Wirtschaftspolitik und der Sozialpolitik — insbesondere der Wirtschaftsordnungspolitik sowie der Wachstums- und der Konjunkturpolitik mit finanzpolitischen Mitteln — ist der Bundestag zusammen mit dem Bundesrat. Das haben die Ausführungen über die wirtschaftspolitischen Gesetze gezeigt. Alle in diesem Buch erwähnten Gesetze — und sie sind nur ein Bruchteil der wirtschaftlich relevanten Gesetze — sind der Arbeit des Parlaments und des Bundesrats entsprungen. Wir haben vorwiegend wirtschafts*ordnungs*politische Gesetze behandelt, weniger dagegen Gesetze mit wirtschafts*ablaufs*politischen Wirkungen.

B. DIE BUNDESREGIERUNG

Da nach dem Grundgesetz der Bundeskanzler die „Richtlinien der Politik" bestimmt, ist er auch für die Bestimmung der Richtlinien der Wirtschaftspolitik und der Sozialpolitik im Rahmen des Grundgesetzes und der Kontrollbefugnisse des Parlaments zuständig. Innerhalb dieser Richtlinien leitet jeder Bundesminister sein Ressort selbständig unter eigener Verantwortung. Meinungsverschiedenheiten müssen durch Mehrheitsbeschluß entschieden werden.

Probleme der Koordination der Wirtschaftspolitik ergeben sich allein aus der Aufspaltung der wirtschaftspolitischen Aufgaben auf die einzelnen Ressorts, also auf verschiedene Träger der Wirtschaftspolitik. Darüberhinaus aber wird sich jedes Ministerium primär als Sachwalter der ihm delegierten Aufgaben betrachten. Es wird versuchen, die mit seiner Aufgabenstellung verbundenen wirtschaftspolitischen Ziele zu verwirklichen und die dazu erforderlichen Mittel zu erhalten.

Bundesministerien mit ausgesprochen wirtschaftspolitischen bzw. sozialpolitischen Kompetenzen sind:

— das Bundesministerium für Wirtschaft,

— das Bundesministerium der Finanzen,

— das Bundesministerium für Ernährung, Landwirtschaft und Forsten,

— das Bundesministerium für Arbeit und Sozialordnung,

— das Bundesministerium für Jugend, Familie und Gesundheit,

— das Bundesministerium für Verkehr,

— das Bundesministerium für das Post- und Fernmeldewesen,

— das Bundesministerium für Raumordnung, Bauwesen und Städtebau und

— das Bundesministerium für wirtschaftliche Zusammenarbeit.

Schon aus dieser Übersicht geht hervor, daß die wirtschaftspolitischen Aufgaben keinesfalls vorwiegend beim Bundeswirtschaftsministerium liegen. Die Aufgaben der einzelnen Ministerien überschneiden sich in vielfacher Weise.

Bundestag und Bundesregierung bedienen sich als Träger der Wirtschafts- und Sozialpolitik des Rates bzw. der Arbeitsergebnisse wissenschaftlicher Beratungsgremien. Die meisten Bundesministerien bilden nicht nur der Erörterung bestimmter Problemkreise dienende ad-hoc-Beiräte, sondern haben einen ständigen, der laufenden wissenschaftlichen Erörterung von Grundsatzproblemen und aktuellen Fragen des jeweiligen Ministeriums dienenden, wissenschaftlichen Beirat.

Eine angesichts des großen Gewichts der Sozialpolitik, der laufenden Änderungen der sozialen Struktur und der Fülle sozialpolitischer Aufgaben schwer verständliche Ausnahme bildet das Bundesministerium für Arbeit und Sozialordnung. Es hat keinen ständigen wissenschaftlichen Beirat. Das mögliche Argument, daß sich in die Diskussion anstehender gesellschafts- und sozialpolitischer Fragen zahlreiche, besonders gut organisierte Gruppen einschalten, die — wie die Gewerkschaften und die Arbeitgebervereinigungen — auch auf die Mitarbeit „verbandseigener" wissenschaftlicher Institute zurückgreifen, kann den erwähnten Mangel deswegen nicht kompensieren, weil es in jeder Gesellschaft viele, zahlenmäßig jeweils für sich genommen unbedeutende „Rand"-gruppen gibt, die schweigende Minderheiten darstellen: die Obdachlosen, geistig und körperlich Behinderte, die ausländischen Arbeitnehmer, sozial Labile, beruflich nicht oder nicht ausreichend Qualifizierte. Die Interessen dieser und ähnlicher Gruppen werden von den Berufspolitikern wegen des geringen Stimmengewichts dieser Minoritäten nicht an den Anfang der Dringlichkeitsliste zu lösender Probleme gestellt. Aufgrund dieser Tatsache und aufgrund der Überforderung der Sozialverwaltung hinsichtlich einer laufenden Beobachtung, Feststellung und Bewertung der Bedarfe für sozialpolitische Zwecke auf Bundes-, Länder- und Gemeindeebene wäre eine dem Bundesministerium für Arbeit und Sozialordnung beigeordnete Beratungsinstitution zu wünschen, zumal es auch nötig ist, die sozialstatistische Informationsbasis als Grundlage für rationale wirtschafts- und sozialpolitische Entscheidungen zu verbessern. Denn in der Bundesrepublik wurden seit ihrem Bestehen noch keine umfassenden Erhebungen durchgeführt, die über die personelle Einkommens- und Vermögensverteilung und ihre Entwicklung, über die Entwicklung der Sozialeinkommen der Haushalte, über Zahl und Lebenslage Obdachloser, über körperlich und geistig Behinderte und ihre Familien und andere sozialpolitisch bedeutsame Tatbestände Auskunft geben[1]).

Eine herausragende Rolle spielt der durch ein „Gesetz über die Bildung eines Sachverständigenrates zur Begutachtung der gesamtwirtschaftlichen Entwicklung" vom 14. 8. 1963 geschaffene Sachverständigenrat, der jedoch eigentlich kein *Berater*gremium ist, nicht eigentlich beraten, sondern die Urteilsbildung „bei allen wirtschaftspolitisch verantwortlichen Instanzen sowie in der Öffentlichkeit" (§ 1) erleichtern soll. Der aus fünf Mitgliedern bestehende Rat unabhängiger Sachverständiger hat „die jeweilige gesamtwirtschaftliche Lage und deren absehbare Entwicklung" darzustellen und zu untersuchen, „wie im Rahmen der marktwirtschaftlichen Ordnung gleichzeitig Stabilität des Preisniveaus, hoher Beschäftigungsstand und außenwirtschaftliches Gleichgewicht bei stetigem und angemessenem Wachstum gewährleistet werden können" (§ 2), wie also die obersten Ziele der Wirtschaftspolitik erreicht werden können. Der Rat hat ferner Untersuchungen anzustellen über „die Bildung und Verteilung von Einkommen und Vermögen", über „die Ursachen von aktuellen und möglichen Spannungen zwischen der gesamtwirtschaftlichen

---

[1]) Vgl. zu diesem Problemkreis G. Kleinhenz, H. Lampert, a. a. O., S. 150 ff.

Nachfrage und dem gesamtwirtschaftlichen Angebot" und über „Fehlentwicklungen und Möglichkeiten zu deren Vermeidung oder deren Beseitigung".

Der Sachverständigenrat soll jedoch keine Empfehlungen aussprechen, weil die zuständigen verfassungsmäßigen Organe nach dem Willen des Gesetzgebers die ungeteilte, nicht einmal durch Empfehlungen eines wissenschaftlichen Gremiums abgeschwächte wirtschafts- und sozialpolitische Verantwortung tragen sollen.

Die Bundesregierung hat das alljährlich vom Rat zu erstattende Gutachten unverzüglich nach Erhalt den gesetzgebenden Körperschaften vorzulegen und spätestens acht Wochen nach der Vorlage gegenüber den gesetzgebenden Körperschaften Stellung zu nehmen und „insbesondere die wirtschaftspolitischen Schlußfolgerungen, die die Bundesregierung aus dem Gutachten zieht, darzulegen" (§ 6 Abs. IV).

Eine begründete Würdigung der Arbeit des Rates und der Wirkungen seiner Arbeit ist hier nicht möglich. Nach meiner Meinung hat der Rat jedoch im Ganzen hervorragende Arbeit und einen maßgeblichen Beitrag zur Rationalität der Wirtschaftspolitik geleistet.

C. Länder, Kreise und Gemeinden

Die Bundesrepublik ist als föderalistischer Bundesstaat dreigliedrig aufgebaut: Gemeinden und Kreise — Länder — Bund.

Obgleich die Bedeutung der Gemeinden, der Kreise und der Länder in der Wirtschafts- und Sozialpolitik im Vergleich zur Bedeutung des Bundes gering ist, ist nicht zu verkennen, daß auch diese Gebietskörperschaften Träger von Wirtschafts- und Sozialpolitik sind[1]).

Gemessen an der Verteilung der gesetzgeberischen Befugnisse, des Volumens der gesetzgeberischen Arbeit und insbesondere an der für die Erreichung politischer Ziele zur Ver-

[1]) Vgl. dazu H. Lampert, „Die Gemeinden als Träger von Wirtschaftspolitik", in: H. Lampert, K. Oettle, „Die Gemeinden als wirtschaftspolitische Instanzen", Stuttgart 1968, S. 9 ff.

fügung stehenden Finanzmasse hat zwar das Gewicht des Zentralstaates gegenüber dem Gewicht der Länder und der Gemeinden in den letzten Jahrzehnten zugenommen. Tatsächlich aber steigt die Bedeutung der politischen und der Verwaltungsentscheidungen in den Stadtgemeinden für die Qualität des Lebens der überwiegenden Zahl der Bürger. Denn in den Städten in erster Linie stellen sich die Probleme der Umweltverschmutzung, des Lärms, des Massenverkehrs, des Freizeitwertes der Wohnstätten, der Wohnungsversorgung, der Gastarbeiter, der Jugendpolitik und der Altenhilfe.

Neben ihrer politischen Aktivität, die vielfach nicht autonom ist, sondern im Vollzug von Bundes- bzw. Landesgesetzen besteht und daher die Bundes- bzw. die Landespolitik nur ergänzt oder mehr oder minder modifiziert, versuchen sich die Gemeinden direkt über ihre Parlamentsabgeordneten, über die Beeinflussung der öffentlichen Meinung und über besondere Institutionen durchzusetzen, z. B. über den Städtetag und über den Gemeindetag.

Der Koordinierung der Wirtschaftspolitik und der Kooperation in der Wirtschaftspolitik zwischen Bund, Ländern und Gemeinden dient vor allem das „Gesetz zur Förderung der Stabilität und des Wachstums der Wirtschaft", dessen Grundzüge im Abschnitt über die Finanzverfassung dargestellt wurden[1]).

D. Die Deutsche Bundesbank

Die Deutsche Bundesbank ist neben Parlament und Regierung der bedeutendste Träger der Wirtschaftspolitik. Die wirtschaftspolitischen Aufgaben der Bundesbank wurden in einem eigenen Abschnitt über die Währungsverfassung besprochen (S. 117 ff.).

E. Die Kammern

Die Kammern, konkreter: die Industrie- und Handelskammern, die Handwerkskammern und Handwerksinnun-

[1]) Vgl. dazu S. 137 ff.

gen sowie die Landwirtschaftskammer sind Körperschaften des öffentlichen Rechts. Sie vertreten die Angehörigen eines Berufszweiges oder eines Wirtschaftszweiges auf genossenschaftlicher Grundlage und sind mit der Selbstverwaltung ihrer gemeinsamen Berufs- oder wirtschaftsständischen Angelegenheiten betraut.

Den Kammern obliegt eine beratende, begutachtende und berichtende Tätigkeit, einmal zur Förderung der Betriebe ihrer Mitglieder, zum anderen zur Unterstützung der Staatsbehörden. Die beratende und begutachtende Tätigkeit erstreckt sich aber nicht nur auf die Mitglieder und die Staatsorgane. In Berichten und Gutachten über die wirtschaftliche Lage und Entwicklung wenden sich die Kammern auch an die Öffentlichkeit und an die politischen Organe. Diese Öffentlichkeitsarbeit mit dem Ziel der Beeinflussung der wirtschaftspolitischen Willensbildung erfolgt zwar nicht ausschließlich, aber doch im wesentlichen über die Dachorganisationen der Handelskammern, z. B. über den „Deutschen Industrie- und Handelstag", den „Handwerkskammertag" und den „Verband der Landwirtschaftskammern", die jeweils die Vollversammlung der regional aufgegliederten Kammern darstellen. Diese Organisationen arbeiten wirtschaftspolitische Vorschläge aus, kritisieren die amtliche Wirtschaftspolitik und untersuchen die Wirkungen der Gesetzgebungsvorschläge. Neben den an die Kammern vom Staat delegierten Aufgaben der Abnahme von Fachprüfungen, der Mitwirkung bei der Schlichtung von Wettbewerbsstreitigkeiten und der Mitwirkung bei Konkurs- und Vergleichsverfahren repräsentieren die Kammern die Interessen der von ihnen vertretenen Wirtschaftsbereiche und vertreten diese Interessen gegenüber Verwaltung und Gesetzgebung.

F. Die Sozialpartner

Eine Mittelstellung zwischen den Kammern als Körperschaften des öffentlichen Rechts und den im nächsten Abschnitt zu behandelnden Wirtschaftsverbänden des privaten

Rechts nehmen die Arbeitgebervereinigungen und die Gewerkschaften ein. Denn sie sind zwar Organisationen des privaten Rechts, aber doch mit öffentlich-rechtlichen Befugnissen ausgestattet. Diese Befugnisse bestehen vor allem:

a) in der Ausübung der Tarifmacht und

b) in der Mitwirkung bei der Bildung staatlicher und anderer öffentlich-rechtlicher Organe, wie etwa der Arbeitsgerichte, der Arbeitsämter, der Schlichtungsausschüsse und der Sozialversicherungsträger, also der Krankenkassen und der Rentenversicherungen.

Die Sozialpartner beeinflussen die Wirtschaftspolitik in folgender Weise:

a) durch ihre Lohn- und Sozialpolitik im Wege des Abschlusses von Kollektivvereinbarungen über die Arbeitsbedingungen; man kann sagen, daß die Lohnpolitik und die betriebliche Sozialpolitik an die Tarifpartner als Aufgabengebiete delegiert wurden;

b) durch ihre Forderungen an den Gesetzgeber und die Regierung, die sie zum Teil in Form organisierter Willenskundgebungen vorbringen — manchmal in Verbindung mit politischem Druck;

c) durch ihre engen Beziehungen zu den Parteien und Regierungsstellen. Zwischen dem DGB bzw. den Einzelgewerkschaften und der SPD, die vielfach in Personalunion miteinander verbunden sind, bestehen weitgehende Übereinstimmungen in den wirtschaftspolitischen Zielsetzungen. Weniger stark ausgeprägt, aber doch einflußreich sind die Beziehungen zwischen Gewerkschaften und CDU/CSU. Ähnliche, wenn auch nicht so zahlreiche Personalunionen existieren zwischen Arbeitgebervertretern und CDU/CSU bzw. FDP — wobei die Zahl der Personalunionen ein unzureichender Maßstab für den Einfluß ist.

Im übrigen gilt für Arbeitgeberverbände und Gewerkschaften auch, was im folgenden über die Wirtschaftsverbände allgemein gesagt wird.

G. Die Wirtschaftsverbände[1]

Die wohl umstrittensten Träger der Wirtschaftspolitik sind die Wirtschaftsverbände. Wirtschaftsverbände *im engeren Sinn* sind Vereinigungen von Unternehmern und Unternehmen des gleichen fachlichen Wirtschaftszweigs, die die gemeinsamen Interessen ihrer Mitglieder fördern und diese Interessen gegenüber der Öffentlichkeit, der Regierung, der Verwaltung und den Gesetzgebungsorganen vertreten.

Da im Laufe der Verbandsentwicklung neben die Interessenvertretungen der Unternehmen und Unternehmer auch Verbände von Nicht-Unternehmern getreten sind, wie etwa der „Verband der Kriegsbeschädigten und Kriegshinterbliebenen", die „Arbeitsgemeinschaft der Verbraucherverbände", der „Bund der Steuerzahler", der „Mieterschutzverein" usw., kann man als Wirtschaftsverbände *im weiteren Sinn* Verbände definieren, die Wirtschaftssubjekte mit gleichartigen Interessen organisatorisch zusammenfassen, um deren Interessen zu repräsentieren und gegenüber der Öffentlichkeit, der Regierung, der Verwaltung und den Gesetzgebungsorganen zu vertreten.

Die Wirtschaftsverbände sind privatrechtliche Vereinigungen. Sie beruhen auf freiwilliger Mitgliedschaft. Im Gegensatz zu den Körperschaften des öffentlichen Rechts und den Sozialpartnern haben sie keine hoheitlichen Befugnisse. Sie sind fachlich aufgegliedert und mit der Vertretung der spezifischen Eigeninteressen ihrer Mitglieder befaßt.

---

[1] Vgl. zu diesem Abschnitt: R. Breitling, „Die Verbände in der Bundesrepublik. Ihre Arten und ihre politische Wirkungsweise", Heidelberg 1954; ders., „Wirtschaftsverbände und Staat", Meisenheim (Glan) 1955; J. H. Kaiser, „Die Repräsentation organisierter Interessen", Berlin 1956; Chr. Watrin, „Zur Rolle organisierter und nichtorganisierter Interessen in der Sozialen Marktwirtschaft", in: Tuchtfeldt, E. (Hrsg.), „Soziale Marktwirtschaft im Wandel", Freiburg 1973; J. Werner, „Die Wirtschaftsverbände in der Marktwirtschaft", Zürich-St. Gallen 1957; J. Wössner, „Die ordnungspolitische Bedeutung des Verbandswesens", Tübingen 1961. — Hingewiesen sei ferner auf den in dieser Reihe erschienenen Band GS 105 „Die Interessenverbände" von H. Schneider.

Aus dieser Vertretung spezifischer Interessen erklärt es sich, daß bestimmte Fachverbände nur als Dachorganisationen fungieren können, wie z. B. die „Hauptgemeinschaft des Deutschen Einzelhandels" als Dachorganisation der nach Branchen, nach Bundesländern und nach Betriebsgrößen organisierten Einzelhandelsverbände.

Auf eine nur annähernd umfassende Aufzählung von Wirtschaftsverbänden muß verzichtet werden. Als wichtigste Dachorganisationen seien genannt: der „Bundesverband der Deutschen Industrie" (BDI) als Dachorganisation von 39 Mitgliedsverbänden mit etwa 700 regionalen und fachlichen Unterverbänden; der „Gesamtverband des Deutschen Groß- und Außenhandels"; die „Hauptgemeinschaft des Deutschen Einzelhandels"; der „Bundesverband des privaten Bankgewerbes"; der „Gesamtverband der Versicherungswirtschaft"; die „Zentralarbeitsgemeinschaft des Verkehrsgewerbes"; der „Börsenverein Deutscher Verleger- und Buchhändlerverbände"; der „Deutsche Hotel- und Gaststättenverband"; der „Deutsche Bauernverband"; der „Bund der Steuerzahler"; die „Arbeitsgemeinschaft der Verbraucherverbände"; der „Haus- und Grundbesitzerverein"; die „Gemeinschaft zum Schutz der Deutschen Sparer".

Im Rahmen unserer Fragestellung nach den Trägern der Wirtschaftspolitik ist die erste Funktion der Verbände, eine Vergesellschaftung von Gleichgesinnten zu ermöglichen, ebenso wie die zweite Verbandsfunktion, die Mitglieder durch Zeitschriften, durch Kontaktpflege und zum Teil sogar durch verbandseigene Schulen zu beraten und fortzubilden, nicht von Wichtigkeit. Der Einfluß der Verbände auf die Wirtschaftspolitik beginnt bei ihrer dritten Funktion der Wahrnehmung der Interessen ihrer Mitglieder auf dem Markt, z. B. in Form der Durchführung von Gemeinschaftswerbung und noch mehr in Form der gemeinsamen Aufstellung von Wettbewerbsregeln und allgemeinen Geschäftsbedingungen. In diesem Bereich können die Verbände versuchen, durch gemeinsame allgemeine Geschäftsbedingungen und Wettbewerbsregeln den Wettbewerb lauter zu gestalten; andererseits besteht die Gefahr einer

Ausschaltung des Konditionenwettbewerbs; der Versuch der Risikoverminderung durch Abwälzung von Risiken auf die Schultern der Marktgegenseite ist naheliegend.

Zu diesem Problem meint Walter Eucken[1]): „Wer heute mit der Bahn fährt, eine Versicherung abschließt, Gas und Elektrizität benutzt, mit einer Bank arbeitet usw., sieht zu seinem Erstaunen, daß für alle diese und sehr viele andere Geschäftsbeziehungen nicht etwa staatlich gesetztes Recht, sondern die allgemeinen Geschäftsbedingungen ... gelten. Das selbstgeschaffene Recht der Wirtschaft hat das staatliche Recht in weiten Bezirken verdrängt ... Allgemeine Geschäftsusancen ... sind unentbehrlich. Aber die allgemeinen Geschäftsbedingungen erhalten einen anderen Charakter, wenn sie von monopolistischen Verbänden aufgestellt und durchgesetzt werden ..." Bei den Verfassern der Geschäftsbedingungen von Marktverbänden usw. herrscht die Tendenz vor, „die Verteilung der Rechte und Pflichten zugunsten der *einen* Marktseite einseitig abzuändern."

Deutlicher noch treten die wirtschaftspolitischen Funktionen der Verbände bei der Wahrnehmung ihrer vierten Aufgabe, nämlich bei der Vertretung der Interessen ihrer Mitglieder im öffentlichen Bereich, hervor, wenn sie Steuererleichterungen, Subventionen, Preisregulierungen, Zulassungsbeschränkungen und eine Änderung der Marktordnung zu erreichen suchen. Letztes Ziel ist dabei eine Veränderung der Einkommensverteilung zugunsten der Verbandsmitglieder.

Zu dem damit aufgeworfenen Problem äußert Götz Briefs: „In hochindustrialisierten Ländern entwickelt sich die Regierung immer mehr zur Verrechnungs- und Ausgleichstelle für organisierte Gruppeninteressen; zur Zeit sieht es so aus, als ob sie der Juniorpartner des einen oder anderen dieser Verbände sei. In dem gesamten Vorgang politisiert sich das Sozialleben, während der Staat selber sich sozialisiert. Das natürliche Volk, bestehend aus Personen und Personengemeinschaften, sinkt an die öffentliche

---

[1]) W. Eucken, „Grundsätze der Wirtschaftspolitik", a. a. O., S. 51.

und politische Peripherie, während die Interessenverbände den Anspruch erheben, das Volk zu vertreten."[1]

Im einzelnen versuchen die Verbände, auf folgenden Wegen die wirtschaftspolitische Willensbildung zu beeinflussen und Wirtschaftspolitik zu treiben:

1. durch Öffentlichkeitsarbeit, d. h. durch Veröffentlichungen und Stellungnahmen zur allgemeinen wirtschaftlichen Entwicklung, zur Entwicklung im vertretenen Bereich, durch Konjunkturdiagnosen und -prognosen sowie durch die Aufstellung und Veröffentlichung von Programmen.

   Die Verbände wenden sich

   a) an die Öffentlichkeit, um die öffentliche Meinung zu gewinnen,

   b) an die Parteien,

   c) an das Parlament,

   d) an die Verwaltungsbürokratie,

   e) an Regierungsvertreter.

   Nicht selten bedienen sich Parteien, Verwaltung und Regierung des in vielen Fällen zweifellos sachkundigen Rates von Verbandsfunktionären, die durch ihre Detailkenntnisse tatsächlich geeignet sind, als legitime Vertreter legitimer Interessen zur Klärung der Sachprobleme herangezogen zu werden. Problematisch wird dieser Einfluß, falls sich die Verbandsfunktionäre falschen oder unzureichenden Informationsmaterials bedienen oder wenn ihr Einfluß unkontrollierbar wird, wie das der Fall sein kann bei Verfolgung des zweiten und dritten Weges, über den die Verbände Wirtschaftspolitik treiben.

2. Durch das Lobbying, d. h. durch die Fühlungnahme mit Parlamentariern und Regierungsstellen mit dem Versuch, sie zu beeinflussen.

[1] G. Briefs, „Zwischen Kapitalismus und Syndikalismus, Die Gewerkschaften am Scheideweg", Bern 1952, S. 43.

3. Durch die Methode des „Verschränkens": Sie besteht darin, daß Verbandsfunktionäre in die Parteien, in das Parlament oder in Verwaltungs- und Regierungsstellen gebracht werden oder daß umgekehrt Parteien durch die Entsendung von Parteimitgliedern in die Verbände versuchen, die hinter den Verbänden stehenden Stimmen für sich zu gewinnen. Das setzt aber Zugeständnisse gegenüber verbandspolitischen Zielen voraus.

Eine vierte — schon behandelte — Methode ist die Ausübung politischen Drucks in Form von organisierten Willenskundgebungen.

Die Notwendigkeit und die Unentbehrlichkeit der Verbände in einer pluralistischen Gesellschaft, die grundsätzliche Legitimität der Verbandsbildung und die Legitimität der Teilnahme der Verbände an der politischen und wirtschaftspolitischen Willensbildung sind unbestritten — auch von Seiten der schärfsten Kritiker der Verbände, wie z. B. von Eschenburg[1]). Erforderlich sind aber eine Kontrolle der Einflußnahme von Verbänden und eine Kontrolle der ökonomischen und politischen Verbandsmacht. Es ist hier nicht der Ort, auf dieses Problem einzugehen.

H. AUSSERDEUTSCHE TRÄGER VON WIRTSCHAFTS- UND SOZIALPOLITIK

Bei der Besprechung der gesetzlichen Grundlagen des Wirtschaftssystems wurden auch internationale Verträge und Abmachungen behandelt. Wir stellten dort fest, daß die Bundesrepublik nationalstaatliche Souveränitätsrechte an supranationale Behörden abgetreten und sich für die Anwendung bestimmter wirtschaftspolitischer Maßnahmen und gegen die Anwendung bestimmter anderer wirtschaftlicher Maßnahmen ausgesprochen hat. Im zuletzt genannten Fall, nämlich beim Verzicht auf den Einsatz von wirt-

---

[1]) Vgl. Th. Eschenburg, „Herrschaft der Verbände?", Stuttgart 1963.

schaftspolitischen Instrumenten oder bei der Zusage, bestimmte wirtschaftspolitische Maßnahmen zu ergreifen, kann man nur von einer Verpflichtung sprechen, eine bestimmt geartete Wirtschaftspolitik zu betreiben. Anders im Fall der Abtretung von Souveränitätsrechten an supranationale Behörden, denn diese werden dadurch zu Trägern der Wirtschaftspolitik. Die Hohe Behörde in Luxemburg und die Kommission der EG in Brüssel haben als Träger von Wirtschaftspolitik auch Einfluß auf die deutsche Wirtschaftspolitik. Im Bereich der Außenwirtschaftspolitik (speziell der Zoll- und der Einfuhrpolitik) und im Bereich der Landwirtschaftspolitik ist das bereits klar erkennbar. Mit zunehmender Annäherung an die Ziele der EG wird die EG auch Träger der europäischen und damit der deutschen Wettbewerbspolitik, der Verkehrs- und Energiepolitik werden, vielleicht auch währungspolitische Befugnisse übernehmen, wenn es zur Ausprägung einer gemeinsamen europäischen Währungspolitik kommt.

Literatur zu Kapitel VII

Breitling, R., Die Verbände in der Bundesrepublik, ihre Arten und ihre politische Wirkungsweise, Heidelberg 1954

Ellwein, Th., Das Regierungssystem der Bundesrepublik Deutschland, 4. Aufl., Göttingen 1976

Frentzel, G., Jäkel, E., Die deutschen Industrie- und Handelskammern und der deutsche Industrie- und Handelstag, Frankfurt-Bonn 1967

Giersch, H., Allgemeine Wirtschaftspolitik, Grundlagen, Wiesbaden 1960

Huber, E. R., Wirtschaftsverwaltungsrecht, 2 Bde., Tübingen 1953/54

Kaiser, J., Die Repräsentation organisierter Interessen, Berlin 1956

Pütz, Th., Grundlagen der theoretischen Wirtschaftspolitik, 3. Aufl., Stuttgart 1975

Werner, J., Die Wirtschaftsverbände in der Marktwirtschaft, Zürich-St. Gallen 1957

Wössner, J., Die ordnungspolitische Bedeutung des Verbandswesens, Tübingen 1961

EPILOG

In der Einleitung wurde betont, daß diese Darstellung der Wirtschafts- und Sozialordnung die Urteilsbildung über die Soziale Marktwirtschaft dem Leser überlassen und daher nur die dazu erforderlichen Grundlagen aufzeigen will. Damit sollte der Forderung nach möglichst werturteilsfreier Darstellung Rechnung getragen werden. Andererseits wird der Wissenschaftler von vielen Seiten für kompetent gehalten, zu urteilen. Daher wird von ihm eine persönliche Stellungnahme erwartet. Diesem möglichen und verständlichen Wunsch manchen Lesers möchte der Verfasser entsprechen und deswegen abschließend und getrennt von der Darstellung der Wirtschafts- und Sozialordnung den Aufbau, die Gestalt und einige Ergebnisse der Sozialen Marktwirtschaft in wesentlichen Punkten würdigen.

Das scheint mir selbst dann geboten, wenn nicht nach der persönlichen Meinung des Autors gefragt wird. Denn eine solche Würdigung läßt sein Wertbezugssystem erkennen und das heißt: wenn und soweit eine werturteilsfreie Darstellung nicht gelungen ist, wird dem Leser durch die Klärung des persönlichen Standpunktes des Verfassers eine kritische Lektüre erleichtert.

Beginnen wir die Würdigung mit der schwierigen Frage, ob und in welchem Umfang die *ordnungs- und prozeßpolitische Leistungsfähigkeit* der Sozialen Marktwirtschaft an den erstaunlichen Wiederaufbauleistungen nach dem Zweiten Weltkrieg Anteil hat.

Nicht selten wird darauf verwiesen, daß der Aufbauwille einer ausgehungerten und verarmten Bevölkerung, die wirtschaftliche Tüchtigkeit und der Fleiß der deutschen Bevölkerung, die Hilfe des Auslands, insbesondere durch den Marshallplan, und ähnliche, die wirtschaftliche Entwicklung der Bundesrepublik Deutschland fördernde Faktoren auch unter anderen wirtschaftsordnungspolitischen Vorzeichen ein ähnliches wirtschaftliches Wachstum hervorgebracht hätten. In der Tat waren die angeführten Momente unentbehrliche Grundlagen des wirtschaftlichen Wiederaufstiegs. Viele Jahrzehnte vor dem „deutschen Wirtschaftswunder" hat J. St. Mill darauf hingewiesen, daß an der wirtschaftlichen Wiederbelebung eines zerstörten Landes nichts Wunderbares sei, wenn bestimmte ökonomische Voraussetzungen erfüllt sind:

„Ein Feind verläßt ein durch Feuer und Schwert vernichtetes Land und nimmt beinahe sein gesamtes bewegliches Vermögen mit fort. Alle Einwohner sind ruiniert, und wenige Jahre später ist doch alles wieder wie vorher. Diese vis medicatrix naturae hat oft unendliches Staunen hervorgerufen und wurde zum Beweis der wunderbaren Macht des Sparprinzips angeführt ... es ist aber gar nichts Wunderbares dabei ... Die Möglichkeit einer schnellen Erholung von ähnlichem Unstern hängt besonders davon ab, ob das Land entvölkert wurde oder nicht. Wenn seine Bevölkerung nicht gleichzeitig ausgerottet und später auch nicht ausgehungert wurde, hat sie in diesem Fall bei gleicher Geschicklichkeit und Kenntnissen wie vorher, bei Erhaltung des Bodenbesitzes und dessen ständigen Verbesserungsmitteln und, da die dauerhaften Gebäude wahrscheinlich nicht zerstört oder nur zum Teil beschädigt sind, beinahe alle Erfordernisse für die frühere Höhe ihrer Produktion. Wenn ihr genügend Nahrung oder die entsprechenden Werte zu deren Kauf gelassen werden, die ihr bei einiger Entbehrung das Leben und die Arbeitsgeschicklichkeit erhalten, wird sie in kurzer Zeit einen ebenso großen Ertrag haben und in ihrer Gesamtheit das gleich große Vermögen und das gleich große Kapital wie vorher erworben haben ... Dies beweist für die Macht des Sparprinzips im gewöhnlichen Sinn so gut wie nichts; denn es findet hier keine beabsichtigte Enthaltsamkeit, sondern eine unfreiwillige Entbehrung statt."[1]

Die von Mill genannten *ökonomischen Wachstumsvoraussetzungen* waren für die Bundesrepublik Deutschland im wesentlichen erfüllt: sie verfüge über fleißige, mit organi-

[1] J. St. Mill, „Grundsätze der politischen Ökonomie mit einigen ihrer Anwendungen auf die Sozialphilosophie", 7. Aufl., 1871, Ausgabe von H. Waentig, Jena 1924, Bd. I, S. 113 f.

satorischem Geschick, mit technischen und handwerklichen Fähigkeiten sowie mit hoher Arbeitsdisziplin ausgestattete Arbeitskräfte; als der Morgenthauplan und alle anderen, aus dem Vergeltungsgedanken entsprungene Pläne der wirtschaftlichen Niederhaltung Deutschlands aus einer Reihe von Gründen ad acta gelegt worden waren, trugen die westlichen Alliierten selbst entscheidend dazu bei, die Bevölkerung vor Hunger und Not zu retten. Das zu rund 50 % zerstörte, demontierte und durch die Gebietsabtretungen verlorene Sachkapital wurde durch einen Zwangssparprozeß im Wege der Selbstfinanzierung der Investitionen über die Preise ersetzt.

Allmählich wurde das „deutsche Wirtschaftswunder" durch eine Reihe nüchterner Analysen „entzaubert", die Soziale Marktwirtschaft „entmythologisiert", zumal auch andere Länder, wie z. B. Japan, Österreich und Italien, „ihr" Wirtschaftswunder hatten. Auch die Tatsache, daß die Wirtschaft der Bundesrepublik Deutschland später als die anderen Länder des Westens Verteidigungslasten zu tragen hatte, erklärt — jedenfalls teilweise — den zeitlichen Wachstumsvorsprung der Wirtschaft der Bundesrepublik.

Dennoch ist nicht zu verkennen, daß die *wirtschaftlichen Freiheiten*, die die Soziale Marktwirtschaft Unternehmern, Arbeitnehmern und Verbrauchern in sehr hohem Maße einräumt, den persönlichen Einsatzwillen, die Leistungsbereitschaft, die Eigeninitiative, den Fleiß und die Begabungen mehr stimulierte und zur Entfaltung kommen ließ als andere Wirtschaftsordnungen mit einem geringeren Gehalt an wirtschaftlichen Freiheiten es vermocht hätten. Es ist nicht zu verkennen, daß der Wettbewerb die Produktivität erhöhte, qualitativ hochwertige Leistungen erzwang, die Rationalisierung förderte und — im Zusammenhang mit wirtschaftspolitischen Investitionsanreizen — eine wachstumserhöhende Investitionsquote sicherte.

Der Verfasser ist der Meinung, daß der Sozialen Marktwirtschaft — unter sonst gleichen Umständen — ein größerer wachstumsfördernder Effekt innewohnt als einer weniger freiheitlichen Wirtschaftsordnung, umso mehr, als auch in einer Marktwirtschaft nicht darauf verzichtet werden muß, eine wachstumssichernde Investitionsquote und Investitionsstruktur durch den Einsatz indirekter, führender Mittel der Wirtschaftspolitik anzusteuern. Damit kann der Vorteil kompensiert werden, den manche Autoren Verwaltungswirtschaften zuschreiben, weil diese eine bestimmte Investitionsquote und Investitionsstruktur erzwingen können.

Empirisch ist die eben vertretene Auffassung aber nicht beweisbar, weil die Wachstumswirkung der Wirtschaftsordnung nicht isolierbar ist und bei empirischen Vergleichen von Ländern mit unterschiedlichen Wirtschaftsordnungen die anderen Einflußfaktoren nicht gleich sind.

Jedoch kann in den Reformdiskussionen und in den Reformbemühungen in zentral geplanten Volkswirtschaften Ost- und Mitteleuropas, insbesondere in der UdSSR und in der DDR, die das Ziel haben, durch eine teilweise Dezentralisierung wirtschaftlicher Entscheidungen und durch Einführung bzw. Umgestaltung sogenannter „ökonomischer Hebel", wie etwa erfolgsbezogener Prämien, das Informations-, Steuerungs-, Koordinations- und Leistungsanreizsystem der Volkswirtschaft zu verbessern, der Versuch gesehen werden, die Leistungsfähigkeit marktwirtschaftlicher Lenkungsmechanismen nutzbar zu machen, ohne freilich die staatliche Planung der für die wirtschaftliche Entwicklung entscheidenden Größen aufzugeben.

Bei aller Bedeutung wirtschaftlichen Wachstums ist der Wachstumseffekt kein Kriterium, das bei der Entscheidung für oder gegen eine Wirtschaftsordnung ausschlaggebend sein kann, jedenfalls dann nicht, wenn die durch die Wirtschaftsordnung bedingten Wachstumsunterschiede nicht zu einem ins Gewicht fallenden wirtschaftlichen Leistungsgefälle führen, das dann notwendigerweise ein politisches Machtgefälle nach sich zieht. Daß eine Soziale Marktwirtschaft irgendeiner Wirtschaftsordnung gegenüber in wirtschaftlicher Hinsicht unterlegen ist, ist nach aller Erfahrung auszuschließen.

Ausschlaggebend für die wirtschaftsordnungspolitische Entscheidung sind die Wirkungen der Wirtschaftsordnung auf die Gesellschafts- und Staatsordnung.

Daß die Soziale Marktwirtschaft der Verfassungsidee und der Verfassungswirklichkeit der Bundesrepublik in hohem Maße entspricht und dazu beiträgt bzw. dazu beitragen kann, die Forderung nach freier Entfaltung der Persönlichkeit, nach sozialer Sicherheit, sozialer Gerechtigkeit, sozialem Frieden und Rechtsstaatlichkeit zu verwirklichen, und daß sie der Staats- und Gesellschaftsordnung ein breites, tragfähiges ökonomisches Fundament gibt, haben meiner Meinung nach 25 Jahre westdeutscher Wirtschafts- und Sozialgeschichte gelehrt. Man muß einen gegenüber der Geschichte, gegenüber den Möglichkeiten, innerhalb begrenzter Zeit wirtschaftliche und soziale Fortschritte zu erreichen und einen gegenüber der politischen Umwelt in West und Ost getrübten Blick haben oder durch ein politisches Glaubensbekenntnis festgelegt sein, wenn man bei einer Analyse der Entwicklung zu einem wesentlich anderen Ergebnis kommt. Damit ist keinesfalls gesagt, daß die aktuelle Ausprägung, die die Wirtschaftsordnungsidee der Sozialen Marktwirtschaft in der Bundesrepublik Deutschland gefunden hat, nicht verbesserungsfähig ist. Beispiele werden später zu nennen sein.

Aufs Ganze gesehen verdient die wirtschaftsordnungspolitische und die wirtschaftsprozeßpolitische gesetzgeberische Aufbauleistung, die Parlament und Regierung aus dem vom Zweiten Weltkrieg hinterlassenen Chaos heraus vollbracht haben, hohe Anerkennung. Das gilt — um nur einige Punkte zu nennen — für die Reintegration der Bundesrepublik Deutschland in die europäische Wirtschaft und in die Weltwirtschaft nach Umfang und Art. Es gilt weitgehend auch für die Schaffung der Wettbewerbsordnung nach Umfang und Inhalt und für den sozialen Aufbau nach seinem Volumen[1]). Während dieses Urteil für die beiden ersten Legislaturperioden (1949—1957) voll gilt, muß es für die Jahre danach abgeschwächt werden. Denn die wirtschaftspolitische Konzeption verlor an Klarheit und wurde nicht mehr konsequent realisiert. So ist z. B. die Sozialreform in Anfängen steckengeblieben, die Landwirtschafts-

[1]) Vgl. dazu G. Kleinhenz, H. Lampert, a. a. O.

politik löst den Konflikt zwischen ökonomischen Notwendigkeiten und sozialen und wahlpolitischen Zielen mehr als es vertretbar erscheint auf Kosten der ökonomischen Notwendigkeiten, und in bestimmten Bereichen, z. B. in der Bildungspolitik, in der Stadtentwicklungspolitik, in der Regionalpolitik, in der Bodenpreispolitik fehlte es an der rechtzeitigen Entwicklung mittel- und langfristiger Konzepte.

Bei der Lösung des *sozialpolitischen Zielkonflikts* wurden meines Erachtens keine nennenswerten Fortschritte erzielt. Statt eine Sozialpolitik zu treiben, die den Armen und Leistungsschwachen einen ausreichenden Schutz gewährt, hingegen die leistungsfähigen Einkommensbezieher stärker als bisher auf Selbstvorsorge und Selbstverantwortung verweist, statt eine Sozialpolitik zu verwirklichen, die gezielt wirtschaftliche Not beseitigt, Leistungsschwache fördert, Startungleichheiten im wirtschaftlichen Leben zu mindern oder zu beseitigen sucht, wird in weiten Bereichen eine Politik verfolgt, die möglichst viele Stimmberechtigte direkt begünstigt.

In der Landwirtschaftspolitik scheint der Mut zu wettbewerbswirtschaftlichen Lösungen mehr und mehr zu schwinden. Das praktizierte System der Subventionen, Abnahmegarantien und Preisstützungen führt notwendig zu einer nicht verwertbaren und politisch kaum mehr zu verantwortenden Überschußproduktion.

Diese und andere Verwässerungen der Idee der Sozialen Marktwirtschaft mögen freilich weniger einer Wandlung der Überzeugung der Parlamentarier und Regierungsvertreter anzulasten sein, als vielmehr dem nicht immer unproblematischen politischen Entscheidungsmechanismus in einer pluralistischen Gesellschaft. Denn dieser Entscheidungsmechanismus scheint dazu zu verführen, durch Repräsentativerhebungen zu ermitteln, wie eine geplante Maßnahme „beim Mann auf der Straße" „ankommt", statt zu versuchen, durch die Wirkungen der Politik zu überzeugen.

In der Auseinandersetzung um die Soziale Marktwirtschaft spielen zwei kritische Einwände eine vorrangige

Rolle. Erstens: die erwerbswirtschaftliche Orientierung in der Marktwirtschaft führe zu einer „Konsumgesellschaft", sie fördere den Egoismus, sei in einem gemeinschaftsgefährdenden Umfang individualistisch und führe zu einer unzureichenden Deckung der Kollektivbedürfnisse (Bildungseinrichtungen, Kindergärten, Krankenhäuser, Altersheime, Erholungsgebiete, Verkehrsanlagen usw.). Und zweitens: sie führe zu einer Konzentration der Vermögen in der Hand weniger.

Der Verfasser ist nicht der Auffassung, daß der Sozialen Marktwirtschaft eine egoistische, gemeinschaftsfeindliche Gesinnung innewohnt, die den Sozialgebilden nicht das gibt, dessen sie bedürfen, wie Schulen, Krankenhäuser, reine Gewässer, saubere Luft, Straßen, Mittel für politische Zwecke einschließlich der Entwicklungshilfe usw. Der zweifellos vorhandene Zusammenhang zwischen Wirtschaftsordnung und Wirtschaftsgesinnung ist nicht so streng und zwingend, daß eine Gesellschaft unter einer freiheitlichen, jedoch sozial gebundenen Wirtschaftsordnung soziale Verpflichtungen, Gemeinschaftsbindungen und Gemeinschaftsaufgaben verkennen muß, von deren Erfüllung letztlich ihre Stellung und Existenz abhängt.

Wenngleich breite Bevölkerungsschichten dazu neigen mögen, Notwendigkeit und Bedeutung eines ausreichenden Angebotes an Kollektivgütern für Gegenwart und Zukunft, für den einzelnen und für die Entwicklung der Gemeinschaft zu verkennen, die erforderlichen Kosten zu unterschätzen, die Steuerlast zu scheuen und daher politische Handlungen zur Sicherung eines solchen ausreichenden, zukunftsorientierten Angebots nicht durch eine dementsprechende Stimmabgabe zu honorieren, so ist doch kaum begreiflich, warum in einer Gesellschaft mit einem ausgebauten Erziehungs- und Kommunikationssystem die Deckung des Kollektivbedarfs durch begründete, in ihren Zielen und Mitteln durchschaubare Programme nicht möglich sein sollte. Tatsächlich auch hat das Wirtschaftssystem der Bundesrepublik bewiesen, daß es in der Lage ist, das ökonomische Fundament für außerordentliche Leistungen im öffentlichen Sektor zu sichern: Das Sozialbudget, d. h. die Summe der

Aufwendungen für soziale Leistungen, ist von 113 Mrd. DM 1965 (= 24,5 % des Bruttosozialprodukts) über 175 Mrd. DM (= 25,5 % des BSP) im Jahre 1970 auf 335 Mrd. DM (= 32,2 % des BSP) gestiegen[1]). Betrug 1965 der Anteil der Ausgaben für Bildung und Wissenschaft an den öffentlichen Ausgaben in Höhe von insgesamt 140,5 Mrd. DM noch 11,3 %, so belief er sich 1975 bei einer Gesamtsumme der öffentlichen Ausgaben in Höhe von 354 Mrd. DM auf 15,9 %[2]). Damit wurde die Expansionsrate der Schüler und Studenten, deren Zahl von 9,8 Mill. 1965 auf 13,1 Mill. 1975 wuchs, weit übertroffen[3]). Ähnliche Leistungen kann die Bundesrepublik in bezug auf den Infrastrukturausbau aufweisen. Gemessen an der Entwicklung der Bevölkerung hat die Bundesrepublik eine Überkapazität an Kindergartenplätzen und Krankenhausbetten. In der Arztdichte liegt die Bundesrepublik (1974) mit 18,5 Ärzten pro 10 000 der Bevölkerung und mit 5,1 Zahnärzten pro 10 000 der Bevölkerung mit an der Spitze der gesundheitspolitisch führenden Länder. Angesichts der Expansion im Schulsektor wird sich in Verbindung mit der Entwicklung der Zahl der schulpflichtigen Kinder auch die Lehrer-Schüler-Relation wesentlich verbessern. Nichts spricht dafür, daß eine Unterversorgung mit öffentlichen Gütern der Wirtschaftsordnung anzulasten ist. Viel mehr spricht dafür, daß sie im Fehlen entsprechender Voraussicht, im Fehlen entsprechender Programme bei den Trägern der politischen und wirtschaftlichen Entscheidungen, in Mängeln des politischen Entscheidungsprozesses und in falschen Gewichtsverteilungen der öffentlichen Ausgaben begründet liegt.

Ganz ähnlich ist die Vermögenskonzentration kein notwendiges Attribut einer Marktwirtschaft. Einmal ganz abgesehen davon, daß die Vermögensbildung breiter Schichten

[1]) Kommission für wirtschaftlichen und sozialen Wandel, Wirtschaftlicher und sozialer Wandel in der Bundesrepublik Deutschland, Göttingen 1977, S. 467.
[2]) Ebenda, S. 507.
[3]) Ebenda, S. 483.

im letzten Jahrzehnt nicht so gering war, wie es Darstellungen glauben machen wollen, die das Sachvermögen der Arbeitnehmer an Automobilen, an Einfamilienhäusern, den Bestand an Privatversicherungsverträgen und die Rechtsansprüche gegen die Sozialversicherung aus erzwungener Vermögensbildung und andere Vermögensanlagen vernachlässigen, gibt es keinen sachliche Grund, der einem Abbau der zweifellos unerwünschten Vermögenskonzentration z. B. durch eine Erhöhung der Erbschaftssteuer, durch den Abschluß von Investivlohn-Tarifverträgen und die Einführung von Gewinnbeteiligungssystemen im Wege steht.

Allerdings scheint mir eine Beseitigung der Mängel der gegenwärtigen Marktwirtschaft nicht von einer Wirtschaftspolitik kommen zu können, die sich von der Steuerung der Wirtschaft durch bewegliche Preise, durch Gewinne und Wettbewerb abwendet und die wirtschaftlichen Freiheiten beschränkt — noch dazu in einer Zeit, in der Verwaltungswirtschaften ihre Leistungsfähigkeit und ihre Wachstumschancen durch die teilweise Anwendung marktwirtschaftlicher Methoden erhöhen wollen. Vielmehr sollte sich der *Ausbau der Sozialen Marktwirtschaft auf der Grundlage der bewährten freiheitlichen, aber sozialverpflichteten Ordnungsprinzipien vollziehen.*

Die fünf gesellschaftspolitischen Grundziele, nämlich

1. Entfaltung der Persönlichkeit nach eigenem Willen statt nach dem Willen politischer Eliten,

2. wirtschaftlicher Wohlstand der Gesellschaft und ihrer Bürger bei nicht manipulierter Beteiligung aller mündigen Bürger an der Bestimmung des Wohlfahrtsoptimums,

3. soziale Sicherheit aller,

4. sozialer Friede, der nicht auf politischem Druck und staatlicher Kontrolle, sondern auf der Bejahung der Gesellschaftsordnung durch die Mehrheit beruht und

5. Demokratie

scheinen gleichzeitig und in gleichem Maße durch ein im Prinzipiellen anderes Gesellschaftssystem nicht erreichbar.

SACHREGISTER

323

PERSONENREGISTER

328